Astrid Böger

# Digitalisierung.

## Ein Politikmärchen oder Verbrechen in feiner Gesellschaft?

Die Deutsche Nationalbibliothek – Bibliographische
Information

Die Deutsche Nationalbibliothek verzeichnet diese
Publikation in der Deutschen Nationalbibliographie;
detaillierte bibliographische Daten sind im Internet über
http://d-nb.de abrufbar.

CIP-Einheitsaufnahme:
Böger, Astrid: Digitalisierung. Ein Politikmärchen oder
Verbrechen in feiner Gesellschaft?
©2018
Herstellung und Verlag: BoD - Books on Demand,
Norderstedt. 2018.
ISBN: 9-783748-14993-4

Astrid Böger

Digitalisierung.

Ein Politikmärchen oder Verbrechen in feiner
Gesellschaft?

*Über die Autorin:*

Astrid Böger, Wissenschaftlerin, geboren in Berlin, studierte Informationswissenschaften, promovierte in Ingenieurwissenschaften, arbeitete als Professorin und Studiengangsleiterin im gesundheitswissenschaftlichen und technischen Kontext. Sie war international in unterschiedlichen Branchen und auch in europäischen Institutionen tätig. Gleichfalls wirkte sie als Geschäftsführerin und Vorstand.

# *Prolog*

*Katharina: „Seit Jahren wird in Deutschland über Digitalisierung geredet, aber passiert ist doch bisher in diesem Bereich nicht wirklich etwas, oder?"*

**Romy:** „Sicher kommt es darauf an, wie du Digitalisierung definierst. Und sicher kann man das nicht pauschalisieren. Aber generell hast du natürlich Recht. Wenn man bedenkt, dass ich mich bereits vor dreißig Jahren mit Datenbanken, Information Retrieval und digitalem Wissensmanagement beschäftigt habe. Da fragt man sich natürlich, was wohl die Gründe dafür sein könnten, denn am Stand der Technik liegt es nicht."

*Katharina: „Und wurden und werden nicht auch immer wieder unendlich hohe Beträge in diesen Bereich gepumpt? Vor allem hört man ständig von Leuchtturmprojekten, Fördermitteln, Subventionen, Millionenfonds. Mittlerweile kann ich die Geschichten um Pilotprojekte hier und Pilotprojekte dort kaum noch hören. Und der Breitbandausbau gestaltet sich als „never-ending-story". Wie kommt es, dass man das Gefühl bekommt, dass nie etwas fertig wird, jedes Projekt scheitert? Warum findet sich denn kaum etwas im Alltag von den wissenschaftlichen Erkenntnissen wieder?"*

**Romy:** „Mittlerweile habe ich begriffen, dass wir uns wohl hier in einem längeren, komplexeren Polit-Thriller befinden, der wiederum weit in die Vergangenheit zurückreicht, auch wenn wir natürlich gegenwärtig vor allem nur die aktuellen Herausforderungen im Blick haben.

In den letzten Jahren konnte ich in diesem Bereich einige Einblicke gewinnen, die mich das Fürchten gelehrt haben."

***Katharina:*** *„Du meinst, du bist wieder einem Kriminalfall auf der Spur, der eigentlich nie als solcher betrachtet wurde? Wofür es keinen Auftrag gibt. Ein Thriller im realen Alltag sozusagen?"*

**Romy:** „Ja, Sherlock Holmes und James Bond lassen grüßen. Jetzt verstehe ich auch, warum beide britischen Figuren, der erste geschaffen 1886 und der zweite 1953, gerade in diese Zeit fallen, um so viele emotional zu begeistern."

***Katharina:*** *„Was gibt es da zu verstehen? Da liegt Spannung drin, Geheimnisvolles, Action. Meistens stehen perfekte Verbrechen mit ausgeklügelten technischen Systemem im Mittelpunkt. Und bei James Bond gehen die technischen Spielereien in den Bereich des Science-Fiction. Das ist ja auch spannend."*

**Romy:** „Ja, es hat irgendetwas von Wundern. Zauberei hat die Menschheit schon immer in Atem gehalten, fasziniert, Mystisches, auf den ersten Blick Unerklärliches. Bei den beiden wird aber schnell klar, dass es um den Einsatz ganz real existierender Technologien geht. Und trotz des vermeintlich Futuristischen spürt man, dass hier reale Personen und wahre Geschehnisse verarbeitet sein können. Vor allem, wenn man einen Blick in die Geschichte der Technik wirft und auf die Lebensläufe der Autoren schaut, ist plötzlich vieles gar nicht mehr so visionär, wie man ursprünglich denkt."

***Katharina:*** *„Du meinst, so wie du darüber nachdenkst, deine Erlebnisse und Erfahrungen als Thriller oder Krimi zu erzählen, da du keine Chance siehst, diese als wahre Erlebnisse und Erkenntnisse zu schildern?"*

**Romy:** „Viele Schriftsteller verarbeiten reale Erfahrungen.

Wenn sie zu traumatisch sind, gestalten sie diese als fiktive Geschichten. So werden sie wenigstens nicht verrückt. Häufig überwiegt die Einsicht, dass eine Veröffentlichung als reale Eindrücke zu schwierig wird und es sicherer ist, Märchen zu schreiben, als sich der Konfrontation, den Zweiflern, dem Gegenwind zu stellen oder sogar zu konkretem Handeln aufzurufen. Oder andersherum, sie schreiben solche Geschichten mit dem klaren Kalkül, reale Kriminalfälle mit psychologischer List so zu ummanteln.

Wenn jemand seine Aussagen überhöht, werden sie einfach unglaubwürdig. Gleiches gilt mit Strategien. Ich äußere mich darüber in einer Art, die nicht zum Erfahrungsschatz der meisten Menschen gehört, mixe einige phantastische und unglaubwürdige Elemente hinein und schon denkt niemand mehr darüber nach, dass die anderen Teile davon wahr sein könnten oder es sogar sind. Das narrative Gesamtpaket wird somit unglaubwürdig. Und diese Detektivgeschichten und Geheimdiensterlebnisse sind nicht zufällig in den Zeiten entstanden, als auch die wissenschaftlich-technologischen Fortschritte aber auch gesellschaftspolitischen Umbrüche die Zeiten bewegten. Sie zeugen von tiefen Insiderkenntnissen sowie eigenen Erfahrungen und fußen auf wissenschaftlichen Erkenntnissen.

Die Autoren, Arthur Conon Doyle[1] als auch Ian Fleming[2] schafften Kunstfiguren, mit denen sie entweder reale Erfahrungen schriftstellerisch umsetzten oder Zukunftsprojekte auf der Basis wissenschaftlicher Erkenntnisse narrativ begleiteten oder vorwegnahmen, also prädiktiv, um indirekt eine gewisse Resilienz bei der Bevölkerung zu entwickeln.

---

[1] Arthur Ignatus Conan Doyle (1859 Edinburgh, Schottland - 1930, Crowborough, Sussex, England) - britischer Arzt und Schriftsteller, Vater aus aristokratischem Hause, studiert Medizin, lernt beim schottischen Chirurgen Joseph Bell - Kinder- und Militärarzt, Pionier der Forensik.
[2] Ian Fleming (1908 in London - 1964 in Canterbury) - britischer Schriftsteller, Spion.

Und diese entstanden im Umfeld von militärischen Konflikten, geheimdienstlichen Aktivitäten, Wirtschaftsdelikten und Strafverbrechen. Entweder waren die Autoren direkt involviert und konnten nicht darüber sprechen oder sie nahmen ganz bewusst technologische Entwicklungen in den Fokus, um durch eine clevere Vermischung von Realität und Phantasie die Grenzen zwischen Wahrheiten und Unwahrheiten aufzuweichen. Die besten Voraussetzungen für das perfekte Verbrechen. Ihr analytisch-rationales Denken gab ihnen entweder als erste Hypothese den Rat, „vorsichtig" mit ihrem Wissen umzugehen oder als zweite Hypothese, in einem psychologischen Kontext, genau die Verwirrungsstrategie und -taktik auf- und auszubauen, der wir heute medial unterliegen. So wiesen sie zwar in ihren Kriminalromanen immer wieder auf reale Entwicklungen, Missstände und Intrigen, meistens im geopolitischen Kontext hin, ihre eigentlich aufklärerischen Werke wurden aber als reine Kunstprodukte und Fiktion bewertet und vermarktet. Damit dienten sie vor allem dem Unterhaltungszweck. Die Erkenntnisse, die bei den Zuschauern landeten, beschränkten sich vor allem auf coole Effekte und spannende Unterhaltung. Nur der eine oder andere Wissenschaftler wird sich damit vielleicht detaillierter auseinandergesetzt haben."

*Katharina:* *„Ja, bestimmt Medienwissenschaftler, Designer, vielleicht auch Kriminologen. Und natürlich Technikfans, Freaks, Nerds. Aber das spielt wohl im Kontext deines Thrillers jetzt eher keine Rolle, oder?"*

**Romy:** „Nein, denn das ist ja eigentlich auch nicht mein Thema. Aber die Jahre der Entstehung finde ich schon sehr charakteristisch. Und es ist eben auch schwierig, über Technologien zu sprechen, die man weder sieht, noch fühlt. Als ich einmal im Rahmen einer Veranstaltung feststellte, dass wir leider alle keine Firewall im Kopf haben, um uns vor technologischen Gefahren zu schützen, wurde ich nur mit den Worten abgewiegelt: „Sie schauen wohl zuviel Fernsehen". "

*Katharina: „Das ist schon dreist. Immerhin hattest du ja mal eine Professur in diesem Bereich. "*

**Romy:** „Ja, aber das interessierte den Bundesdatenschutzbeauftragten überhaupt nicht. Allerdings schien es ihm unangenehm, dass ich auf die zahlreichen direkten Manipulationsszenarien des Gehirns zu sprechen kam, die heute mit Technologien möglich sind.

Es war bei einer offiziellen Präsentation von Google zur Einführung ihrer „glasses" und zu Wearables. Und damit habe ich ja auch eine leidliche Geschichte hinter mir. Eigentlich nahm ich an, dort Thad Starner[3] zu hören, der sich als Guru des MIT sein Leben lang mit Wearable Computing und Context Awareness beschäftigt hat. Immerhin auch mein Fokusthema seit Jahren."

*Katharina: „Aber eigentlich wolltest du heute über ein ganz anderes Projekt als historischen Schlüssel berichten. "*

**Romy:** „Ja. Denn ich war erstaunt, wie nur in einem Projekt, der Online-Sprechstunde für Kinder, so etwas wie ein roter Faden sichtbar wird, an dem sich die Geschichte aufräufeln lässt und dabei die gesamte missliche Lage dieser Zeit sichtbar wird. Und, obwohl das Projekt vielleicht ganz simpel und einfach erscheint, lassen sich daran so viele Entwicklungen exemplarisch verdeutlichen. Nur, dass die Komplexität, Perfektion und Perfidität der damit verbundenen Verbrechen wieder einmal alles in den Schatten stellt."

---

[3] https://en.wikipedia.org/wiki/Thad_Starner.

**Katharina:** *„Und es ist ein Krimi. Richtig?"*

**Romy:** „In jedem Fall. Eigentlich reicht dieser bereits in die 1930er Jahren zurück und der Gegenstand dabei ist Videotechnik. Ein elektronisches Verfahren zur Aufnahme, Übertragung, Bearbeitung und Wiedergabe von bewegten Bildern und mit Begleitton."

**Katharina:** *„Ich weiß, was ein Video ist. Aber was hat das jetzt mit deinem Krimi zu tun?"*

**Romy:** „Warte doch mal ab. In Berlin entwickelte die AEG Telefunken AG um circa 1935 Schall- und Bildaufnahmetechnik, die die Grundlage der heutigen Videotechnik darstellt. AEG baute einen Audiorekorder, der das Bandmaterial magnetisieren und auch entstehende Felder wieder auslesen konnte. Das Prinzip war wirtschaftlich effizient und qualitativ vernünftig nutzbar. Bereits Mitte der 40er Jahre konnte man somit eine sehr gute Aufnahmequalität erreichen. Nach dem Zweiten Weltkrieg entbrannte ein regelrechter Kampf um die wirtschaftliche Verwertung der teils als Reparationsleistungen ausgehändigten Patente. Im Jahr 1946 erhielt eine Firma Ampex[4] von der US-Regierung den Auftrag, technische Geräte für die Armee zu entwickeln, unter anderem Videotechnik, wofür sie dann die deutschen Patente zur Verfügung gestellt bekam. Und Ampex wurde 1944 in Kalifornien von einem Alexander M. Poniatoff[5] gegründet."

---

[4] Ampex = Alexander M. Poniatoff Excellence - US-amerikanisches Unternehmen, ggr. 1944 in San Carlos, Kalifornien als Ampex Electric and Manufacturing Company. Die Entwicklung basiert auf dem deutschen AEG-Modell K4, dass der US-Offizier Jack Mullin nach Kriegsende in Form von zwei Tonbandgeräten sowie 50 Bändern als Kriegsbeute in die USA schickte. Bin Crosby war begeistert und investierte 50.000 $ in Ampex, Ampex 200 revolutionierte die Studiotechnik. - https://de.wikipedia. org/wiki/Ampex.

[5] Alexander Matwejewitsch Ponjatow ( 1892 in Selenodolsk, Governe-

**Katharina:** *„Ist das für deinen Thriller wichtig? "*

**Romy:** „Irgendwie schon. Denn bei allen Krimis, die mir begegnen, führen viele Wege nach London, aber eben auch nach Kalifornien und nach Texas. Eben eine transatlantische Achse. Und dieser Poniatoff kam aus dem Russischen Reich, dem Gouvernement Kasan, das 1708 von Peter dem Großen gegründet wurde."

**Katharina:** *„Von Kasan habe ich ehrlich gesagt noch nie gehört. "*

**Romy:** „Ich vorher auch nicht. Heute ist Kasan die Hauptstadt der Republik Tatarstan in Russland, ein wichtiges Zentrum des russischen Islams. Kasan entwickelte sich als Ausgangspunkt des russischen Vielvölkerstaates[6], nachdem Zar Iwan IV, 1552 diese Stadt dem russischen Reich einverleibt hatte. Und sie entwickelte sich prächtig als Handelsmetropole. 1791 eröffnete dort das erste Theater, die Universität Kasan gehört zu den ältesten Russlands. Dort lebten also verschiedene Nationalitäten, Ethnien friedlich zusammen.

---

ment Kasan - 1980 Palo Alto, Kalifornien). Russisch-amerikanischer Elektrotechniker. In Selenodolsk, im Gymnasium Nr. 3, existiert ein Museum für Kosmonautik. Dort gibt es zahlreiche Kopien von Fluggeräten, Teile der Kosmonautenausrüstung. Studium an der technischen Hochschule in Karlsruhe. Ponjatow wollte eine Turbinenfabrik in Russland errichten, konnte durch Ausbruch erster Weltkrieg nicht zurück, danach Eintritt in die Armee und Pilotenausbildung, bei Ausbruch des Bürgerkrieges Flucht nach China, Arbeit für die Shanghai Power Company. 1927 Emigration in die USA, Arbeit bei General Electric, während des 2. Weltkrieges 1942 DalmoVictor - Bau von Radarsystemen. Aufbau 1944 der Firma Ampex mti dem von Joachim von Braunmüller entwickelten AC-Bias.

[6] Nach Hannah Arendt auch Nationalitätenstaat - ethnisch nicht homogen, erstrecken sich über den Kultur- und Sprachraum mehrerer Völker. Beispiele sind auch die Schweiz, Russland, VR China, Indien, Iran, Südafrika. - https://de.wikipedia.org/wiki/Vielvölkerstaat.

So wie ja auch in Syrien. Ein Beispiel dafür, dass es keinen Krieg zwischen Menschen geben muss, auch wenn sie an unterschiedliche Religionen glauben. Und dort erschien auch die erste gedruckte Version des Buches „Aufrichtige Erzählungen eines russischen Pilgers", ein Klassiker der ostkirchlichen Spiritualität, durch den das Jesusgebet ab 1870 weltweit bekannt wurde. Das Jesusgebet[7], auch Herzensgebet genannt, gehört zu einer Art Meditationsform, durch die Achtsamkeit und Konzentration erzeugt werden, worin natürlich auch eine Spiritualität begründet liegt. Zentraler Punkt ist dabei das Beten im Rhythmus von Atmung und Herzschlag.[8] Tolstoi studierte in Kasan und der Jurastudent Lenin beteiligte sich in Kasan Ende der 1870er Jahre dort an Studentenprotesten."

*Katharina: „Also ganz schön viel los in dieser Stadt. Willst du mir das sagen. Hat das etwas mit der Videotechnik zu tun?"*

**Romy:** „Natürlich nicht unmittelbar. Doch es ist als Voraussetzung wichtig zu verstehen, woher der Gründer von Ampex kam, bevor er in Kalifornien von den USA den Auftrag erhielt, für das Militär Videotechnik zu entwickeln, auf der Grundlage eines deutschen Patentes."

*Katharina: „Klingt kompliziert. Ein Russe im Auftrag der Amerikaner mit einer deutschen Erfindung?"*

---

[7] https://de.wikipedia.org/wiki/Jesusgebet.

[8] Lt. British Medical Journal positiver Einfluss auf das Herz-Kreislauf-System, fördert Konzentration, innere Ruhe, reduziert die Atemfrequenz, Grundlage für das repetitive Meditationstraining (RMT) - 5 min RMT stärkeren Wiederherstellungseffekt auf die körperliche Fitness als eine Stunde Erholung ohne RMT, fördert neue Kreativität, wird auch als unterstützende Maßnahmen der Psychotherapie. - https://de.wikipedia.org/wiki/Lindauer_Psychotherapiewochen.

**Romy:** „Ja, das ist es. Kasan war ursprünglich einmal ein Königreich - Khanat Kasan. Und dieses gehörte von 1438 bis 1552 zum Nachfolgestaat der Goldenen Horde, einer spätmittelalterlichen Großmacht des östlichen Europa.

Die Khane beherrschten bis zum Jahr 1480 Russland.

Diese waren sehr reich. Dschingis Khan[9] lässt hier grüßen. Er galt als erster Großkahn. Er etablierte die allgemeine Wehrpflicht, berief Tausendschaftsführer für seine große Armee ein. Im Verlauf dieser Zeit bildete sich eine Militäraristokratie heraus, die immer mehr Macht erlangte und deren Führungspositionen erblich wurden. Dschingis Khan herrschte über 19.000 Millionen km², eine Fläche, doppelt so groß wie das heutige China. Als einziger Nomadenstaat hatte er mehr als 200 Jahre Bestand. Für die damals unterdrückten Völker gilt Dschingis Khan noch heute als einer der größten Massenmörder der Geschichte.

Fürst Batu, der Enkel von Dschingis Khan gründete diese Goldene Horde, zu der dann auch die Wolga-Ural-Tataren gehörten. Im Jassa, dem mongolischen Gesetzbuch waren unterschiedliche Gesetze der Steppe formuliert, Gebote und Vorschriften für das Zusammenleben inklusive der Regeln zum Post- und Kommunikationssystem (Örtöö und Paiza). Aber das führt jetzt wirklich zu weit.

Die alte Militäraristokratie wurde teilweise bekämpft, überlebte aber auch teilweise. Und irgendwann, viele Kriege später, wurde Kasan eben Teil des Russischen Kaiserreiches.“

*__Katharina:__ „Und diese Goldene Horde spiegelt indirekt*

---

[9] Tschingis Kahn - (wahrscheinlich 1155 - 1227) - Khan der Mongolen, eroberte weite Teile Zentralasiens und Norchinas, Regierungszeit als Großkahn der Mongolen von 1206 - 1227, entwickelte eigene Schrift und setzte für alle verbindliche Gesetze durch. Mongolische Kriegsführung - übernahme Kriegstechnologien der besiegten Völker, Führung der Truppen durch eine Adelsschicht, stark herkunftshierarchisch gegliedert. - https://de.wikipedia.org/wiki/Mongolische_Kriegsführung.

*noch die hierarchischen Strukturen von unterschiedlichen Adelszweigen wieder. Adel nach Geburt oder nach Militäraristokratie? Und Geld ist in diesen Kreisen immer noch vorhanden?"*

**Romy:** „Davon ist auszugehen. Die Goldene Horde bewegte sich weitestgehend illoyal ihrem Großkhan gegenüber. Sie führten Feldzüge, ohne sich mit den anderen Khanaten abzustimmen. Und die Nachfahren der Goldenen Horde blieben auch in den Nachfolgestaaten wichtige Persönlichkeiten. In den meisten russischen Fürstentümern standen sie über anderen Schichten. Noch bis ins 17. Jahrhundert sind russische Adlige mongolischer Herkunft bekannt. Es ist davon auszugehen, dass ihre Wurzeln auch in die heutigen oligarchischen Verhältnisse eingeflossen sind und die Machteliten, die Spitzenfunktionäre, Regierungsmitglieder, Industriemanager, leitende Redakteure einflussreicher Massenmedien oder Inhaber hoher religiöser Ämter stellen."

*Katharina: „Und diese Familien sind natürlich noch in ihren Traditionen verwurzelt, richtig? Sie geben sich zwar ein demokratisches Image, sind aber im Herzen knallharte Verfechter der Weiterführung hierarchischer Strukturen und sehnen sich nach aristokratischen Verhältnissen zurück?"*

**Romy:** „In jedem Fall. Und sie sind natürlich mehr als alles andere darauf aus, diese Strukturen auch wieder nachhaltig zu manifestieren. Die Technologien heute geben ihnen die Möglichkeit, nun auf dieser Basis ein totalitäres Regime zu errichten und vor allem ohne Angst vor dem gemeinen Volk auf Grund des breiten Spektrums an psycho-physiologischen Instrumentarien, dieses auch für die Zukunft festzuschreiben.

Nach dem ersten Weltkrieg gab es einen völkerrechtlichen Vertrag zwischen Deutschland und Russland, der vorrangig wirtschaftliche Ziele verfolgte: Verzicht auf gegenseitige Reparationszahlungen oder auf Entschädigungen, für verstaatlichtes deutsches Eigentum nach der Revolution in Russland. Sie verabredeten die Lieferung von Industrieanlagen nach Sowjetrussland, das Deutsche Reich verpflichtete sich im Gegenzug, Lageranlagen und Tankstellen zur Vermarktung russischer Ölprodukte einzurichten, aber auch eine weitere enge geheime militärische Zusammenarbeit. Das deutsche Reichswehrministerium errichtete eine Flugzeugfabrik nahe Moskau, ein Testgelände für Giftgas in Tomka und das Panzerübungsgebiet Kama, bei Kasan."

***Katharina:*** *„Die Deutschen hatten in Kasan eine Panzerfabrik?"*

**Romy:** „Ja. Dort wurden ab 1929 Panzerprototypen entwickelt und gebaut. Die Leitung übernahm 1930 Generalleutnant Ludwig Ritter von Radlmaier (geb. 1887 in Bayern - 1943 im Lazarett Tegernsee)[10]. Die praktische Erprobung deutscher Ingenieurskunst[11] erfolgte dann unter Umgehung des Vesailler Vertrages auf dem Gelände dieser Panzerschule Kama, getragen von der Reichswehr und der Roten Armee.

Aber eigentlich handelte es sich wohl eher um die Weiße Armee und andere konservative Kräfte, die im Russischen Bürgerkrieg (1918-1922) gegen die Bolschewiki kämpften und eine sozialistische Entwicklung zu verhindern suchten.

Hier wirkten ganz verschiedene politische und militärische Kräfte zusammen. Aber alle hatten das eine Ziel: den Kommunismus zu verhindern und dieses Gedankengut nachhaltig

---

[10] vgl. auch Fröhlich, Paul und Alexander Kranz: Generäle auf Abwegen? Ludwig Ritter von Radlmaier, Adolf von Schell und die Rüstungsbürokratie des Dritten Reiches zwischen militärischer Tradition und „Neuer Staatlichkeit". - 15.04.2016. DOI: https://doi.org/10.1515/vfzg-2016-0013.
[11] Otto Merker - Ingenieur und Generaldirektor, entwickelte einen Raupenschlepper, der dann für Reichswehr gebaut wurde.

nicht nur zu bekämpfen sondern auszulöschen. So ist davon auszugehen, dass Alexander Poniatoff nicht in die USA vor dem Bürgerkrieg floh, sondern vor den Konsequenzen eines scheiternden Bürgerkrieges einerseits und hin zum Aufbau technologischer „Abwehrmechanismen" und Rollbackstrategien gegen gesellschaftlichen Fortschritt andererseits.

Und obwohl es, wie die Kosaken zahlreiche weitere „spezielle soziale Schichten" gab, die einerseits eine militärische Elite darstellten und andererseits wenig empfänglich für die Lehren des Marxismus und gegenüber der gewaltsamen Machtergreifung der Partei Lenins waren, konnten sie letztendlich nicht die Machtübernahme verhindern.

Logisch ist natürlich, dass sie sich für einen Gegenschlag formierten und ausrüsteten. Und hier waren ihnen alle Bündnisse recht. Hauptsache es konnten Feinde der Ideen einer klassenlosen und gerechten Gesellschaft motiviert werden. Und in der Firma Ampex wurden dann unter Leitung von Poniatoff viele technische Entwicklungen getätigt, die neben dem Militär, der Luftfahrt auch einen starken Bezug zur Raumfahrt besaßen."

*__Katharina:__ „Meinst du, dass es etwas damit zu tun hat, dass in der Geburtsstadt von Poniatoff ein Kosmonautenmuseum existiert, mit Fluggeräten?"*

__Romy:__ „Irgendwie scheint es jedenfalls darum ein Geheimnis zu geben. Wenn man weiß, dass mit unsichtbaren Strahlen, Elektrotechnik und Frequenzen viele „Wunder" generiert werden können, die die Menschen staunen lassen, und wenn uns Medien in Filmen kaum physikalische Zusammenhänge erklären, sondern vielmehr in ScienceFiction-Streifen die Menschen mit einer Unterhaltungs- und Entertainment-„Matrix" für Zerstreuung und die Manifestierung von Traumwelten sorgen, dann ist m.E. davon auszugehen, dass es einen

Link zwischen technologischen Erfindungen, großen Erfindertalenten oder besonders „cleveren" Unternehmern und der Raumfahrt geben kann.

Kann, als Hypothese. Du weißt schon.

Meines Erachtens bietet es sich an, auch einmal in diese Richtung zu denken. Und wenn man weiß, dass mit Technologien Köpfe beherrschbar sind und damit Gesellschaftsformen gestaltbar, dann erklären sich auch Kriege und blutige Auseinandersetzungen viel einfacher."

**Katharina:** *„Meinst du die Smobies, die weder ihre Umgebung wahrnehmen oder die breiten Massen, die sich mittlerweile kaum noch für politische Zusammenhänge interessieren, sondern sich eher in monarchische Traumhochzeiten flüchten? Nun hast du aber wieder einen sehr breiten Bogen gespannt. Worauf willst du eigentlich hinaus?"*

**Romy:** „Mir geht es erst einmal darum, dir zu vermitteln, dass Technologiebesitz etwas mit Macht zu tun hat, mit der Möglichkeit der Beeinflussung. Heute kann jeder mit Photoshop Bilder bearbeiten, selber Animationen mit Flash erzeugen, neue Nachrichten zusammenmixen.. Eigentlich ist es fast unmöglich, Quellen zu verifizieren oder deren Wahrheitsgehalt. Videokonferenzen in Echtzeit sind natürlich schon etwas anderes. Und Videotechnik existiert bereits über siebzig Jahre. Letztendlich zeichnet man eine Information auf und dann überträgt man sie. Was es heute einfacher macht, ist eben die „Echtzeitkomponente", Aufzeichnung und Übertragung erfolgen eben fast gleichzeitig. Und auch die Idee des Bildtelefons oder der Videotelefonie ist so alt wie das Fernsehen.

Bereits vor dem Zweiten Weltkrieg fanden erste Versuche hierzu statt. Es wurde ein Verfahren von Georg Oskar Schubert[12] genutzt, einem deutschen Fernsehtechniker in einer

[12] Georg Oskar Schubert (1900 in Gablonz, Böhmen - 1955 Darmstadt. Studium der Elektrotechnik an der Technischen Hochschule Dresden, Ber-

amerikanischen Firma Baird Television[13]. Und bereits 1936 konnte man miteinander bildtelefonieren[14]. Warum nutzen wir in Deutschland also keine Bildtelefonie, denn Videokonferenzen sind ja überhaupt nichts anderes? Noch 1985 gab es ein Projekt BIGFON[15], das auch ganz praktisch zeigte, dass Bildtelefonieren möglich ist. Und bereits Im Jahr 1953 wurde in Deutschland das erste Patent für den Prototyp eines Videorekorders erteilt.  Und obwohl erst im Jahr 1956 der erste einsatzfähige Video Tape Recorder für Sendezwecke von der Firma Ampex produziert wurde, gab es ab 1953 bereits einen Standard, festgelegt vom amerikanischen National Television Systems Committee.

Im Jahr 1938 patentierte Werner Flechsig[16] das Prinzip der Bilderzeugung in einer Farbbildröhre. Aber die erste kommerzielle Realisierung erfolgte 1949 vom Konzern Radio Corporation of America[17]. Im Jahr 1957 wurde das Farbfern-

---

liner Entwicklungslabor von Siemens & Halske - Thema hochfrequente Bildübertragung. arbeitet 1929 in der Fernsehentwicklungs- und -produktionsgesellschaft Fernseh-AG, registriert in Berlin durch John Logie Baird, Robert Bosch und andere Partner ( Baird Television Ltd.),  Radio AG D.S.Loewe (ggr. 1923, Mitarbeiter Manfred von Ardenne).  - https://de.wikipedia.org/wiki/Georg_Oskar_Schubert u.a.

[13] Baird Schottischer Erfinder und Fernsehpionier (1888-1946) - Vorführung seiner Erfindung des mechanischen Fernsehens vor der Royal Institution 1926, 1928 Übertragung eines Fernsehbildes von London nach New York, erst über Telefonleitungen zu einem Kurzwellensender, dann via Strahlen über den Atlantik, 1929 erster Farb-Fernseher, BBC sendete von 1930-1935 in dem von Baird eingeführten Verfahren).

[14] Bildtelefon vgl. https://de.wikipedia.org/wiki/Bildtelefon.

[15] BIGFON (Broadband Integrated Glas-Fiber Optical  Network) - Systemversuch der Deutschen Bundespost, durchführt von 1981 - 1988 in sieben Städten. Bildtelefon T-View 100 der Deutschen Telekom.

[16] Werner Flechsig (geb. 1900 in Köln - 1981 in Wolfenbüttel) - deutscher Physiker und Fernsehpionier, Mitarbeiter der Fernseh-AG in Berlin, 1937 wurde auf der Funkausstellung von der Reichspost-Forschungsanstalt ein Farbfernsehverfahren vorgeführt.- https://de.wikipedia.org/wiki/Werner_Flechsig_(Fernsehpionier).

[17] Radio Corporation of America - US-amerikanisches Unternehmen, 1919

sehen in den USA eingeführt mit einem NTSC-Standard, bei dem die Qualität zunächst eher schlecht war und die Farbeinstellungen immer nachreguliert werden mussten. Ab 1963 verwendet man dann auch im deutschen Sprachraum als Fernsehstandard das PAL-System, den Phase Alternating Line Standard."

**Katharina:** *„Du meinst, es gibt auf der einen Seite die Erfinder und auf der anderen Seite diejenigen, die schnell claimen, vermarkten, verwerten und sich die Erfindungen zu ihrem wirtschaftlichen Vorteil unter den Nagel reißen?"*

**Romy:** „So kann man es auch formulieren. Und dann hungern sie die „anderen", die politischen Kontrahenten, Wettbewerber oder politischen Gegner sozusagen technologisch aus, so dass dort gar nichts mehr geht oder bringen sie damit in eine wirtschaftliche Abhängigkeit. Und im Kreislauf bedeutet das dann wiederum, durch Technologieüberlegenheit Marktbeherrschung und in der logischen Kette dadurch politische und wirtschaftliche Macht.

Das sieht man jetzt auch an Trump. Ihm gehört ein Mischkonzern, in dem er durch staatliche Fördermittel privates Kapital angehäuft hat, u.a. mit Luxusimmobilien, die er über den ganzen Globus verstreut betreibt. Sein Konzern vermietet nicht an Schwarze und seine Politik ist klar, vor allem die Marke Trump aufzubauen und zu stärken. Und trotzdem

---

als Aktiengesellschaft von amerikanischen Elektronikherstellern gegründet, Sitz im Rockefeller Center in New York, an der New York Exchange gelistet. Zum RCA gehörte die Hertz Autovermietung, Finanzinstitut CIT Group, Buchverlag Random House, mit RCA Records, Fernsehsender NBC u.v.a., Unternehmen wurde 1986 von General Electric mit 6,28 Mrd. US-Dollar übernommen. Im ersten Weltkrieg Zusammenführung aller Patente der Radiotechnik für das Militär, Geräte und Zubehör für die drahtlose Nachrichtenübertragung zum größten Teil für militärische Zwecke. Generel Electric und AT&T internationales Radiomonopol.- https://de.wikipedia.org/wiki/Radio_Corporation_of_America.

wählen die Bürger ihn. Twitter, Tweeds, Internet, Cambridge Analytica und Bots[18] sei Dank.

Dafür gibt es aber einfach keine natürliche Logik in der Geschichte. Vielmehr zeigt es, wie gut die wissenschaftlichen Methoden und medialen Maßnahmen beim Brainwash bereits ineinander greifen.

Durch die technologischen Möglichkeiten kann letztendlich eben jede Persönlichkeit an jeder Stelle im System positioniert werden und jeder zu einer emotionalen Handlung oder zu einem Verhalten und letztendlich zu einer Haltung „verführt" werden.

Um aber eine breite Transparenz, vor allem aber Fortschritt in staatlichen Strukturen zu verhindern, wurde die Umsetzung einer Videosprechstunde, die damit eigentlich schon in den 90er Jahren in Deutschland, und vor allem fast kostenlos hätte umgesetzt werden können, einfach unterdrückt. Dafür wurden Millionenbeträge Fördermittel kassiert, immer wieder von Schwierigkeiten bei der Implementierung berichtet, Zeit geschunden, um anscheinend dem Smartphone den Weg zu ebenen und bei dem es heute noch heißt, über diesen Weg können natürlich keine Arztkonsultationen erfolgen, da es nicht sicher ist. Die vorhandenen Festnetzinfrastrukturen wurden immer weiter in ihrer Bedeutung und für innovative Entwicklungen verdrängt.

Das Bildtelefon T-View 100, das mit der Funkausstellung 1997 durch die Telekom als Bildtelefon eingeführt wurde, hätte längst für gesundheitliche Daseinsvorsorgeleistungen genutzt werden können, und die Telekom hätte als staatlicher Universaldienstleister für alle Bürger gleichermaßen eine gute Basis  und vor allem sinnvolle Angebote machen können. Wieviel wirtschaftlicher hätte das Gesundheitswesen aber auch soziale Dienste agieren können? Eine wieviel bes-

---

[18] Bot = engl. kleine Computerprogramme, die automatisch sich wiederholende Aufgaben abarbeiten ohne auf die Interaktion mit dem Menschen angewiesen zu sein.

sere Versorgung hätten wir heute?

2001 wurden die Bildtelefone dann sang und klanglos wieder eingestellt, die letzten Telefone für 498 Mark das Gerät im Markt abverkauft.

Angeblich lohnte sich eine Neuauflage nicht, da sich Stand-Alone-Geräte nicht mehr zu einem marktgerechten Preis herstellen ließen. Wenn ich bedenke, wieviele Millionen Fördermittel danach dann für irgendwelche Projekte in privatwirtschaftliche Kanäle geflossen sind, dann wird mir jetzt noch ganz anders. Und wenn ich an die Geräte denke, die innerhalb von Förderprojekte immer erneut als Mockups entwickelt wurden, mit dem Wissen darum, diese sowieso nie auszuliefern oder einzusetzen, wird mir übel.

Und wenn ich dann noch sehe, wie als einzige Alternativen nun Johanniter und andere Wohlfahrtsdienste mit kostenpflichtigen Hausnotrufdiensten- und Systemen Kasse machen, die weit unter dem Niveau der damaligen Lösung der Telekom zurückbleiben und auf Kosten der Notlage der Bevölkerung Kasse machen, wird mir noch viel übler. Und die Telekom verschenkt ihre Entwicklungen auch noch an die Johanniter. Aber das ist ein anderes Thema."

*Katharina: „Die Wohlfahrtsverbände leisten doch aber wichtige und nützliche Arbeit. Wenn wir die nicht hätten, würde doch vieles zusammenbrächen."*

**Romy:** „Du hast ja Recht. Und jeder Angestellte in den Einrichtungen und Services leistet sein bestes. Es geht nicht darum, den einzelnen Mitarbeiter dafür verantwortlich zu machen, was hier systemisch falsch läuft. Aber solche Verbände sollten nun einmal die Aufgaben des Staates unterstützen, nicht aber sie ersetzen. Und mittlerweile befinden wir uns auf einem direkten Weg dorthin. Es ist ein elendes Spiel.

Damals meinte die Telekom noch, sie setze nun auf reine

***Online-Sprechstunde / Telekonsultation:*** *Möglichkeit einer Kommunikation zwischen Arzt und Patient zur Abklärung einer Dringlichkeit in Bezug auf eine konkrete Behandlung. Anamnese und diagnostische Beratung entweder bei Notfällen oder bei chronischen Verläufen. Ermöglicht die Konsultation z.B. für Eltern, wenn Kinder über Schmerzen klagen ohne nachts in eine Notaufnahme fahren zu müssen oder Patienten mit chronischen Wunden, um den Heilungsverlauf begutachten zu lassen, ohne das der Patient weite Fahrwege absolvieren sowie lange Wartezeiten in Kauf nehmen muss. Online-Sprechräume sind geschlossene virtuelle Räume, die nur mit einem konkreten Signaturschlüssel betreten werden können. Entlastet die Notaufnahmen, verbessert die Versorgung 24/7 und führt zu einem effizienteren Einsatz von Fachärzten.*

Softwarelösungen, da ja Komplettsets mit Philips Vesta-Kamera und Sennheiser Headset bereits durch den Konzern für 199 Mark angeboten würden. Da zu dieser Zeit aber nicht jeder einen modernen PC hatte, nahm man diese gesellschaftspolitische strategische Entscheidung aus Kostengründen aber einfach in Kauf, wobei man dabei besonders die älteren und eingeschränkten Bürger von dieser weitaus einfacheren, sicheren und komfortablen Kommunikation wieder ausschloss. Für Gehörlöse wäre das Bildtelefon eine absolute Bereicherung gewesen, aber auch für alle immobile Bürger.

Jedenfalls bildete das T-View 100 als Siemens-Produkt und ISDN-Komforttelefon mit eingebautem ISDN-Anrufbeantworter eine hervorragende Basis, um neben den gesundheitlichen auch soziale Dienstleistungen aufzubauen. Jeder weiß, wie emotional positiv es ist, Verwandte, Bekannte, Freunde einfach mal sehen zu können. Und diese Telefone mussten einfach nur um eine zusätzliche Bildeinheit (Videokamera, TFT-Display und Prozessoreinheit) ergänzt werden. Insofern war der Preis auch gar nicht so hoch, denn ein Festnetztelefon hatten ja sowieso die meisten Bürger in Deutschland. Und auch die Bildqualität war so gut, dass man Schriftstücke mit größeren Lettern oder Konstruktionspläne übertragen konnte. Und das bereits 1997. Alternativ brauchte man aber auch überhaupt kein Bildtelefon sondern mit Programmen wie „ProShare" von Intel, kompatibel zum internationalen H.320-Standard, verstand sich das T-View 100 auch[19]."

**Katharina:** *„Und warum wurde es dann wirklich eingestellt?"*

**Romy:** „Das wissen die Götter.[20] Mit diesem Hintergrundwissen, wird du aber in jedem Fall besser den realen Thriller verstehen."

**Katharina**: *„Das heißt, nicht nur die Götter, sondern auch du kennst den Grund oder wenigsten einige Hintergründe?"*

**Katharina** schmunzelte. *„Erzählst du mir die Geschichte?"*

Und Romy fing an, aus ihrem Alltag im Konzern, ihren Erfahrungen, Eindrücken, Erlebnissen und Gedanken zu berichten. Und wie immer hörte Katharina ihr aufmerksam zu.

---

[19] Müller, Bernd: Bildtelefon T-View 100 - Auge in Auge. - www.wissenschaft.de, 01. Mai 1998.
[20] Maetsch, Matthias: Telekom stellt den Verkauf des Bildtelefons T-View 100 ein. Zum halben Preis (498 Mark) wurden die letzten Geräte abverkauft. 04.01.2001. - https://www.teltarif.de/arch/2001/kw01/s3986.html.

# Telemedizin in Deutschland?

Nachdem Romy mehrere Jahre an der Universität im Fachbereich Elektrotechnik gewirkt hatte und sich vor allem mit den Themen Wearable Computing, aber auch Biomedizinischer Gerätetechnik und eHealth-Entwicklungen beschäftigt hatte, spuckte sie der Hochschulapparat wieder aus. Fristgemäß, nicht unerwartet, aber irgendwie doch frustrierend. Eigentlich konnte man die Beendigung des Arbeitsverhältnisses auch als eine sachgrundlose Befristung verstehen. Unmotiviert. Eigentlich vollkommen überflüssig. Know-How wurde vernichtet, aufgebaute Strukturen zerstört, begonnene Projekte eingestellt. Trotz positiver Beurteilung ihrer Leistungen.

Doch am Horiziont eröffnete sich eine neues Aufgabenfeld für Romy. Sie bekam die Möglichkeit, in der Telekom im Gesundheitsbereich anzufangen, gerade dort, wo sie sich auch in den vergangenen Jahre mit Benchmarks, Best Cases, Telemedizin-Projekten beschäftigt hatte. Themenfelder wie Ambient Assisted Living, Smart Houses, Patientenportale oder die elektronische Gesundheitskarte waren ihr nicht fremd.

Auch wenn der Start im Konzern etwas holprig verlief, erwarteten sie spannende Herausforderungen.

Zu einer ihrer Aufgaben gehörte die Erstellung eines Konzeptes für den Aufbau einer online-Sprechstunde zur Erstbegutachtung von Kindern in Notfällen. Ziel dabei bestand vor allem darin, Eltern die Entscheidung zu erleichtern, ob ein Kind direkt ins Krankenhaus gebracht werden müsste oder auch zu Hause behandelt werden könnte.

Besonders sollte dieser Service an Wochenenden angeboten werden, um zum einen Kindern und deren Eltern lange Wartezeiten in überfüllten Notaufnahmen zu ersparen, aber natürlich auch, um lange und vielleicht nicht notwendige Anreisen von kleinen Patienten in ländlichen Regionen zu vermeiden.

Starten sollte dieses Projekt gemeinsam mit einem israelischen Unternehmen, dass bereits über Jahrzehnte große Erfahrungen im Bereich der online-Versorgung mit Kindern gewonnen hatte und über eine Million Kinder ohne „medizinische Katastrophen" aus der Ferne behandelt hatte.

Die Entwicklung einer Videosprechstunde für Kinder erschien Romy ein spannendes Projekt, technisch machbar und vor allem für die Versorgung mit Gesundheitsdienstleistungen in der Fläche von zentraler Bedeutung.

Bereits relativ früh im Verlauf ihrer Rolle als Arbeitnehmerin im Konzern trat Romys Chef, Werner Rastig an sie heran, erläuterte ihr kurz die Idee, ein Projekt mit einer israelischen Firma entwickeln zu wollen, die im Bereich der Onlin-Sprechstunden bereits langjährige Erfahrungen besaßen.

Zum Start des Projektes sollte ein Workshop mit den potentiellen israelischen Partnern und der Krankenkasse organisiert werden.

Romy freute sich über diese Herausforderung, denn sowohl die medizinische Versorgung von Kindern als auch die technische Umsetzung in Form einer Videosprechstunde erschienen ihr mehr als sinnvoll.

Der Workshop sollte mit Vertretern der AOK[21] durchgeführt werden. Bereits vor Beginn des Projektes merkte Romy, dass es nicht so einfach war, industrielle Interessen mit den Vorstellungen einer gesetzlichen Krankenkasse in Einklang

---

[21] AOK = Allgemeine Ortskrankenkasse, ggr. 1884, nach Einführung der gesetzlichen Krankenversicherung durch Reichskanzler Otto von Bismarck gab es 8.200. Im Verlauf Organisation auf Kreisebene, Geschäftsstellen in Frankreich und den Niederlanden. In Deutschland Reduktion auf 11 nach Fusionswelle und Forcierung des „freien Wettbewerbs" nach 1992 von 300 AOKs, 61.500 Mitarbeiter, ca. 1.400 Geschäftsstellen über 18 Mio. Mitglieder, Gründung der AOK Systems GmbH (ggr.1999, 2000 SAP Entwicklungspartnerschaft), parallel GKV Jnformatik erstellt „traditionell" die Software für die GKV (ggr. 2004 als ARGE informatik Betrieb in Köln)

zu bringen, denn schnell konnten hier auch Konfliktpotentiale entstehen, bei Fragestellungen, die Romy bisher nie so bewusst gewesen waren. Da Romy die Telekom allerdings vor allem immer noch als eine halbstaatliche, also öffentlich-rechtliche Einrichtung sah, die die Interessen der Mehrheit der Bevölkerung zu vertreten hatte, erschien ihr ein Auftreten von Interessenkonflikten als eher gering.

Doch sehr schnell offenbarte sich dann, dass sich das vermeintlich „einfache" Projekt plötzlich als viel komplizierter herausstellte als ursprünglich von ihr angenommen.

Im Vorfeld forderte ihr Chef Romy auf, sich schon einmal Gedanken über einen Businessplan für den potentiellen israelischen Partner zu machen.

„Das verstehe ich nicht. Wenn sich dieses israelische Unternehmen hier in Deutschland ansiedeln möchte, dann muss es doch selbst einen Businessplan erstellen. Natürlich kann ich dabei unterstützen. Aber ich kenne doch gar nicht dessen Rahmenbedingungen. Mit wie vielen Mitarbeitern wollen sie starten, wie soll ihr Geschäftszweck aussehen, welche Dienstleistungsrahmenverträge existieren, wo suchen sie sich welchen Standort?"

Werner reagierte in seiner gewohnt brummigen Art ungehalten.

„Romy, was bist du immer so kompliziert. Ich möchte, dass du Zahlen zusammenstellst, die als Businessplan genutzt werden können. Das kann doch nicht so schwer sein. Die Israelis bauen eine medizinische Servicegesellschaft für die AOK auf, bieten ihre Serviceleistungen an und auch eine online-Sprechstunde. Ganz einfach."

„Aber das macht doch keinen Sinn. Die AOK-Versicherung besitzt bereits ein Servicecenter im Ruhrgebiet[22]. Dort

---

[22] vgl. AOK-Clarimedis. Medizinische Informationen am Telefon, erteilt verständliche Erklärungen von Diagnosen, medizinischen Fachbegriffen, Laborwerten, Inhalte von Therapien, mögliche Alternativen, Wirkungen und Nebenwirkungen von Medikamenten, Ansprechpartner, Fachärzte,

braucht sie ihr Konzept nur um eine Videokomponente zu erweitern, schon ist sie fertig. Und was meinst du außerdem mit Service? Vielleicht einen „Triageservice"?"

„Was ist denn das?" Werner schaute Romy erstaunt an. Und auch Romy schaute Werner erstaunt an. War er nicht Leiter des Bereiches Telemedizin und Telematik und insofern ein Wissender, was Prozesse im Gesundheitswesen aber auch in der Notfallversorgung betraf?

Trotzdem antwortete Romy ruhig und ohne überheblichen Vorwurf in der Stimme: „Mit einem Triageservice könnte man die Notaufnahmen entlasten. Triage bedeutet eigentlich nichts anderes als Sichten oder Einteilen. Meistens wird es als Verfahren zur Priorisierung medizinischer Hilfeleistungen bei Katastrophen eingesetzt. Eigentlich bei einem unerwartet hohem Aufkommen an Patienten, also bei Unglücken oder Naturkatastrophen, um die medizinischen Ressourcen möglichst effizient und natürlich auch im Sinne der zu behandelnden Patienten einzusetzen. Die Online-Sprechstunde würde damit gleich mehrere wertvolle Ziele erfüllen. Zum einen würde sie unnötige Anreisen verhindern, sie könnte Eltern natürlich hinsichtlich der Erkrankung ihrer Kinder beruhigen, ihnen Sicherheit geben, zum Beispiel in Zeiten, wo der eigene Kinderarzt keine Sprechstunden anbietet und vor allem würde dies dann auch die Notaufnahmen in den Krankenhäusern[23] entlasten, weil nicht einfache Fälle, die mit

---

Spezialkliniken, Selbsthilfegruppen etc..z.B. https://nordost.aok.de/inhalt/medizinische-informationen-am-telefon-aok-clarimedis-1/

[23] A.d.A. Der Vorschlag für einen Triageservice der Telekom gemeinsam mit der AOK, der Krankenkasse für gesetzlich Versicherte wurde nie aufgegriffen oder umgesetzt, das Konzept wurde 2012/2013 erarbeitet. Im Jahr 2016 wurde der erste deutsche Triage-Service von einem Netzwerk „Allianz Worldwide Partners (AWP)" mit dem Praxisnetzwerk GO IN, in München / Ingolstadt umgesetzt zur telefonischen Beratung bei medizinischen Notfällen. Das Praxisnetz GO IN ist ein Zusammenschluss von 430 niedergelassenen Ärzten aus Ingolstadt und Umgebung. Positive Ergebnisse erzielten Projekte bereits in England, Dänemark und

Hausmitteln zu kurieren wären, die Wartesäle füllen. Damit könnte man verhindern, dass zu viele Patienten sich in den Notaufnahmen drängen, obwohl gar kein dringender Bedarf besteht und sie dort vielleicht sogar die wirklich kritischen Fälle von einer Behandlung abhalten."

„Und du meist, ein solcher Triageservice würde dann mit einer Videosprechstunde verbunden sein können?"

„Ja, der wäre sozusagen das „Einfallstor". Man könnte ihn aber auch separat nutzen. Anhand von Symptomen und einem ausfüllbaren standardisierten digitalen Anamnesebogen im Vorfeld könnte eine gezielte Beratung erfolgen, wobei dabei die Videokomponente den persönlichen Eindruck mit einbeziehen kann. Natürlich wird diese erste Beratung vieleicht nicht die Diagnostik bei einem Arzt ersetzen, aber vielleicht in manchen Fällen schon. Und dringende Fälle werden darin bestärkt, schnell einen Notruf abzusetzen oder sich ins nächste Krankenhaus zu begeben. Zur Überbrückung von Wochenenden und Feiertagen gibt es so viel medizinisches Erfahrungswissen und Leitlinien, so dass in jedem Fall den Eltern die Entscheidung erleichtert werden kann, ob sie besser ein Krankenhaus aufsuchen oder in Ruhe zu Hause abwarten können, bis ihr Kinderarzt wieder erreichbar ist.

Vor allem bei Kleinstkindern, die sich noch nicht gut äußern können, kann das eine wesentliche Unterstützung bieten, wenn man in einer akuten Situation wirklich zeitnah einen erfahrenen Arzt zu Rate ziehen kann."

Werner hatte aufmerksam Romys Ausführungen zugehört. Irgendwie schien ihm dieser Zusammenhang neu.

„Ok. Verstanden.", antwortete er in einem etwas milderen

---

der Schweiz- Entlastung für Notaufnahmen und ärztliche Bereitschaftsdienste. Erster Deutscher Triage-Service: Allianz Worldwide Partners kooperiert mti Praxisnetzwerk GO IN. - https://www.presseportal.de/pm/83226/3518411 / https://www.goinakut.de. Vertreter: Prof. Jedamzik. - Gegenwärtig Verhandlungen mit der Politik und „Institutionen", um diesen Service dauerhaft anzubieten.

Ton. „Dann kannst du ja dazu mal einen Businessplan erstellen."

„Aber das geht doch nicht. Ich weiß doch im Moment noch überhaupt nichts. Weder kenne ich die technische Ausstattung dieses Unternehmens. Und außerdem sollten wir uns doch vorher auch noch einmal andere Unternehmen aus Deutschland anschauen. Zwar wurde in der Praxis noch nichts umgesetzt, aber die technologischen Komponenenten sind auch hier bereits alle verfügbar." Romy spürte, dass Werner nicht begeistert über ihren Widerspruch war, denn wie immer bei solchen Fällen begann er sich durch seine Haare zu fahren. Romy ließ sich davon aber nicht beeindrucken und setzte fort:

„Zum Erfahrungsaustausch finde ich das mit dem israelischen Unternehmen super, aber dann würde ich vielleicht auch die Einbindung von erfahrenen regionalen Unternehmen in diesem Bereich empfehlen. Viele arbeiten ja bereits mit virtuellen geschlossenen Räumen im Bildungsbereich, und als Ergänzung zu Chatfunktionen ist die Einbindung einer Videokomponente nicht wirklich teuer. Außerdem ist diese ja heute bereits fast in jedem  Laptop installiert. Und es gibt bereits zertifizierte Lösungen mit hoher Bildqualität auch bei uns." Romy schaute erwartungsvoll auf die Reaktion von Werner. Aber dieser schwieg. Meistens, wenn sie ihn anscheinend mit einem Sprachschwall überschüttete, schien er erst einmal etwas Zeit zu benötigen, die gehörten Informationen zu verarbeiten. Romy hatte aber keine Lust, eine zu lange Pause entstehen zu lassen und abzuwarten. Außerdem wollte sie nicht riskieren, dass er dann, wie so oft, einfach ihren Gedankenstrom abbrach und sie nicht mehr aussprechen ließ.

„Welche Rolle soll denn in diesem Projekt unser Unternehmen spielen?", fragte sie.

Und direkt weiter: „Wollen wir diesen Service über eine zentrale Plattform aus unserem Hause anbieten? Das würde natürlich am meisten Sinn machen, weil so alle Gesundheitskassen gleichermaßen diesen Service ihren Patienten anbieten könnten, auch wenn die AOK vielleicht die einführende Kasse wäre." Romy schaute zu Werner. Aber dieser schwieg weiter. Irgendwie verklärte sich sein Blick und sie hatte das Gefühl, dass er ins Nirwana driftete.

Hörte er ihr überhaupt noch zu.

Zügig schloss sie gleich ihre nächste Frage an:

„Aber welche Rolle soll dann das israelische Unternehmen spielen?" Bei diesem Thema wurde Werner plötzlich munter.

„Romy, manchmal stellst du dich aber auch an." Werner schnaufte wütend. „Du wirst doch als Managerin am besten wissen, was zu tun ist. Ich habe immer öfter das Gefühl, du bist hier wirklich fehl am Platz." Werner schien fast zu platzen, drehte sich in aggressiver Weise halb weg von ihr, begann in seinem Rechner zu klicken und schwieg weiter. Romy war dies mittlerweile gewohnt. Auf Fragen gab es in diesem Konzern nur sehr selten Antworten. Maximal eine beleidigende Abwehrhaltung und damit war Schluss.

Doch wie sollte in diesem Konzept nun wirklich der Beitrag der israelischen Firma aussehen? Welche Rolle sollte die Telekom nun wirklich dabei spielen? Wie wurden die Interessen der AOK berücksichtigt und welche Interessen verfolgte die Krankenkasse in diesem Projekt überhaupt?

Sicher würde das strategische Konzept der AOK nicht vorsehen, neben ihrem eigenen Clarimedis-Angebot eine neue Servicegesellschaft aufzubauen, da könnten die israelischen Partner noch so exzellente Erfahrungen mitbringen.

Oder war an dieser Stelle doch eine internationale Kooperation sinnvoll? Romy wusste es noch nicht und war überzeugt, dass der Wortshop und die damit verbundenen Gespräche ihr darüber mehr Auskunft geben würden.

Unabhängig davon, dass Werner bereits mit seinem Verhalten signalisiert hatte, dass er an einem weiteren Gespräch mit Romy kein Interesse mehr hatte, musste Romy doch noch weiter argumentieren. Sie wollte alles gesagt haben, was sie von diesem Projektvorschlag hiel, bevor sie das Büro von Werner verließ. Dieses lag in einem verbindenden baulichen Querstrang, der unterschiedliche Gebäudekomplexe miteinander verband. Der Raum war mit zwei großen Glasfronten, einer zur Straße und einer zum Inneren des Gebäudes versehen. Vor dem Büro lief eine Empore entlang, die den Blick auf die prächtige Eingangshalle, die häufig für Veranstaltungen genutzt wurde freigab. Von Zeit zu Zeit kamen Mitarbeiter vorbeigelaufen, die einen kurzen Blick in das Büro warfen, weshalb häufig Lamellenvorhänge dieses visuelle Eindringen zu verhindern suchten. Auch an diesem Tag hatte Werner die Vorhänge zugezogen. Allerdings nur nachlässig, so dass immer wieder die Eindrücke von draußen auch in den Raum gelangten.

„Irgendwie erscheint mir dieser Ansatz nicht wirklich sinnvoll, da sich die Kompetenzen der Telekom und des isralischen Partners fast komplett überschneiden. Wollen wir ein medizinisches Netzwerk etablieren, müssen wir regionale Ärzte einbinden, die Infrastruktur könnte die Telekom stellen und die AOK wäre dann die erste Krankenkasse in Deutschland, mit der wir ein solches Projekt als Piloten umsetzen würden. Da wir diese Dienstleistung möglichst einer großen Anzahl gesetzlich Versicherter anbieten wollen, empfinde ich dieses Partnerschaftsmodell auch als sehr gut.

Vielleicht macht es ja mehr Sinn, das Konzept von den israelischen Partnern abzukaufen, sofern in den Prozessen irgendein „Geheimnis" liegt. Auf den ersten Blick kann ich zwar nicht wirklich etwas Kompliziertes dahinter erkennen, aber man weiß ja nie. Die Errichtung einer Niederlassung der Israelis in Deutschland zur Erbringung von Gesundheitsleistungen erscheint mir allerdings nicht logisch.

Am meisteß werden wir ja in diesem Projekt wohl mit den gesetzlichen und regulatorischen Rahmenbedingungen in

Deutschland zu kämpfen haben. Am Fernbehandlungsge-setz[24] haben sich ja bisher fast alle die Zähne ausgebissen. Dann bliebe nur die Konzeption zum Einsatz als einfache Beratung ohne Garantie. Also vollkommen unverbindlich. Aber das ist letztendlich ja auch nicht so sinnvoll. Und dann besteht ja noch die Herausforderung mit den Abrechnungssystemen, die ja per sé eine solche Videokonsultation überhaupt nicht vorsehen. Ich denke, dass hier ein israelisches Unternehmen auch nicht mehr Chancen hat, politisch etwas zu bewirken als die Telekom, oder?"

Werner hatte sich anscheinend wieder etwas beruhigt. Er hatte sich Romy wieder zugewandt, die vermeintliche Geschäftigkeit an seinem Computer beendet. Begeisterung war aus seinem Gesicht aber immer noch nicht ablesbar.

„Aber wenn wir beide als technische Partner im Projekt bleiben, wo siehst du denn dann die möglichen Synergien, so dass letztendlich jeder noch etwas an dieser Kooperation verdient? Wenn die Israelis hier erst eine Firma aufbauen, Ressourcen bereitstellen, müssen sie investieren. Und sie benötigen für alle diese Prozesse Zeit. Und wer soll diese Anschubfinanzierung bezahlen? Will das Unternehmen selbst ins Risiko gehen? Ich kann mit vorstellen, dass die Krankenkasse dafür kein Geld bereitstellt. Und für uns als Telekom wäre es auch Quatsch, da wir ja zum einen über die Infrastrukturen und auch die Mitarbeiter verfügen und zum anderen ja das Ziel verfolgen, unser eigenes Geschäftsfeld aufzubauen. Richtig?" Diese Nachfragte stellte natürlich nur einen rhetorischen Einschub dar, da Romy ja wusste, dass sich Werner in keinem Fall und schon gar nicht zustimmend äußern würde.

„Außerdem haben wir beim Thema Telemedizin in Deutschland mittlerweile nun bereits so viele Jahre vertrödelt, da fände ich es besser, wenn wir zügig beginnen könnten. Und Zeit

---

[24] www.bundesärztekammer.de/fileadmin/user_upload/downloads/pdf-Ordner/Recht/2015-12-11_Hinweise und Erlauterungen_zur_Fernbehandlung.pdf.

kostet eben auch Geld. Und vor allem den kostbaren Wettbewerbsvorsprung. Schließlich wirst du mich zum Abschluss des Projektes nach dem Mehrwert fragen, den ich dabei für den Konzern erwirtschaftet habe oder noch werde, stimmts?"

Romy legte bewusst noch einmal die Betonung auf das Ende ihres Satzes. Sie konnte nicht umhin zur Kenntnis zu nehmen, wie sich der Ärger in ihr weiter ausbreitete. Gegen eine Wand zu sprechen war alles andere als befriedigend. Immerhin wurde ihr per sé unterstellt, dass sie als ehemalige Wissenschaftlerin nicht wirtschaftlich dachte. Aber sie hatte sehr wohl im Blick, dass der Konzern auf lange Sicht nur Projekte entwickeln konnte, die als innovative Angebote zum einen vom Markt akzeptiert und entsprechend genutzt wurden, zum anderen natürlich ihren Beitrag in einem finanziell interessanten Gesamtproduktportfolio des Konzerns leisteten. Und da die Telekom eher den Massenmarkt im Blick hatte, ging es wohl auch darum, Angebote zu entwickeln, die deutschland- und europaweit skaliert werden konnten, um auch so mit einem standardisierten, sicheren und qualitativ hochwertigen digitalen Angebot die Akteure im Gesundheitswesen gleichberechtigt zu versorgen.

Oder das Projekt musste wenigstens einen Mehrwert als Leuchtturmprojekt generieren, denn natürlich trug ein positives Image zur Steigerung des Marktwertes des Konzerns bei und somit zur Erhöhung der Intangible Assets[25] für das Unternehmen. Aber das brauchte sie wohl hier niemandem zu erklären, denn die emotionale Marketingschiene bediente der Konzern in der Regel exzellent. Jedenfalls schienen ihre Argumente für die Erhöhung der Lebensqualität oder die Verbesserung der Bevölkerung eher nicht die Argumente zu sein, für die ihre Führungskräfte empfänglich waren.

„Und außerdem geht es um eine medizinische Dienstleistung. Selbst wir als deutsches Telekommunikationsunter-

---

[25] Intangible Asset - Immatrieller Vermögensgegenstand, Arten sind Firmenwerte, Patente, andere Schutzrechte, Marken, Lizenzen etc.

nehmen können nicht einfach mal am Markt als Gesundheitsdienstleister auftreten. Wie sollte dies denn einem israelischen Unternehmen möglich sein? Zum einen hätten die israelischen Mitarbeiter keine Zulassungen, um am deutschen Markt zu agieren, noch könnten sie entsprechende Zertifikate vorweisen. Und außerdem", Romy merkte, wie ihr die Röte den Hals hinaufkroch, „welche deutsche Mutter sollte denn einen israelischen Online-Dienst wählen? Gerade bei der Anamnese und Diagnostik bei erkrankten Kindern besitzt doch das Zuhören und Verstehen eine zentrale Bedeutung. Und dann erst das Sprechen. Die heilende Wirkung der Sprache ist lange bekannt, ob zur Beruhigung, zum Trösten, zur methodisch wertvollen Weitergabe von medizinischen Ergebnisse, Ratschlägen, Empfehlungen, Anleitungen zur Selbsthilfe, die bei solchen virtuellen Konsultationen notwendig sind und gut funktionieren sollten. Wäre es da nicht sinnvoll, muttersprachliche Ärzte einzusetzen? Muttersprache ist sowieso etwas ganz besonderes."

Romy hatte sich in Rage geredet. Irgendwie fand sie es in ihrem Konzern schlimm, dass hier nur mit englischsprachigen Begriffen herumgeschmissen wurde, die niemand mehr richtig verstand. Und bei Verhandlungen hatte man immer das Nachsehen, wenn man nicht exzellent mit der englischen Sprache umgehen konnte und einem so vielleicht Feinheiten entgingen.

„Oder war es so angedacht, dass die israelische Firma nur ihr Geschäftskonzept hier mit deutschen Arbeitnehmern, also Ärzten aus der Region umsetzt und vermarktet? Bei der Versorgung von Kindern aber generell für solche Dienstleistungen halte ich die Einbindung regional ansässiger Kinderärzte generell für die beste Option. Aber warum sollte dann eine private israelische Firma deutsche Ärzte privat bezahlen?"

„Nun komm aber mal zum Schluss.", warf jetzt Werner ein.

„Wenigstens Fachärzte, die in Deutschland ein medizinisches Studium oder Zusatzstudium absolviert haben und in der Patientenkommunikation geschult sind, wären doch für solche Dienstleistungen eine Hauptvoraussetzung. Warum sollten sich Fachärzte von einem israelischen Betreiber managen lassen? Irgendwie ist mir das alles sehr nebulös."

Romys Redefluss schien kaum zu stoppen. Bewusst hatte sie den zwischenzeitlichen Unterbrechungsversuch von Werner überhört.

„Und drittens", setzte sie fort, als wenn sie mit diesem Punkt abschließen würde, „hatte ich es überhaupt so verstanden, dass die AOK, wenn dann, nur mit der Charité kooperieren will. Zum einen würde sie damit die notwendige Reputation an die Patienten weitergeben können, zum anderen, wäre von vornherein eine leitliniengerechte Versorgung[26] gewährleistet." Nun hatte wohl Romy alles geäußert, was ihr seit der Beauftragung ihres Chefs mit diesem Thema auf der Seele lag und sie stellte ihren Redefluss ein. Herausfordernd blickte sie Werner an. Dieser schüttelte demonstrativ den Kopf.

„Romy. Wie oft habe ich dir gesagt, es ist nicht deine Aufgabe, hier alles anzuzweifeln. Du stimmst dich bitte mit unserem israelischen Partner Levin ab, die Telefonnummer habe ich dir gegeben und organisierst mit ihm dann den Workshop mit der Versicherung. Das dürfte ja nicht so schwer sein."

---

[26] Leitlinien - NVL = Nationale Versorgungsleitlinien - gemeinsame Initiative der Bundesärztekammer, Kassenärztlichen Bundesvereinigung und Arbeitsgemeinschaft der Wissenschaftlichen Medizinischen Fachgesellschaften zur Qualitätsförderung in der Medizin. Die Koordination und operative Durchführung erfolgt durch das ÄZQ, das Ärztliche Zentrum für Qualität in der Medizin, ggf. 1995, Sitz seit 2004 in Berlin. NVLs sind systematisch entwickelte Entscheidungshilfen über das angemessene ärztliche Vorgehen bei speziellen gesundheitlichen Problemen, zielt auf die Entwicklung und Implementierung versorgungsbereichsübergreifender Leitlinien zu ausgesuchten Erkrankungen mit hoher Prävalenz und Berücksichtigung der Methoden der evidenzbasierten Medizin hin, befördert die strukturierte und integrierte Versorgung.

Er stöhnte dabei abschließend noch einmal extra laut hörbar auf, was Romy verletzte. Mit dieser symbolischen, verzweifelt klingenden Bedeutungsschwere, wollte er wohl den Hinweis an sie weitergeben, dass er leider einer nicht lernfähigen Mitarbeiterin in seinem Team gegenüberstand, mit deren gesundem Menschenverstand es sowieso nicht weit her war.

Dabei rollte er übertrieben mit den Augen und fuhr sich noch einmal durch seine fettigen Haare, so dass diese sichtbar, wie eben „gerauftes Haar" nach oben standen und ihm so einen leicht wirren Ausdruck verliehen.

„Ich möchte einmal erleben, dass du einfach deine Aufgaben erfüllst. Dieses Projekt geht in deine Ziele[27] ein."

Damit war für Werner die Diskussion nun beendet.

Was sollte das wieder für ein Nonsens sein?

Wie sollte Romy bei einem solch absurden Projekt ihre Ziele erreichen? Allerdings konnte sie sich natürlich nicht bereits im Vorfeld weigern, überhaupt einen Workshop zu organisieren. Aber welche Konzeptidee sollte sie dort vorstellen?

Zu den Eingeladenen gehörte Yves Bitton, ein engagiert wirkender erfahrener Arzt und Spezialist, der einen großen Kinder-Online-Service in Israel[28] aufgebaut hatte und für seine Arbeit glühte. Er besaß bereits 25 Jahre Erfahrungen in Telemedizin und e-Health. Was natürlich Romy noch einmal mehr vor Augen führte, wie weit Deutschland in diesem Bereich zurück lag und natürlich auch die kritische Frage tech-

---

[27] A.d.A. Über Ziele erfolgt im Konzern die Berechnung der flexiblen Gehaltskomponenten. Das Gehalt, dass sich aus einem Basisgehalt und flexiblen Komponenten zusammensetzt, kann so willkürlich durch die Führungskräfte geseteuert werden und natürlich auch damit erhöhter Druck auf die Arbeitnehmer ausgeübt werden. Einerseits trägt es zur Motivation bei, wenn individuelle sinnvolle Bonizahlungen vereinbart werden, kann aber auch zur vollkommenen Demotivation führen, wenn keine sachgerechten Bewertungen durchgeführt werden.

[28] Clalit Online Pediatrician - ein Service von „Schneider" Clalit Spezialisten. vgl. www.clalit-global.co.il/en/online_pediatrician.html und https://www.schneider.org.il/eng

nologischer Best practices und langjähriger freundschaftlicher Beziehungen mit Israel aufwarf.

Warum fand ein solcher Austausch nicht bereits früher statt? Die Telekom führte bereits seit 2006 aktiv mit den T-Labs[29] direkt in Israel Projekte durch und generell seit vielen Jahren Gesundheitsprojekte in der Telekom, neben den Labs auch in anderen Konzerneinheiten.

Hatte micht René Obermann[30] als cleverer Geschäftsmann selbst langjährige Erfahrungen im T-City Projekt in Friedrichshafen[31] gewinnen können? Hatte oder wollte er nicht 80 Millionen Euro in smarte Projekte investieren, um für 28.000 Service-Mitarbeiter neue digitale Geschäftsfelder zu generieren? Wollte sich die Telekom nicht „als offener Partner für andere Branchen, etwa im Energie-, Software- oder Medienbereich"[32] positionieren und lies er unter seiner Führung nicht auch Gesundheitsanwendungen projektieren, wie eine mobile Telemedizin-Anwendung für Patienten mit Herzinsuffizienz?[33] Und mit Sicherheit wurden dazu umfangreiche internationale Bestpractice-Recherchen von der Projektleitung und den Mitarbeitern durchgeführt.

Wie eigenartig, dass davon jetzt allein die Option verblieben war, ein IT-Unternehmen aus Israel auf Initiative von René Obermann einzuladen, um dann einen israelischen Service in Deutschland für die AOK zu implementieren? Und das dann noch ausgerechnet von Romy?

Aber nicht nur in der Telekom gab es bereits viele Jahre Erfahrungen, sondern natürlich auch in Deutschland generell.

[29] https://www.telekom.com/de/blog/konzern/artikel/israel--eine-unerwartete-liebe-443024.

[30] René Richard Obermann (geb. 1963 in Düsseldorf) - deutscher Manager, von 2006 - 2013 Vorstandsvorsitzender der Deutschen Telekom.

[31] www.t-city.de/de/das-ist-t-city.html.

[32] Preuss, Susanne: T-City Friedrichshafen. Versuchskaninchen für die Telekom.(15.07.2010)- www.faz.net/aktuell/technik-motor/digital/t-city-friedrichshafen-versuchskaninchen-fuer-die-telekom-11007733.

[33] https://de.wikipedia.org/wiki/T-City

Fast zwanzig Jahre beschäftigte sich auch der VDE, der Verband der Elektrotechnik, Elektronik und Informationstechnik mit diesem Themen und natürlich viele kleine und mittelständischen Unternehmen. Durch den VDE wurden diesbezüglich sogar Sicherheits- und Qualitätsmanagementsysteme für die Telemedizin[34] entwickelt. Das VDE Prüfinstitut zeichnete damit Telemedizinzentren nach den Normen DIN EN ISO 9001 aus, die es natürlich auch bereits in Deutschland gab.

So wurde damit zum Beispiel in Chemnitz auch das Telemedizinzentrum Vitaphone[35] zertifiziert. Der Standard des VDE stellte sicher, dass Patientendaten nicht unauthorisiert an Dritte weitergegeben werden konnten.

Warum vermeldete die Telekom dann immer wieder, welch ein Wunder doch darin bestand, dass Israel sich zum zweiten Silicon Valley entwickelt hatte, wir von den Siegen dort lernen sollten und Deutschland sich von dem Unternehmergeist und dem Spirit eine gehörige Scheibe abschneiden könne?

Warum sollten die Telemedizinanwendungen unbedingt aus israelischer Hand kommen?

Romy verstand es nicht.

Und auch nicht, warum es Berlin nicht gelungen war, gleichfalls mit den führenden High-Tech-Regionen mitzuhalten oder sogar seine historisch bedingte Technologieführerschaft aufrechtzuerhalten, wenn nicht auszubauen?

Auch bei den Entwicklungen, die AAL[36] betrafen, lag

---

[34] vgl. auch VDE-Standard für die Telemedizin. - In: Dtsch. Ärzteblatt 2008; 105(46):[2]

[35] Vitaphone ggr. 1999, vgl. auch Krüger-Brand, Heike E.: Telemonitoring und Electronic Homecare: Therapie im Wohnzimmer.-In: Dtsch. Ärzteblatt 2006; 103(9). - Fachausschuss Telemedizin in der Deutschen Gesellschaft für Biomedizinische Technik - Workshop Telemedizin in Krefeld, Integration von Daten in eine elektronische Patientenakte.. -

[36] AAL = Ambient Assisted Living - Methoden, Systeme, Konzepte, Produkte, die das alltägliche Leben erleichtern und technologisch unterstützen sollen.Technologien sind nutzerzentriert und konzentrieren sich auf die Steigerung der Lebensqualität.

Deutschland im Jahr 2009 noch gut im Rennen[37].

Das Bundesministerium für Bildung und Forschung unterstützte neue Lösungen. Allein für Prävention in Verbindung mit Mikrosystemtechnik, für das Monitoring und die Integration von Therapie und Therapieüberwachung in Haushalten stellte es 15 Millionen Euro bereit. Dazu kamen EU-Mittel, Landesmittel, private Initiativen und Investitionen.

Und das bereits vor über zehn Jahren.

Im Jahr 2007 war die Deutsche Telekom noch weltweiter Pionier im Bereich Smart City.

Aber nichts passierte. Oder besser, der Konzern zog es vor, die innovativen Leuchtturmprojekte, ohne das diese je am Markt skaliert und verwertet wurden, „abzumanagen"[38] oder eben, ohne großen Rummel, andere Verwendungsmöglichkeiten für diese zu eröffnen.

Und im Jahr 2012 wurde dann plötzlich über ein riesiges Projekt bei google[39] berichtet, während in Deutschland ernüchternd die Entwicklungen abgebrochen wurden.

Warum?

Liefen die Pilotprojekte so schlecht?

Zum Workshop wurde Yves von zwei IT-Geschäftsmännern begleitet, die die potentielle Partnerfirma repräsentierten.[40] Irgendwie wirkten diese Personen auf Romy nicht „koscher". <u>Sie konnte nicht</u> erklären warum.

[37] Krüger-Brand, Heike: Ambient Assisted Living - Assistenzsysteme: Technik hilft auf Schritt und Tritt. - In: Dt. Ärzteblatt 2009, 106(7):A-279/B-239/C-231

[38] „Abmanagen" - Reduktion und Einstellung von Alt-Produkten oder Alt-Projekten.

[39] vgl. auch Poggenpohl, Jens: Bilanz der T-City: Schöner Strand, Glasfaser für alle. - Spiegel online, Netzwelt, www.spiegel.de/netzwelt/netzpolitik/friedrichshafen-bilanz-der-t-city-a-845976.html.

[40] https://www.med-trix.com, ggr. 2004 durch Dr. Yves Button, Med-trix Kunden gehören damit zur größten Klientel der Gesundheitsorganisationen in Israel, getragen durch das Verteidigungministerium, das Ministerium für Verkehr, Versicherungsunternehmen und große, weltweit agierende Pharmaunternehmen.

Ihre Art wirkte unoffen und ihre Blicke flatterig.

Aber vielleicht resultierte dies auch nur aus einer gewissen Verunsicherung heraus, dem Druck, unbedingt eine überzeugende Performance gegenüber der Krankenkasse abliefern zu müssen und natürlich den „Door opener" Telekom nicht zu enttäuschen. Romy wollte nicht ungerecht sein.

Aber für sie stand fest, dass dieses Treffen nur für einen aktuellen Best-Case-Vergleich interessant sein konnte, vielleicht noch, um sich persönlich kennenzulernen, aber nicht, um damit realistischerweise ein Geschäftsmodell in Deutschland aufzubauen.

Vielleicht später in Form einer länderübergreifenden internationalen Kooperation, um Standards zu verbinden, Reisende auch im Ausland weiter begleiten zu können, oder vielleicht auch in schwierigen Situationen Ausfälle abzudecken.

Aber so?

Oder hatte Romy dabei irgendetwas übersehen?

Natürlich könnte ein solches Konsortium voneinander lernen und auch prüfen, welche Leistungen man zusammenbringen konnte. Dazu müssten aber alle Parteien offen ihre Karten auf den Tisch legen.

Eine Beratung durch Yves im Sinne der Projektumsetzung wäre gegebenenfalls für den Konzern und auch die Krankenkasse eine relevante Option gewesen, um die Einführung eines solchen Onlinedienstes in Deutschland zu beschleunigen. Vielleicht. Und natürlich boten auch die Anwendungszahlen aus Israel schlagkräftige Argumente für Diskussionen mit politischen Entscheidern. Mit diesem Case konnten sowohl die technologische Machbarkeit, die Akzeptanz durch die Patienten als auch die ökonomische Relevanz sehr eindringlich unterstrichen werden. Vielleicht wäre dann sogar die Lizensierung von Technologien, wenigstens für die ersten Jahre, um einen schnellen Start mit einem erfolgreich erprobten Verfahren zu ermöglichen, die beste Wahl.

Romy flogen bereits Entwürfe für verschiedene vertragliche Rahmenbedingungen und konsortiale Vereinbarungen durch den Kopf.

Die medizinische „Umsetzung" müsste trotzdem, so dachte Romy, in jedem Fall in Deutschland und auch mit deutschen Ärzten und auf der Basis bereits bestehender medizinischer Versorgungskonzepte erfolgen, um vor allem bestehende Hürden rechtlicher Natur, wie zum Beispiel das Fernbehandlungsverbot[41], welches in Deutschland galt und immer wieder als Hinderungsgrund für die Einführung von telemedizinischen Diensten angeführt wurde, ggf. begleitend zu aktualisieren, zu modernisieren und den technologischen Entwicklungen anzupassen.

Sowohl die Charité, als anerkannte und spezialisierte Notfalleinrichtung, käme dafür in Frage als auch Kinderärzte.

Romy bevorzugte in ihrem theoretischen Modell die Einbindung eines regionalen Netzwerkes von Kinderärzten, die sich für einen solchen Service zusammenschlossen.

Dies würde vor allem den einfachsten rechtlichen Rahmen bilden, denn es bestünde ja per sé ein reguläres Arzt-Patienten-Verhältnis, wenigstens im engen regionalen Verbund, und die online-Sprechstunde stellte nur einen ergänzenden Service zur Verbesserung bereits existierender Gesundheitsangebote dar. Eben wie der Hinweis auf eine Vertretungspraxis in der Nähe des Wohnortes, wenn der eigene Arzt einmal nicht zur Verfügung stand. Sozusagen eine virtuelle Vertretungsregelung für Notfälle.

Dies stand vor allem im klaren Gegensatz zu Konzepten

---

[41] Erstes Fernbehandlungsverbot stammt aus der Standesordnung für sächsische Ärzte von 1893 - bezog sich damals auf Behandlung via Briefkontakt. In: Woratschka, Rainer: Fernbehandlungsverbot. Wie Telemedizin künftig zum Einsatz kommen könnte. - In: Der Tagesspiegel. 13.12.2017 (online). - Quelle: https://www.tagesspiegel.de/Politik/fernbehandlungs-verbot-wie-telemedizin-kuenftig-zum-einsatz-kommen-koennte/207976.

wie Dr. Ed[42] aus Großbritannien oder die Wahrnehmung von Angeboten aus der Schweiz[43].

Hierfür gab es nun wirklich weder einen Grund, noch sollte für solche Dienstleistungen ein Bedarf erzeugt werden.

Generell sollten die Bürger erwarten können, dass die regionale Versorgung mit ärztlichen Leistungen so gut wäre, dass ausreichend Hausärzte zur Betreuung von jedem Patienten im direkten regionalen Umfeld zur Verfügung standen. Und vor allem, dass man sich kannte, sich auf der Straße begrüßte und ein langes Vertrauensverhältnis existierte. Denn die Wahl des Arztes war nun auch einem Vertrauenssache. Aber wenn gar keine Wahl mehr bestand, was dann?

Romy fragte sich, warum die Telekom diesen Zug „verschlafen" hatte.

Einfach so?

Oder hatte sie bewusst beide Augen zugedrückt?

Bei einem Vorstandsvorsitzender an der Spitze, der als Entrepreneur etwas von Innovationen und Märkten verstand, musste man da nicht mehr erwarten?

Hatte die Telekom vielleicht einfach, ganz „Gentlemenlike", abgewartet, bis ihre politischen und wirtschaftlichen „Freunde" technologisch so weit aufgeholt hatten, um mit ihren Entwicklungen nun am deutschen Erfindergeist vorbeiziehen zu können?

Sicher war auch Herrn Obermann klar, dass, so wie bei Amazon oder Google es *me-too-Produkte*[44] immer schwerer haben würden, überhaupt Zielgruppen zu erreichen. Und was

---

[42] Health Bridge Limited [GB] https//www.dred.com/de - Dr. Ed.com Ihr Arzt im Netz. Erfahren, einfach und sicher. (London)

[43] https://www.medgate.ch - Bereit für den digitalen Arztbesuch? Wir bringen den Arzt dahin, wo Sie ihn brauchen. Und bieten Ihnen damit einen einfachen und schnellen Zugang zu medizinischer Qualität.

[44] Me-too-Produkt = Nachahmerprodukt, folgt meist einem innovativen Originalprodukt, gleicht dem in vielen Eigenschaften und Fähigkeiten, möglichst kurz nach dem Erfolg des Erstanbieters auf dem Markt.  vgl. https://wirtschaftslexikon.gabler.de/definition/me-too-produkt-37699.

sich im realen „analogen" Markt schon als schwierig gestaltete, stellte im virtuellen Raum fast eine Unmöglichkeit dar. Einmal in Datenprozesse eingebunden, wie man bei Facebook und Amazon lernen konnte, setzte sehr schnell der Gewohnheits- und Komforteffekt ein und mit jedem Tag sank damit auch die Wahrscheinlichkeit, neue Strukturen zu testen. Die etablierten Dienste lernten mit jedem Click dazu und neue Services blieben vergleichsweise chancenlos. Vor allem wenn sich in den Datenstrukturen nun die gesundheitliche Anamnese von Jahren befand und auch die Ärzte in dieses Netzwerk eingebunden waren, gab es wohl kaum noch eine Chance, dem zu entkommen.

War den Führungskräften nicht klar, welcher langfristig horrende Schaden sich dadurch für das Deutsche Gesundheitswesen ergeben würde? Oder bestand darin das eigentliche Ziel?

Warum sonst wurden nicht schon längst erleichternde und vor allem kostensparende Strukturen umgesetzt und eingesetzt?

Und warum bekam Romy nicht mehr den Gedanken aus ihrem Kopf, dass die Telekom bewusst auch den Breitbandausbau verschleppt hatte?

Sollten so erst die Infrastrukturen an private Unternehmen verscherbelt werden, um dann langsam den demokratischen Sozialstaat abzubauen, förmlich auszubluten?

Dieses Spiel auf Zeit konnte für viele, wenn nicht für alle nur tödlich enden.

*****

„Weißt du Katharina, hier geht es um weitaus mehr als nur ein kleines Projekt. Hier geht es letztendlich und sinnbildlich um die Auseinandersetzungen der Systeme. Und diese werden nicht mit feinen Mitteln geführt. Um nicht zu sagen, wir leben gerade in einem brutalen Wirtschaftskrieg.

So wie natürlich bereits die Generationen vor uns. Nur, dass wir dies heute kaum noch wahrnehmen, da diesem einfach ein hübscher Marketingmantel übergestreift wurde."

„Im Moment spitzt sich die Lage ja wieder zu und ich glaube vielen wird die Ernsthaftigkeit der Situation bewusst. Aber in deinem Konzern? Können das nicht alles auch nur dumme Zufälle sein? Vielleicht hatten die Führungskräfte ja wirklich keine Ahnung?"

„Schau dir bitte den Lebenslauf von Herrn Obermann an, dann kannst du nicht an so viel geschäftliche Blindheit glauben. Natürlich, will man uns das immer „verkaufen". So, wie man uns auch so vieles andere verkaufen möchte. Der langsame Rückzug der Strippenzieher vom sinkenden Schiff verdeutlicht allerdings um so mehr ihre Planungen.

Und immer wieder gibt es brilliante Rhetoriker, die dieses Spiel der Tarnungen und Täuschungen exzellent beherrschen. Und wir fallen immer wieder darauf herein.

Ich möchte mich davon überhaupt nicht ausschließen. Immerhin habe ich in den letzten Jahrzehnten dieses „Spiel" auch gutgläubig mitgespielt. Aber ich bin nun froh, dass ich mittlerweile die Zusammenhänge etwas klarer sehe."

„Du meinst also, es tobt ein Krieg, der es auf unsere Demokratie abgesehen hat? Und das erklärst du mit dem mangelnden Bandbreitausbau? Mal überspitzt formuliert? "

„Nicht überspitzt, Katharina. Es ist leider Fakt. Du musst dich fragen, warum jahrzehntelang in Deutschland verboten wurde, per Gesetz und mit ständigen Verhinderungsargumenten, innovative telemedizinische Angebote aufzubauen bis just zu dem Moment, als der  Wettbewerb aus dem Ausland entwicklungstechnisch „nachgezogen" hat?

Jetzt beginnt man plötzlich auch hier die Diskussion um gelockerte Vorschriften, rechtliche Änderungen. Und das im Zusammenhang mit einem irren Zeitdruck. Erst wurden alle im Dornröschenschlaf gehalten, das Rad wurde wieder und wieder erfunden, und dann drängen plötzlich alle auf den Markt - was kann dabei Gutes herauskommen?

Vor allem haben öffentlich-rechtliche Anbieter so kaum noch eine Chance, bei diesem Überangebot an privaten Dienstleistern mitzuhalten, wenn sie nicht bereits auch in den letzten Jahre an ihrer „hidden agenda" gearbeitet haben.

Schon jetzt ködern coole Online-Plattformen Patienten, die sich in einer misslichen gesundheitlichen Lage befinden, von diesen Angeboten Gebrauch zu machen.

Und die Bevölkerung wurde bisher bei den Herausforderungen, die Informationsprozesse und deren Bedeutung anbetreffen, auch kaum mitgenommen.

Wenn sich nun zum Beispiel die Versorgung auf dem Lande weiter verschlechtert, entsprechend den Prophezeiungen des „Systems", der unterstützenden Statistiker, dann wählen die Bürger jedes Angebot, dass ihnen vertrauenserweckend und professionell aus dem Netz entgegenspringt.

Meine Hypothese besteht darin, dass der ursprüngliche strategische Plan lautete: erst kreative Ideen absaugen, Innovationen bei der Gesundheitsversorgung verhindern, dann einen flächendeckenden Kollaps des gesetztlichen Gesundheitswesens herbeiführen, zum Beispiel durch das „Ausbluten" ländlicher Strukturen. Die Abwanderung der jungen Leute weiter herbeireden, dass Wegsterben alteingesessener Ärzte abwarten, lukrative Nachfolgeregelungen unterbinden, so dass sich Ärzte natürlich nicht in die „Pampa" begeben wollen, wo es an interessanten und komfortablen Infrastrukturen mangelt und auch nicht ein lukrativer privater Patientenstamm wartet, denn die wenigen verbleibenden Einwohner, gehören eher zu den sozialen Verlierern. Die Bürgerversicherung liegt in weiter Ferne und die Abrechnungssysteme sind so veraltet wie bisher. Der Aufbau einer eigenen Praxis trägt sich finanziell kaum, werden nicht flächendeckend innovative Versorgungsprozesse als auch Abrechnungsregelungen durchgesetzt.

Durch die mangelhafte Versorgung erzeugt man einerseits Frustrationen bei der ländlichen verbleibenden Bevölkerung, forciert weitere Wanderungsbewegungen in die Stadt und natürlich auch Protestbewegungen der Bürger, die sich gegen die starren bürokratischen Regelungen des Staates wenden, dem sie die Schuld an allem zuweisen. Denn wenn es keine ausreichende medizinische Versorgung auf dem Land gibt, können daran nur „die" staatlichen Strukturen schuld sein. Die immer schlechter werdende Versorgung führt dann dazu, dass plötzlich doch und möglichst schnell neue, auch digitale, Formen für Gesundheitsleistungen zugelassen werden.

Das über die Jahrhunderte stark regulierte Gesundheitswesen, vorangig öffentlich-rechtlich dominiert, würde dann, ohne jegliche Einschränkungen für den globalen privatisierten Markt geöffnet, um dem Bedarf der Bevölkerung zu entsprechen und mit der digitalen Zeit zu gehen, sich modern und fortschrittlich zu präsentieren. Und der private Anbietermarkt winkte mit ausgeklügelten technischen Systemen, erprobten Leistungsprozessen, marketingseitig perfekt inszeniert. Und ein Abo für eine Betreuung kostete im ersten Jahr auch nur 100 €.

Wie bei google und amazon „matchen" die Patienten dann ihren medizinischen Bedarf mit den globalen Angeboten, die ihnen über alle Medien in höchsten lobenden Tönen in ihre Gedanken die Werbetexte einbrennen und sie warten natürlich nicht auf die längst überfälligen öffentlich-rechtlichen Strukturen oder bis deutsche gesetzlich aufgebaute telemedizinische Netzwerke langsam anfangen ihre Angebote zu entwickeln[45]. Sie nutzen sofort, inflationär und umfassend

---

[45] Allerdings besteht das Projekt der gematik zur Entwicklung einer sicheren Infrastruktur für Gesundheitsdaten bereits seit über 12 Jahren. Und in dieser Zeit ist es angeblich der Industrie nicht gelungen, zertifizierte Konnektoren herzustellen. Die Telekom hat hier vorsintflutliche Geräte vorgestellt, obwohl es am Markt fertige Produkte gab, die bereits seit

im Krankheitsfall britische oder schweizerische online-Plattformen oder gehen zu vertrauenswürdigen, allerdings auch privaten deutschen Anbietern. Und die entscheidenden Schnittstellen werden direkt durch amerikanische Unternehmen implementiert.

Und dies hat natürlich gleich zwei negative Effekte.

Erstens werden, noch einmal mehr, der Datenschutz in Deutschland aufgeweicht und Bürger geradezu in die Arme globaler privatwirtschaftlich agierender Datenkraken getrieben, oder zweitens alternativ, aber auch auf lange Sicht nicht wirklich besser, in deutsche privatwirtschaftliche Strukturen.

Aber auch das ist für die Bürger und die Demokratie auf lange Sicht nicht besser, denn drittens wird dadurch das deutsche Gesundheitswesen weiter massiv geschwächt, da plötzlich Leistungen, Diagnosen, Rezepte, Therapien zunehmend bei privaten Anbietern fakturiert werden müssen. Damit wird kaum noch Geld in gesetzlich gesicherte Strukturen fließen.

Während sich die privaten Institutionen immer weiter mit digitalem Fortschritt und technologischen Neuerungen auf den Markt begeben können, verkümmert das gesetzliche System zunehmend. Auf Grund vieler Leistungen, die dann nur noch als IGEL[46]-Angebote für die Menschen zur Verfü-

---

Jahren einsatzfähig gewesen wären. A.d.A. vgl. https://www.zm-online.de/archiv/2017/09/meinung/ti-rollout-was-lange-waehrte-ist-endlich-gut/. Nun werden mittlerweile Konnektoren von CGM angeboten, einem amerikanischen Unternehmen, für eine sichere deutsche Infrastruktur. https://www.cgm.com/de/telematikinfrastruktur_de/telematikinfrastruktur_bestellung/bestellung.de.jsp.

[46] IGEL - Individuelle Gesundheitsleistungen, für welche die Krankenkasse nicht leistungspflichtig sind oder deren Sicherstellung anderen Leistungserbringern obliegt, beispielsweise der gesetzlichen Unfall- oder Rentenversicherung. Entscheidungen, welche Leistungen vergütet werden, trifft der GBA, der Gemeinsame Bundesausschuss. Diese Leistungen können von Vertragsärzten und Privatärzten gegenüber gesetztlich Versicherten nur im Rahmen einer Privatbehandlung gegen Selbstzahlung erbracht werden. - https://de.wikipedia.org/wiki/Individuelle_Gesundheitsleistung.

gung stehen werden sich zunehmend auch immer mehr junge Leute, Leistungsträger, direkt für den Eintritt in eine private Krankenversicherung entscheiden. Sind diese doch viel cooler, zeitgemäßer, günstiger, kommen mit Apps und schicken Patientenportalen daher.

Dieses Geld fehlt letztendlich für die regionale und kommunale Versorgung und die Solidargemeinschaft.[47]

Bereits jetzt werden kleine Kliniken geschlossen, mit dem Argument, dass mehr Erfahrung, mehr Expertise in großen Zentren zu finden sind. Und wo mehr Geld ist, gibt es auch zukünftig eine immer bessere technische Ausstattung, ein Teufelskreislauf."

„Aber wenn die Patienten jetzt Angebote wie Dr. Ed oder Medgate nutzen können, ist das doch trotzdem gut, wenn es die Gesundung der Menschen beschleunigt. Außerdem sollten wir doch heute international, global und nicht in nationalen Grenzen denken?"

„Schon, aber gerade bei der Daseinsvorsorge sind diese Globalisierungs- und Privatisierungsentwicklungen als höchst kritisch zu betrachten, da sie den Menschen immer stärker nur noch als Produkt betrachten, dessen Wert sich an seiner Leistungsfähigkeit misst. Je größer die Leistung, je besser die Versorgung. Und gerade Privatversicherungen messen nach Profit. Chronisch Kranke und Ältere sind lukrative Versicherte für diese solange, wie sie auch die hohen Leistungen privat tragen können, ansonsten fallen die Kostensätze sogar unter das Niveau gesetzlicher Versicherter herunter. Und die Ärzte und Krankenhäuser müssen dann bei ihren „Priorisierungen" auch wirtschaftlichen Kriterien folgen.

Die beiden wichtigsten Angebote, die du ja auch nennst, Dr.

---

[47] Solidargemeinschaft = Solidarität als grundlegedes Prinzip der Sozialversicherung, strukturelle Basis der gesetzlichen Krankenversicherung (GKV), wichtigstes und zentrales Prinzip der sozialen Sicherung im Krankheitsfall, versichernde Erkrankungsrisiken werden durch die Gemeinschaft getragen.

Ed und Medgate, kommen aus dem Vereinigten Königreich und der Schweiz.

Und komischerweise sind es gerade die beiden Länder, die noch nie oder nicht mehr zur Europäischen Union gehören. Warum gibt es keine Angebote aus Finnland, aus Dänemark, aus Frankreich?

Warum konzentriert sich die Telekom bei ihrer Partnerwahl gerade auf diese Länder? Hat sie sich bereits auch schon aus der Europäischen Union, wenigstens als politisches System mit zwischenstaatlichen Verantwortungen verabschiedet?

Warum werden besonders Projekte angeschoben, die die Zusammenarbeit mit dem Vereinigten Königreich, Israel, Amerika favorisieren, allerdings nicht transparent, öffentlich, als Zeichen von klaren Geschäften, die auf einer Win-Win-Basis oder auf Augenhöhe stattfinden, sondern mit einer eigenartigen wirtschaftspolitischen Zurückhaltung, um es einmal diplomatisch auszudrücken? Die Telekom lehnt sich zurück und lässt durch ihren Vorstandsvorsitzenden bekräftigen: „Leider haben wir wohl den Anschluss verpasst und die erste Halbzeit verloren."

Katharina spürte, wie es Romy innerlich aufwühlte, dem allen irgendwie tatenlos gegenüberstehen zu müssen.

„Digitalisierung ist kein Fußballspiel. Warum bietet der Konzern nicht, so wie es eigentlich seine Pflicht als Universaldienstleister wäre, Daseinsvorsorgeleistungen für alle und jeden an: kostengünstig, qualifiziert, effizient, datenschutzgesichert und zertifiziert, eben als „Enabler[48]" für alle Akteure des Gesundheitswesens gleichermaßen, und gleichberechtigt für alle Bürger, sondern treibt die Patienten in die Hände von Dr. Ed und Medgate? Und der Mensch erkrankt ja nicht nur „telemedizinisch", sondern verdient, und das nicht nur im Notfall, eine wohnortnahe Versorgung und die wird damit

---

[48] Enabler = engl. für Ermöglicher, gilt als Grundvoraussetzung, dass gleichberechtigter Informationstransfer in alle Richtungen funktionieren kann.

immer schwieriger."

Es lag doch so nah, dass diese Entwicklungen gegen die Wand laufen mussten. Aber waren die Bürger so eingelullt vom schönen Schein, dass sie nicht sahen, dass es hierfür kein gutes Ende geben konnte, wenn nicht bereits ein Gegenplan entwickelt worden war und dieser auch im Hintergründ ausgeführt wurde?

An dieser Stelle war Romy ein hoffnungsloser Optimist. Sicher gab es genügend Vernunft weltweit, die diesen Entwicklungen nicht tatenlos zusahen. Oder?

„In Israel läuft dieser Prozess ja in ähnlicher Weise ab."

„Und du siehst hier Parallelen?"

Katharina musste sich bemühen, den Gedankengang von Romy nachvollziehen zu können.

„Ja. Z.B. Clalit[49] stellte ein einzigartiges Modell dar. Sie verband medizinische Versorgung und Trägerschaft in einem. Und sie bot ihre Leistungen ein Jahrhundert allen Bürgern erfolgreich ganz ohne Profit an. Und ich kann mich auch nicht in meiner Kindheit in der DDR erinnern, dass Gesundheitsleistungen etwas kosteten. Da konnte jeder in die Poliklinik gehen. Und ohne irgendwelche Zuzahlungen erhielt dieser natürlich auch die Medikamente.

Manchmal gab es Wartezeiten, aber ich kann mich nicht erinnern, gehört zu haben, dass man sich sorgte, dass es keine Ärzte mehr geben würde oder das Spezialisten in den einzelnen Fachrichtungen fehlten. Anscheinend sind Planungen wohl doch sinnvoll, obwohl immer über die verwerfliche Planwirtschaft gewettert wird."

„Und du meinst, man will die kostenlose Gesundheitsversorgung für alle wieder rückgängig machen? Endgültig?"

„Ja, so wie die Konflikte in Israel, aber auch zwischen Israel und Palästina iniziiert wurden, werden auch in Deutschland Konflikte erzeugt, die das soziale System belasten und den

---

[49] clalit-global.co.il/en/

weiteren fortschrittlichen Aufbau verhindern. Und gleichzeitig wird die Einführung von Technologien verhindert, die gegenwärtige Herausforderungen, von wem sie auch immer verursacht wurden, weniger kritisch werden ließen. Es ist eben ein Datenkrieg."

„Du siehst also Parallelen zwischen den Völkern?"

„Ja, aber darauf wollte ich mich jetzt eigentlich nicht fokussieren. Insofern ist es aber so wichtig, sich gegenwärtig nicht auf dieses Spiel des „Alles oder Nichts" einzulassen oder sich bei rechtlichen Entscheidungen unter Druck setzen zu lassen, ohne in Ruhe die Konsequenzen analysiert zu haben. Denn wieder einmal wird hier das perfide „Zeitspiel" gespielt. Und plötzlich wurde auch das Fernbehandlungsverbot auf dem Ärztetag gekippt[50], fünf Jahre später nachdem Romy sich dafür ausgesprochen hatte.

Einerseits ein Fortschritt und ein Sieg, andererseits aber eine Gefahr, da nicht die notwendigen Weiterentwicklungen beschlossen wurden, die vorhandene Strukturen schützten, sondern neoliberale Interessen weiter forcierten.

Erst passierte Jahrzehnte nichts, oder nur schleichend, so dass kaum etwas von der Bevölkerung wahrgenommen wurde. Und dann ging es Schlag auf Schlag.

Deutsche Entwicklungen wurden leider durch Vertreter des Bundes, besonders durch verbeamtete Staaatssekretäre[51] oder politischen Berufslobbyisten[52], die das Politikgeschäft bereits

---

[50] Teleclinic: 121. Deutscher Ärztetag kippt ausschließliches Fernbehandlungsverbot. Vorhang auf für die Fernbehandlung.(11.05.2018) - https://www.presseportal.de/pm/121515/3941302. - A.d.A. dieses Rechercheergebnis als Nr. 1 bei google, im Interesse der Teleclinic, sowohl Beschluss als auch Recherchepositionierung..

[51] vgl. z.B. Lutz Stroppe, seit 1999 ist er aktiv in der Politik bei Bundeskanzler Kohl tätig, siehe auch Fernbehandlungsverbot a.a.O. und https://www.bundesgesundheitsministerium.de/ministerium/leitung-des-hauses/staatssekretaer-lutz-stroppe/?L=0.

[52] vgl. z.B. Johann-Magnus Frhr.v. Stackelberg, GKV Spitzenverband - htttps://ww.aerzteblatt.de/archiv/62323/Interview-mit-Dr-Johann-

seit Jahrzehnten ausübten, „totgeschwiegen", wenigstens, als diese Entwicklungen aus den neuen Bundesländern, aus städtischen Krankenhäusern, Vereinen oder Universitätskliniken heraus angeschoben wurden.

Und jetzt, da sich die Technologien in Baden Württemberg befinden, startet plötzlich eine politische Welle. Treiber, wie Teleclinic fangen nun an zu drängeln, nachdem sie ihre Services etabliert haben, um das Verbot möglichst schnell zu kippen.

Für Romy wurde immer deutlicher: Der Datenkampf existierte generell zwischen einem vergangenen veralteten und einem forschrittlicheren System, und dies nicht nur gefühlt sondern real. Und die Systemgrenze konnte man noch immer dort finden, wo sie bereits nach dem zweiten Weltkrieg verlief. Zwischen Ost und West.

An dieser Stelle konnte Romy nur hoffen, dass mit Vernunft die Bedenken der Ärzte bezüglich Datenschutz und Versorgungsqualität, aber auch die Fernverschreibung von Medikamenten oder Krankschreibungen aus der Ferne weiterhin nicht auf der Tagesordnung standen, sondern wenn, dann nur im regionalen Umfeld. Und nur in diesem Rahmen machte das Kippen eines solchen Gesetzes wirklich Sinn, es sei denn, spezielle Experten waren gefordert. Aber in diesem Fall sollte eine Telekonsultation zwischen Ärzten gemeinsam mit dem Patienten im Vordergrund stehen, so dass auch der regionale Arzt die weitere Betreuung vornehmen konnte.

Es wäre schon absurd, wenn Ärzte aus dem Vereinigten Königreich deutsche Arbeitnehmer krankschreiben könnten und damit natürlich auch mittelbar auf den deutschen volkswirtschaftlichen Kreislauf Einfluss nehmen würden.

---

Magnus-von-Stackelberg-stellvertretender-Vorstandsvorsitzender-des-GKV-Spitzenverbandes-Jetzt-muss-es-vorbei-sein-mit-der-Maer-Aerzte-verdienten-zu-wenig oder Neues System von Notfallstrukturen in Krankenhäusern wird Versorgung verbessern. - https://www.gkv-spitzenverband.de/gkv_spitzenverband/presse/presse.jsp.

Aber welche Arztpraxis in Deutschland wäre nun kurzfristig in der Lage und darauf vorbereitet, einen solchen Service anzubieten? Doch nur diejenigen mit finanziellem Erfolg. Neben den Schweizer und britischen Dienstleistungen etablierten sich nun schleichend und durch die Hintertür plötzlich die Dienstleistungen von CGM[53] und diese warben direkt mit zahlreichen Geschäftsstellen vor Ort. Sie boten die Vernetzung von Ärzten, Zahnärzten, Kliniken, Laboren, Apotheken, eben von allem an, was das Gesundheitswesen so ausmachte und was die Telekom gemeinsam mit den gesetzlichen Krankenkassen hätte seit Jahren umsetzen müssen. Bezeichnenderweise schrieb einer der Gründer das Buch: Geld wartet nicht[54], gemeinsam mit Frank Gotthard, der 1992 alle Stammaktien übernahm, mit seiner eigenen Firma fusionierte. Der finanzielle Erfolg dieser AG ist nun flächendeckend bekannt. Wozu also benötigt dieses Aktienunternehmen noch Fördermittel des Bundes? Warum werden weiter Steuermittel in die Unterstützung solcher Projekte wie zur Arzneimitteltherapiesicherheit in private Strukturen gesteckt?

Defacto gab es nun für den einzelnen Akteur überhaupt keine alternativen gesetztlichen, staatlichen Angebote mehr, die sie nutzen konnten.

Und woher sollten plötzlich Kassenärzte auf sichere staatliche Dienstleistungen einer Solidargemeinschaft zurückgrei-

---

[53] CGM = CompuGroupMedical - ggr. 1984 als Compudent GmbH, gewandelt 1986 in eine Aktiengesellschaft, 1997 Umfirmierung zur CompuGroupHolding AG, heute 4600 Mitarbeiter in 19 Ländern, von Niederlanden, über die Schweiz, Südafrika, Türkei und die USA. Bereits 2004 erfolgte der Einstieg in Arztinformationssysteme in Tschechien, dann in Krankenhausinformationssysteme. Das Unternehmen engagiert sich in einem durch das Gesundheitsministerium NRW geförderten Projekt zur Optimierung der Arzneimitteltherapiesicherheit (AMTS).

[54] Riebling, Jürgen: Geld wartet nicht. Arbeitsbuch für die wirtschaftlich erfolgreiche Zahnarztpraxis mit betriebswirtschaftlichen Grundlagen, Managementprinzipien und einfachen Geschäftsstrategien für eine systematische Praxiserneuerung. - Zahnärztlicher Fachverlag, Auflage 1 (2006).

fen, wenn die Telekom diese Projekte nicht skaliert, sondern verhindert hatte und keine flächendeckende Versorgung für alle zur Verfügung stellte? Wie sollten plötzlich alternative staatliche Netzwerke aus dem Boden gestampft werden, die solche Versorgungsleistungen personell und auch ressourcenseitig abdecken?

Sicher konnten Praxen in ländlichen Regionen es kaum leisten, die vor allem gesetzlich Versicherte versorgten, denn dafür fehlten dort technisches Know-how, Ausstattung, Geld und wiederum Zeit. Vielmehr trägt dieses Vorgehen dazu bei, die strukturschwachen Regionen weiter in den Ärztemangel hineinzutreiben, denn laut Planungen würden Maximalversorger auf Grund der nur dort zu erfüllenden Qualitätsstandards diese Versorgungsleistungen[55] mit übernehmen.“

„Beschreibst du jetzt eine Zukunft, die so kommt oder gibt es noch Hoffnungen.“

„Nein, vielleicht erläutere ich das besser in der gedanklich planerischen Vorstellung der Akteure dieses Szenarios. Also mit „würde“,“ antwortete Romy. Ihr war bewusst, dass sie in ihren Gedanken, aber auch denen von Katharina noch Platz für andere, positivere Zukunftsmodelle zulassen musste, als die vielleicht geplanten und die eigentlich nur eine düstere Beschreibung eines nicht mehr änderbaren Fortgang der Geschichte beschrieben. Allerdings musste sie ja auch erläutern, warum sie über bestimmte Entwicklungen so und nicht anders reflektierte.

„Also“, setzte Romy fort, „gut dastehen würden die Einrichtungen, die bereits durch eine starke Klientel Privatversicherter, mit großen privaten Krankenkassen im Rücken sowie mit einer Telekom als Partner bereits auf Gesundheitsportale zurückgreifen könnten, selbst Telemedizin-Betreibergesellschaften etablierten, private Gesundheitsanbieter, die sich

---

[55] Steuerung der Mengendynamik nach dem KHSG: Implikationen für die Krankenhäuser. vgl. auch https://www.mydrg.de/krankenhausreform/krankenhausreform.html.

natürlich längst auf diese Entwicklungen vorbereitet hätten und die auch über andere Geschäftsmodelle zusätzliche Finanzierungen genierten.

Das öffentliche Gesundheitswesen würde weiter ausbluten und die private Gesundheitswirtschaft ihren Einfluss vergrößern.

Und Patienten aus zum Beispiel schlecht oder nicht versorgten ländlichen Regionen? Sie würden auf private Anbieter zurückgreifen, und natürlich noch mehr auf britische, schweizerische, niederländische und dann auch israelische oder amerikanische Angebote. Bereits durch die Kooperation mit DocMorris[56] zeigte die Telekom ihr wahres Gesicht[57].

Und die Gesundheitskassen würden ja zahlen und so die Stärkung der gesundheitlichen Privatwirtschaft ganz offiziell mit deutschen Steuermitteln noch viel intensiver finanziell unterstützen.

War das nicht eine verrückte Welt?

Wo würde dann wohl die Versorgung der Bürger auf dem Lande, der Normalverdiener stehen, wenn die Ökonomisierung der Gesundheit des Menschen immer weiter voranschritt? Würden sie sich noch Gesundheit leisten können, wenn viele notwendige diagnostische oder therapeutische Verfahren, wie bereits heute durch Zuzahlungsmodelle und IGEL[58]-Leistungen immer intransparenter und teurer würden? Und welche neuen „Regelungen" wären in Zukunft von den privaten Akteuren mit einer engen Verbindung zu staatlichen Stellen zu erwarten?

---

[56] DocMorris N.V.[NL] https://www.docmorris.de/

[57] vgl. Wegen DocMorris: Apotheker protestiert bei Telekom. Protestbrief. - Quelle: https://www.apotheke-adhoc.de/nachrichten/detail/markt/wegen-docmorris-apotheker-protestiert-bei-telekom/

[58] IGeL = Individuelle Gesundheitsleistungen, Krankenkassen sind nicht leistungspflichtig, Sicherstellung kann anderen Leistungserbringern obliegen, Entscheidung des GBA (Gemeinsamer Bundesausschuss). vgl. auch https://www.aerztekammer-berlin.de/30buerger/10_Aerztliche_Behandlung_gutes_Recht/Wegweiser_Igel/index.html.

Das stand wohl in den Sternen.

*****

Weder die Lizensierung der Technologie zur Online-Kindersprechstunde noch die Beratung durch Yves stellten für Werner eine Option dar, auf die sich Romy im Sinne ihrer „Zielerfüllung" hätte konzentrieren dürfen. Natürlich wären diese aus ökonomischen Gründen für ein nachhaltiges Modell auch Quatsch gewesen, aber eine „per sé"-Etablierung eines israelischen Gesundheitsservices, finanziert aus den USA, in Deutschland als „Normalzustand" doch wohl noch viel „quätscher".

Später erfuhr Romy, dass Levin, ihr israelischer Ansprechpartner, der natürlich auch beim Workshop anwesend war und das IT-Unternehmen bei seiner Reise nach Deutschland begleitet hatte, sozusagen als deren Scout, eigentlich parallel einen hochdotierten Beratervertrag mit den T-Labs[59] besaß und zufälligerweise auch der beste Freund von René Obermann war, der zu diesem Zeitpunkt noch als Vorstand der DTAG wirkte. Als Berater der T-Labs hatte Levin Zugang zu allen Innovationsprojekten und Projektergebnissen des Konzerns. Er spazierte sozusagen unkontrolliert ein und aus.

Romy fand dies eigenartig, da Levin kein Konzernmitarbeiter war. Er war ein „Externer", den allerdings, sehr fischelant, alle aktuellen Entwicklungen interessierten. Da ansonsten offiziell und eigentlich sehr viel Wert auf „Vertraulichkeit" im Konzern gelegt wurde, fragte sich Romy, ab wel-

---

[59] T-Labs = Telekom Innovation Laboratories, gemeinsame Einrichtung der Deutschen Telekom und ausgewählter Forschungseinrichtungen, vor allem der TU Berlin, seit 2006 kooperieren sie mit der israelischen Ben-Gurion-Universität und mit weiteren. Standorte: Berlin, Darmstadt, Be'er Scheva (Israel), Budapest und Wien, 300 Experten und Wissenschaftler, lang- und mittelfristige Innovationsthemen im Bereich der Informations- und Kommunikationstechnologie.

chem Moment nun eine Grenze gezogen werden würde, ab wann die Vorgabe „streng vertraulich" auch für ihn relevant würde. Denn sicher gab es genügend Interessen seitens des israelischen Unternehmerpools oder anderer Netzwerke mehr darüber zu erfahren, an welchen Innovationsprojekten gerade in den T-Labs geforscht und entwickelt wurde. Das konnte für die eigenen Strategien erhebliche Vorteile bringen, wie man bereits immer wieder anhand historischer Betrachtungen über technologische „Wanderbewegungen" rückblickend erkennen konnte.

Romy blieb die „ehrenvolle" Aufgabe, den Workshop für die israelischen Gäste zu organisieren. Und dabei fiel sie ein weiteres Mal „vom Glauben" ab.

Für den Aufenthalt von Levin, der per sé eine Beraterfunktion für die T-Labs wahrnahm, mussten 18.000 € für drei Tage zuzüglich der Flüge von und nach Israel in das Budget des KGF eingestellt werden. Für Romy war dies einfach unfassbar. Für was? Vor allem unter dem Aspekt, dass ansonsten oft Kleinstbeträge für notwendige Informationsmittel nicht vorhanden waren.

Dazu kam, dass es weder einen realistischen Geschäftsplan gab, der diese Reise und damit die Ausgaben begründete, noch die Aussicht auf einen solchen.

Und nicht nur, dass natürlich aus Romys Sicht vor allem die israelischen „Gäste" Geschäfte mit dem deutschen Konzern machen wollten, sollten und auf dessen Firmenkosten reisten, inklusive aller Spesen, sollte nun auch noch ein solches Beratungshonorar für Levin bereitgestellt werden? Romy fragte sich, aus welchem Budget Werner diese Ausgaben finanzieren wollte. Sie kannte die Diskussionen um die Entwicklungskosten in manchen Abteilungen.

Und für studentische Hilfskräfte standen nicht einmal 500 € für einen Monat Programmierleistungen zur Verfügung.

Es war absurd, weil sich von Anfang an kein erfolgreiches

Versorgungskonzept in Deutschland für die gesetzlichen Krankenkassen abzeichnen ließ und auch nicht für das öffentliche Gesundheitssystem entstehen würde, das die Telekom dann für alle Bürger perspektisch transparent deutschlandweit „enabelte".

Genausogut hätte man auf diese Reise verzichten und eine virtuelle Präsentation mit einer online-Übertragung aus Israel organisieren können, wenn es nur darum gehen sollte zu zeigen, wie gut telemedizinische Dienstleistungen bereits woanders funktionierten.

Und letztendlich taten das die Gäste dann sowieso.

Allerdings stellte sich bei der Life-Schaltung zu ihren Mitarbeitern nach Israel die Übertragungsqualität als so schlecht heraus, dass man in einem Notfall bei einem Kind nicht mit Sicherheit hätte Röteln von Masern unterscheiden, geschweige denn andere Erkrankungen diagnostizieren können.

Wenn man überlegte, welch ansonsten klare Übertragungsqualitäten bei Skype erreicht wurden, ganz zu schweigen von Berichten aus dem All, war dieser schlechte Bild- aber auch Tonempfang schon sehr verwunderlich. Aber das waren ja vielleicht auch „andere Kontexte".

Romy fragte sich schon, ob man extra nach einer „schlechten Frequenz" gesucht hatte oder es zufälligerweise einfach Pech war?

Nach 25 Jahren Erfahrungen und der Versorgung von über einer Million Kindern, ohne jemals ein tödliches Vorkommnis zu verzeichnen, worauf Yves besonders stolz war, wollte Romy an diese Präsentation nicht wirklich glauben. Handelte es sich vielleicht nur um eine „Show"? Eine Show, die etwas ganz anderes ans Tageslicht fördern wollte oder ihre Gedanken in eine ganz andere Richtung lenken?

Glaubte man nicht an Zufälle, dann musste man davon ausgehen, dass hier noch andere Kräfte wirkten, die mit dieser „Fehlverbindung" klar darauf hinweisen wollten, besser die

Finger von diesem Konzept oder der Zusammenarbeit zu lassen. Und dies sicher nicht ohne Grund.

Aber Romy musste in dieser Hinsicht sowieso nicht mehr überzeugt werden, gute Verbindung hin oder her. Das gesamte Konzept stimmte einfach hinten und vorne nicht. Und Skype war sicherlich auch nicht der Standard, dem man für eine sichere und vertrauensvolle Arztsprechstunde in Erwägung ziehen sollte.

Irgendwie meinte Romy auch Parallelen mit der eHealth-Präsentation im Karolinska Universitätskrankenhaus in Stockholm[60] erkennen zu können, bei der das Notstromaggregat einspringen oder besser anspringen musste, um mit der Durchführung telechirurgischer Eingriffe zu werben.

Besser nicht.

Wie Romy bereits befürchtete, hatte sie schon im Vorfeld zahlreiche Mühen, die Vertreter der Versicherung überhaupt zu überzeugen, an einem solchen Workshop in ihrer Konzernzentrale teilzunehmen. Denn wie erwartet gab es natürlich zahlreiche Bedenken.

Allerdings war der Bereichsleiter Versorgung vermeintlich neugierig genug, um sich diese internationale Präsentation nicht entgehen zu lassen.

„Die Telekom ist ja in der Regel auch nicht kleinlich, wenn es um die Rahmenbedingungen geht. Das hängt allerdings immer von der anwesenden Politprominenz oder dem Level der Lobbyisten ab, eher weniger von den Projekten. Aber zu einem guten Mittagessen und einer netten Unterbrechung des Arbeitstages sagen die wenigsten Krankenkassenvertreter nein. Zumal, wenn man sich bereits im Vorfeld anscheinend darauf verständigt hatte, dass dies keinerlei Verpflichtungen bei niemandem nach sich zog und dies für alle nur ein kleines

---

[60] Test zu eHealth aber auch anderen technologischen Innovationen, z.B. Chip-Implantationen - vgl. Companies start implanting microchips into workers'bodies - Rolle des Karolinska Institutes (?)-https://epicenter-stockholm.com / www.karolinska.se/en. A.d.A. Trägt ein Krone im Logo.

„Impro-Theater" bedeutete."

Das konnte vor allem Romy erst später besser erkennen, da meistens die Mitarbeiter mit einer solchen Situation nicht so routiniert umgingen wie die Personen aus den Führungsetagen, die das Aufsetzen von „Pokerfaces" gewöhnt waren und es schon extremer Herausforderungen bedurfte, sie aus der Contenance zu bringen.

Als Romy darüber mit Katharina sprach, konnte sie nicht umhin, dies ihren gewohnt ironischen Unterton aufzusetzen.

„Was meinst du eigentlich mit Impro-Theater?"

„Na so, wie wir es auch jeden Tag im Fernsehen in Form von Daily-Soaps erleben. Das hat in der Regel ja auch nur begrenzt mit der Wirklichkeit zu tun, ist aber unterhaltsam und erfüllt seinen Zweck."

„Und du meinst, das dieses ganze Projekt improvisiert wurde?"

„Meines Erachtens schon. Wenigstens nahm ich das eine sehr lange Zeit an, da die Rahmenbedingungen einfach zu absurd daherkamen. Werner Rastig, also mein Chef, schlug sich im Vorfeld des Workshops immer wieder selbst auf die Schultern: „Das wird ein geniales Projekt. Damit wird Deutschland endlich seinen Durchbruch für Telemedizin feiern." Ich konnte einfach schwer nachvollziehen, dass er selbst glaubte, was er da erzählte. Aber anscheinend war ihm das Lob von René Obermann gewiss, der sich freute, dass sein israelischer Freund für drei Tage auf Kosten des Konzerns im Hause weilte, er mit ihm vielleicht auch noch einige andere strategisch wichtigere Fragen besprechen konnte. Und vielleicht freute er sich auch darüber, dass er mir gleichzeitig ein so „geniales" Projekt untergeschoben hatte."

Es war nicht so, dass Romy die Lösung nicht interessant fand oder nicht an deren Sinnhaftigkeit glaubte. Sie hatte sich extra, natürlich auf private Kosten, eine Monographie über Telemedizin für Kinder besorgt - herausgegeben von der Royal Children's Hospital Foundation[61], die bereits 2005 einen internationalen Überblick internationaler Kinderprojekte gab. Aber anscheinend hatte ihr Chef diese Lektüre noch nie in der Hand gehalten.

Und was hatte René Obermann wohl in den letzten 10 Jahren gelesen? Wie konnte es sein, dass die britische Krone so lange bereits so viel mehr über technische Gesundheitsleistungen, also online-Dienste und Telemedizin wusste, als die AOK und die Deutsche Telekom Health zusammen, obwohl diese bereits auch schon über ein Jahrhundert „auf dem Puckel" hatten?

Dies zeigte Romy noch einmal mehr, dass das ganze Unterfangen einfach an den Haaren herbeigezogen war. Ganz zu schweigen von dem vergeudeten Personal- und Zeitaufwand, der damit verbunden war.

Doch vielleicht war es ja kein vergeudetes Geld, wenn das Ergebnis in eine psychologische Strategie passte?

Allein für die Organisation des Workshops mit Vor- und Nachbereitung brauchte Romy locker gefühlt ein Vierteljahr, wobei sie inhaltlich allerdings keinen Schritt weiter kam. Dabei telefonierte sie oft mit Levin. Romy fand ihn ohne Weiteres als Mensch sympatisch, aber dies hatte mit den wirtschaftlichen Fakten nichts zu tun. Letztendlich würde das Projekt scheitern, ohne dass es je begonnen hatte.

Zwischenzeitlich bekamen sich beide so in die Haare, weil Romy nicht eine „Zahl" von ihren potentiellen israelischen Partnern, den angeblichen „Gründern" oder Levin erhielt. Wie sollte Romy einen Businessplan aus „nichts" erstellen, eine wirtschaftlich relevante Kalkulation, die sowohl die Telekom als auch die AOK zu einem Geschäft animierten?

Und auch von ihrem Arbeitgeber erhielt sie keinerlei „Hausnummern", die sie für die Berechnung eines ökonomischen

---

[61] Telepediatrics: Telemedicine and Child Health. Edited by Richard Wooton and Jennifer Batch.- The Royal Society of Medicine Press, London. - 2005. - 345 S.

Modells hätte verwenden können. Aber vielleicht ergaben ja bei den handelnden Akteuren „Nichts" plus „Nichts" gleich „Eins" - eben Algebra 2.0.

Werner hatte Romy den Auftrag erteilt, notwendige Serverkapazitäten zu kalkulieren, die Anzahl von Rechnern, Mitarbeitern, Lizenzgebühren, Umsätzen etc. Und er „erwartete" entsprechende Vorschläge „asap"[62], immer unter Androhung ihrer Zielerreichung.

Kein Plan, kein Ziel, kein Ergebnis?

Wollte man Romy auf die Probe stellen?

Sollte es eine GmbH werden, sollte T-Systems den isralischen Service anbieten, wollte man doch die Technologie auf lange Sicht kaufen? Sollte der Service gleich aus Isreal betrieben werden?

Ging so Projektmanagment bei ihrem Konzern?

Wollte man sie scheitern sehen oder ihre Genialität und Fantasie herausfordern?

Oder sollte gar nichts von alledem geschehen, sondern Romy nur Emotionen entwickeln, die wiederum ihr Denken und dann ihr Handeln prägten?

Wie schräg musste man wohl hier kombinieren?

Romy hatte nur Fragezeichen im Kopf.

Und selbst, wenn sie irgendwelche „Pseudo-Zahlen" zusammenstellte, würden diese nichts mit der Wirklichkeit zu tun haben. Sie wären einfach nur ihrer „Imagination" entsprungen. Sie hätten weder reale Bezüge zu den Wünschen der Krankenkasse, zu dem Bedarfen der Patienten. Es wäre allein Romys blanke Theorie.

Zeitverschwendung.

Sollte sie mit dieser Art von Beschäftigungstherapie weiterhin ihr Gehalt bei der Telekom rechtfertigen?

Sollte sie einfach nur rechnen üben? Und selbst, wenn bei Romy Null plus Null Eins ergäbe, hätte dies doch noch

---

[62] asap = as soon as possible, also eigentlich gestern.

lange nichts mit dem gegenwärtigen Markt und mit den gesellschaftspolitischen Herausforderungen des deutschen Gesundheitswesens zu tun, oder?

Zum Glück oder besser gesagt, zur Deeskalation beitragend, half ihr Beate Uhrig, eine Kollegin. Sie saß mit Romy im gleichen Büro und gehörte zu den „Urgesteinen" des Konzerns. Sie wirkte bereits viele Jahre im Gesundheitsbereich der Telekom, auch als Führungskraft und im Management und konnte so aus ihren umfassenden Erfahrungen schöpfen.

Erst hatte Romy, zugegebenermaßen, ihre direkte, oft ablehnende Haltung erschreckt, aber mit der Zeit sah und verstand sie, welchen Herausforderungen Beate in den Jahren im Konzern „ausgeliefert" war und welche Situationen es für sie einfach zu „überleben" galt.

Von da an empfand Romy die größte Hochachtung vor ihrer Leistung. Mit ihrer Hilfe und basierend auf Beates Insiderinformationen konnte Romy wenigstens ein finanzielles Rahmenkonstrukt erstellen. Denn mehr war es natürlich nicht. Und auch nur ausschließlich zur technischen Umsetzung einer Online-Sprechstunde. Aber ohne Wissen über ärztliche Partner, Institutionen, Patienten, Kalkulationen und finanzielle Zuarbeiten, wusste sie bereits, dass sie diesen Geschäftsplan sicherlich nur für den virtuellen Papierkorb erarbeitete.

Und jedesmal, wenn Romy sich mit konkreten Fragen an die potentiellen Geschäftspartner oder vor allem an Levin wandte, der ja angeblich als Berater die Schnittstellenfunktion übernehmen sollte, dann bunkerte auch dieser. Und so blieb es bei „keinen Geschäftsinformationen".

Aber wie sollte sich unter diesen Bedingungen eine nachhaltige Partnerschaft entwickeln? Oder dachte man wirklich, Romy würde für solch ein Konstrukt einen zukunftsfähigen Plan erstellen können?

Und auch die AOK-Vertreter hielten sich vollkommen bedeckt und wurde in keinster Weise konkret, was sie eigentlich wollten. Irgendwie konnte Romy auch bezüglich dieses Partners nicht zur Erkenntnis gelangen, dass es ernsthafte Absichten gab, ein solches Online-Service-Projekt für Kinder in Deutschland erfolgreich und mit einem gerechten Zugang für alle gleichermaßen umzusetzen. Und schon überhaupt nicht partnerschaftlich oder mit Romy als Projektleiterin.

Oder unterlag sie da einem Denkfehler?

Längst schienen sich die israelischen, T-Systems- und AOK-Systems-Verantwortlichen darüber einig zu sein, wie die digitale Gesundheitswirtschaft der Zukunft auszusehen hatte.

Welche Rolle Romy bei diesem Konstrukt allerdings noch spielen sollte, war ihr dabei unklar.

„Und die Netzwerke dieser Strategen waren und sind sich auch sicher, nachhaltig auf der Sonnenseite dieses Systems zu landen. Allerdings würde dieses dann wenig mit demokratischer Kontrolle und einer gleichberechtigten Teilhabe aller zu tun haben. Das muss m.E. dringend verhindert werden."

„Romy, jetzt kommst du aber wieder vollkommen, von deiner Projektarbeit ab, oder?", unterbrach Katharina die Erzählungen ihrer Freundin. „Ich befürchte, dass wird wieder ein Rundumschlag von politischen, wirtschaftlichen und sozialen Vestrickungen, oder?"

„Irgendwie schon, aber ich glaube, dass es für das Gesamtverständnis generell hilfreich ist zu verstehen, warum dieses Projekt im Konzern so angelegt wurde und nicht anders. Und für mich und meinen Erkenntnisprozess war dies ein ganz zentrales Projekt, auch wenn ich, ehrlich gesagt erst vor Kurzen begonnen habe, die Zusammenhänge besser zu begreifen. Aber manchmal benötigt man eben etwas mehr Zeit, bis der Groschen fällt." Romy grinste.

„Irgendwie stand ich relativ lange auf dem „Schlauch", wie man so schön sagt", setzte sie noch nach. „Aber bei mir stand auch einmal in meinem Horoskop, dass mir der Aufschwung ins Geistige schwer fällt. Anscheinend ist das wirklich so. Aber, na ja. Ich würde jetzt allerdings gern versuchen, dir verständlich zu machen, warum sich sowohl der Konzern als auch die AOK mir gegenüber aus meiner Sicht nicht offen zu ihre Absichten äußerten, sondern dieses sehr sonderbare Projektkonstrukt „inszenierten". Und daran kann man viele gesellschaftspolitische Entwicklungen der Neuzeit festmachen."

Romy spürte, dass es für sie notwendig war, bereits an dieser Stelle noch einmal ein paar Verknüpfungen mit einzuflechten, die vor allem aus historischer Sicht eine Motivation begründeten, Romys Denken und ihre Emotionen zu beeinflussen, um damit auch zukünftige Entwicklungen zu steuern.

„All das hat konkret mit der Anwendung der Spieltheorie[63] zu tun, aber dazu später."

Katharina wusste nicht, ob sie ihre Freundin jetzt bestärken sollte, den gesellschaftspolitischen Bogen zu spannen oder dass sie sich besser auf die virtuelle Kindersprechstunde konzentrierte. Ihr war klar, wenn sie Romy jetzt nach ihren Assoziationen fragte, konnte dies bedeuten, sich zu einem längeren geistigen Ausflug in psychologische Theorien, wirtschaftsökonomische Grundlagen oder geschichtliche Verknüpfungen zu begeben. Und da konnte man nicht wissen, wohin die Reise gehen würde.

Andererseits war Katharina aber auch neugierig, wie Romy darauf kam, dass das Projekt der Online-Sprechstunde für Kinder so etwas wie ein Schlüsselprojekt darstellte, um gesellschaftliche Entwicklungen besser zu verstehen und vor

---

[63] Spieltheorie = mathematische Theorie, in der Entscheidungssituationen modelliert werden, in denen mehrere Beteiligte miteinander interagieren. Historischer Ausgangspunkt ist die Analyse des Homo oeconomicus, durch Bernoulli, Bertrand, Cournot (1838), Edgeworth (1881), von Zeuten und von Stackelberg. auf der auch wesentlich die Marketingtheorie fusst und die gerenell mit den gegenwärtigen mathematischen Wirtschaftsmodellen im Zusammenhang steht.

allem, was das im Gesamtkontext auch mit Romys Mobbing-fall zu tun hatte, der ja der eigentliche Anlass für alle ihre Gespräche war. Aber immer schon sah Romy mehr hinter den augenscheinlich sichtbaren Erniedrigungen ihrer Person gegenüber.

„Dann erzähl schon." Katharina spürte, dass es sowieso keinen Sinn machte, Romy bremsen zu wollen, da sie mit ihren Gedanken bereits ganz woanders war und auf diese mentale Schleife immer wieder zurückkommen würde. Und außerdem hatte auch Katharina mittlerweile begriffen, das dieser reale Thriller so komplex war, dass sie ihre ursprüngliche Planung von einer Woche Gespräche bereits mehrmals nach oben korrigieren musste. Aber wenn sie allen Ideen von Romy folgte, würden sie wahrscheinlich noch Jahre zusammensitzen.

## Online-Sprech-(los)-stunden?

„Wie großzügig." feixte Romy, obwohl es sich ja um ein mehr als ernstes Thema handelte. Aber diesen albernen Tonfall schlug sie von Zeit zu Zeit an, um nicht an den „kriminellen" Umständen zu verzweifeln. Emotionale Verdrängung brach sich da Bahn. Und auch ein Funke Hoffnung. So lange sie lachen, oder wenigstens noch schmunzeln konnte, würde dies ihr immer wieder vor Augen führen, wie schön es war, zu leben.

Natürlich freute sich Romy auch deshalb, weil Katharina sich zunehmend auf ihre gedanklichen Experimente und Ausflüge in die Geschichte oder die Philosophie einließ und nicht nur auf der „Abarbeitung" eines imaginären „roten Konzern-Mobbing-Fadens" bestand.

Voller Begeisterung setzte Romy deshalb fort:

„Ich frage mich ernsthaft, ob man mir mit diesem Projekt wenigstens zwei Alternativen und drei Feindbilder anbieten wollte? Klingt etwas verwirrend, ich weiß. Aber es hat einfach etwas damit zu tun, dass jeder Mensch ständig Entscheidungen treffen muss. Und daraus ergeben sich Folgeschritte, Konsequenzen, die zu ganz unterschiedlichen Lebenswegen führen können, aber auch andere Zukunftsoptionen eröffnen, eben geschichtliche Abläufe beeinflussen.

Vielleicht hast du dich auch schon öfter gefragt: „Warum habe ich bloß nicht „DAS" gemacht, dann wäre alles ganz anders gekommen. Aber man weiß es eben nicht. Und jeder muss sich in jedem Moment im Leben immer wieder aufs Neue entscheiden. Kaufe ich Brot oder Brötchen, esse ich Fisch oder werde ich Veganer, schlafe ich aus oder betrachte ich den Sonnenaufgang. Laut Verhaltensforschern trifft jeder von uns täglich 20.000 Entscheidungen. Die sind natürlich nicht alle kriegsentscheidend. Und die meisten davon werden aus dem „Bauch" heraus getroffen oder besser im Unterbewusstsein entschieden. Dieses reagiert wiederum kontextabhängig und situationsbezogen. Und je nachdem, wie ich die Rahmenbedingungen „gestalte", führe ich den Menschen in eine bestimmte Richtung. Selbst, wenn er annimmt, vermeintlich eine Entscheidungsfreiheit zu besitzen, führen alle Entscheidungen immer wieder zum selben Punkt. Und wenn ich ein solches geschlossenes System kreiiert habe, dann ist das genial, um totalitär Macht ausüben zu können.

Aber das führt jetzt wirklich zu weit."

„Wenn du es jetzt aber angesprochen hast", hakte Katharina ein, dann sag wenigstens noch einen Satz dazu, um den Gedanken zu verstehen."

„Das hängt wieder mit dem Systemkampf zusammen. Es gibt eigentlich nur einen Handlungsstrang - Kapitalismus gegen Kommunismus. Möchte ich sicherstellen, dass der Kapitalismus siegt, nutze ich vor allem die Mittel der Marktwirtschaft, in derem Zentrum das „Angebot" steht. Durch eine Übersättigung mit Angeboten lenke ich vom wesentlichen Kern der Strategie ab. Alle schauen links oder rechts am eigntlichen roten Faden vorbei. Dies gilt für wirtschaftliche Angebote, aber auch für politische. Wenn die Menschen sich darauf konzentrieren, ob sie jetzt rot, gelb, grün, schwarz oder blau wählen, ob die Steuern hier oder dort ein bisschen runtergehen, ob hier ein Gesetz oder dort eine Maßnahme nachgebessert werden kann, sehen sie den Wald oder besser den Kern vor lauter Bäumen oder Angeboten nicht mehr.

Also konkret auf das Projekt bezogen bedeutet das, wenn ich vom strategischen Langzeitziel ausgehe, ein Rollback im neoliberalen Sinne weltweit durchsetzen zu wollen, dann muss ich Akteure so an Schnittstellen der Macht positionieren, dass sie im Sinne meiner Interessen agieren. Natürlich in der Annahme, dies selbstbestimmt zu tun und nicht als Opfer einer „entfremdeten" Leistungserbringung oder Meinungsbeeinflussung.

Dabei nutze ich die Erkenntnisse über Entscheidungsverhalten. Dieses bestimmt die Handlungsalgorithmen und ermöglicht damit die Einflussnahme auf gesellschaftspolitische Entwicklungen. Der Einfachheit halber stelle ich zwei Hauptalternativen zur Auswahl, die beide natürlich das gleiche Ziel, nur auf einem anderen Weg erreichen sollen.

Außerdem kann ich über das Szenario, das mir „offenbart" wurde gleich drei Feindbilder erzeugen, die wichtig sind, um als Voraussetzung notwendige Konflikte zu generieren, die als Handlungsmotivation beschleunigend wirken und eine innere Haltung fördern.

Mit den starken Antrieben aus einer inneren Überzeugung heraus, und dem eigenen Agieren entweder die Welt zu retten, gegen Ungerechtigkeiten zu kämpfen oder jemanden zu verteidigen, kommen kaum andere intrinsische Motivationen an.

Dies bedeutet auch, dass sich, bei unkontrolliertem Ausbruch solcher Emotionen, die Menschen dann die Köpfe einschlagen oder gleich ein totalitäres hierarchisches Machtgefüge akzeptieren.

Und das ist gegenwärtig natürlich genial konzipiert und macht diesen Thriller so spannend.

Mir entstand der Eindruck, als wenn ich mich nur in einem Labyrinth bewegen kann und immer wieder bei einem Ziel, einem gewollten Ergbnis herauskomme. Ob ich linksherum oder rechtsherum laufen würde, es wäre egal. „Alle Wege führen nach Rom". Nicht umsonst hat sich dieser Spruch über die Jahrhunderte so fest in den Köpfen verankert.

Aber das ist ein neuer historischer Strang, den ich jetzt nun wirklich nicht aufmachen möchte, denn er führt uns direkt ins Heilige Römische Reich, zu Kaisern, Reichsständen wie Kurfürsten und Rittern und zu den Anfängen dieses, eigentlich gegenwärtig aktuellen Krimis."

*****

„Und dieses Heilige Römische Reich hat etwas mit der Telekom und deinem Mobbing zu tun?" Katharina schaute Romy verwirrt an. „Ich denke es geht eigentlich um Betrug und Wirtschaftskriminalität?"

„Das auch. Aber es hat daneben auch eine gesellschaftspolitische Ebene, weshalb sich die Diebe und Intriganten gegenseitig ein moralisches Zeugnis ausstellen, sich bestätigen, dass sie im Interesse der Welt handeln und dafür weder Geld noch den Einsatz von unsichtbaren Technologien oder ausgeklügelter psycho-physicher Waffensysteme scheuen."

„Und diese Diebstähle haben, wenn ich mal deinen Sprachgebrauch aufgreife, ihre Wurzeln bereits in der Geschichte?"

Katharina hatte bisher eher weniger Interesse an geschichtlichen Zusammenhängen gezeigt. Irgendwie war ihr dieser Stoff eher langweilig erschienen. Wozu musste man wissen, wann und warum welche Revolutionen stattgefunden hatten oder welcher Monarch wann über wen regierte. Sie beschäftigte sich mit High-Tech, mit Innovationen, mit spannenden

Zukunftsthemen. Sie berichtete über neuste Trends oder internationale Wissenschaftskonferenzen. Warum sollte sie sich nun Geschichten von Romy über das Heilige Römische Reich anhören?

„Weil Diskussionen in der Vergangenheit oft daran gescheitert sind, weil sie zu allgemein gehalten wurde. So wie ich ja auch viel über „das" System spreche. Aber für viele ist dies zu unkonkret. Es ist verständlich, dass man lieber Namen, Ross und Reiter erfahren möchte, als Allgemeinplätze. Aber nicht in jedem Fall ist es einfach, diesen so konkreten Bezug herzustellen. Und dann ist man schon froh, wenn man die Tätergruppe irgendwie einschränken, clustern und erst einmal als solche definieren kann. Auch wenn sich auch hier wieder dann jedem klar ist, dass es nicht eine Massenverurteilung geben kann, so wie sie im Zweiten Weltkrieg erfolgte, sondern das es gegenwärtig um eine ganz klare Differenzierung gehen muss. Für mich war in dem historischen Zusammenhang vor allem wichtig zu erfahren, dass man Monarchie und Aristokratie historisch nicht in einen Topf werfen darf, denn auch diese Kreise wirkten lange Zeit gegeneinander.

Das „Heilige Reich[64]" vereinte zwar letztendlich beide

---

[64] Heiliges Römisches Reich (Deutscher Nation). - https://www.heiliges-römisches-reich.de, oder https://de.wikipedia.org/wiki/Heiliges_Römisches_Reich. Der Name des Reiches leitete scih vom Anspruch der mittelalterlichen römisch-deutschen Herrscher ab, die Tradition des antiken Römischen Reiches fortzusetzen, die Herrschaft als Gottes heiligen Willen im christlichen Sinne zu legitimieren, erfüllte dabei aber eine friedenssichernde Funktion im System der europäischen Mächte. Das Reich konnte ab der Mitte des 18.Jh. seine Glieder kaum noch von expansiver Politik innerer und äußerer Mächte schützen. Napoleon forcierte 1806 durch die Bildung einer Konföderation deutscher Staaten, den Rheinbund, den Zerfall des Reiches, ggr. als Militärallianz mit dem französischen Kaiserreich, 1815 gründete sich dann der Deutsche Bund, ein Staatenbund souveräner Fürsten und freier Städte Deutschlands inkl. des Kaisers von Österreich, der Könige von Preußen, von Dänemark udn Niederlande.Preußen siegte im Deutschen Krieg von 1866, was zur Auflösung des Bundes führte, Königreich Bayern hatte an der Seite des

Staatsformen in sich, wollte Frieden schaffen, wobei es trotzdem weiter unter dem Deckmantel der „Fassade" heftig brodelte. Samuel Pufendorf bezeichnete das Reich als „irreguläres Monstrum[65]" eigener Art[66].

Durch das Entstehen von Universitäten und die steigende Anzahl ausgebildeter Juristen verschärften sich die Auseinandersetzungen und Voltaire[67] schrieb darüber „Dieser Korpus, der sich immer noch Heiliges Römisches Reich nennt, ist in keiner Weise heilig, noch römisch, noch ein Reich."[68]

Und dann mischte in Rom auch noch der Kirchenstaat (bis 1870) mit, der bis heute als Machtzentrum, jetzt als Vatikanstadt, in die Welt hinein regierte. Also ein weites Feld.

„Aber warum ist das für die Diskussion um die Telekom und die online-Sprechstunde so wichtig?", hakte Katharina nun doch noch einmal leicht verzweifelt klingend dazwischen.

„Weil eben alles mit einem Machtanspruch zusammenhängt, was es dadurch so schwierig macht. Macht und Geld regieren die Welt. Und wenn du weißt, welche Ziele jemand

Kaiserreiches Österreichs gekämpft, 1871 - die Folge: Norddeutscher Bund unter Dominanz von Preußen, 1871 Deutsches Kaiserreich, Könige von Preußen übernahmen das Amt, nach der Novemberrevolution 1918 wurde die Monarchie abgeschafft, Umwandlung in eine parlamentarische Demokratie, Weimarer Republik.

[65] Samuel Freiherr von Pufendorf (geb. 1632 in Dorfchemnitz - gest. 1694 in Berlin), Schrift: „De statu imperii" - unter Pseudonym veröffentlicht, Begründer der Vernunftrechtslehre, Vorstellungen darüber wurden in der Aufklärung entwickelt. https://de.wikipedia.org/wiki/Samuel_von_Pufendorf.

[66] Sui generis - einzigartig in seiner Charakteristik, keine Unterordnung unter ein höheres Konzept möglich, bildet durch sich selbst eine Klasse, in den Rechtswissenschaften „Terminus technicus".https://de.wikipedia.org/wiki/sui_generis.

[67] Voltaire (1694 in Paris - 1778 in Paris), 18. Jahrhundert, „das Jahrhundert Voltaires). - https://de.wikipedia.org/wiki/Voltaire.

[68] Ute van Runset: Voltaires Deutschlandbild. In: Ernst Hinrichs, Roland Krebs, Ute von Runset (Hrsg.): „Pardon, mon cher Voltaire..." Drei Essays zu Voltaire in Deutschland. - Göttingen: Wallstein, 1996. S. 57.

warum verfolgt, welche Motive ihn treiben, dann kannst du auch besser aktuelle Prozesse verstehen." Romy wusste, dass sie Katharina viel zumutete, gleichzeitig aber auch, dass ihre Gedanken im Sande verlaufen würden, wenn sie nicht notwendige Bezüge herstellte.

„Schau dir einfach die Nachrichten an. Gegenwärtig ist es wieder wichtiger geworden, von der Geburt eines potentiellen britischen Thronfolgers zu berichten, als von der Entdeckung eines Ersatzmaterials für Mikroplastik[69], die Einführung einer Datenbrille zur Ferndiagnose[70] oder einen aufklärenden Bericht über das „Warum?" der Sterblichkeit von afrikanischen Kindern in heutiger Zeit zu verfassen. Sagt das nicht viel über den Zustand unserer Gesellschaft aus?

Dass die Herzogin Kate und Prinz William ein Kind zur Welt gebracht haben, dass die britische Thronfolge ändert und dieser Junge nun Platz „fünf" in der Regentenliste einnimmt, wird zu „dem" zentralen Erlebnis der Gegenwart hochstilisiert.

Überall starrt man voller Entzücken auf dieses Kind, wo doch weltweit tausende solcher niedlichen Weltneubürger zu begrüßen sind, und auf der anderen Seite tausende sterben.

So, als würden wir heute noch in einer Monarchie leben und nicht in einer freiheitlich demokratischen Grundordnung.

So als hätte sich die Welt nicht weitergedreht. Und natürlich auch suggerierend, dass dieser „Zustand", angezeigt durch die Diskussionen um die Thronfolge, eben auch die nächsten hundert Jahre so anhalten würde.

Was macht diesen „königlichen" Jungen für den Fortschritt in unserer Welt so viel wertvoller als Millionen Arbeiter- und Bauernkinder, die die Gesellschaft „am Laufen" halten? Warum schauen so viele fasziniert in das Königshaus und auf Adelstitel?

---

[69] Zelluloseflocken aus Buchenholz als Ersatz für Mikroplastik www.mdr.de/einfach-genial/eg-mikroplastik-alternative-kosmetik-100.html.

[70] https://www.mdr.de/einfach-genial/eg-datenbrille-102.html.

Was hat die „Marketingmaschine" zur Systemerhaltung mit den Bürgern gemacht, dass sie diesem komplexen psycho-physiologischen Spiel, dem tollen Konstrukt aus ganz vielen narrativen Geschichten, eben diesen modernen Märchen so begeistert folgen?

So wie mich ja auch meine Kollegin aufforderte, nach meinen Psychoterrorerlebnissen doch ein Märchen darüber zu schreiben.

Eben noch eins.

Dabei gibt es bereits so viele.

Als neuester märchenhafter, geopolitischer, hochemotionaler und finanziell lukrativ verwertbarer Marketingcoup stellt sich die Hochzeit zwischen Prinz Harry und Meghan Markle dar, über die die Medien nun zu berichten wissen. Durch diese Vermählung zeigt die Monarchie, wie es ihr gelungen ist, dem Rassismus die Stirn zu bieten, die Bürgerlichkeit gleichwertig zu integrieren, Scheidungen als tolerierbar und gesellschaftsfähig zu positionieren, die Integration einer amerikanischen Soap-Opera zu akzeptieren und damit viele Bevölkerungsgruppen neu für die Monarchie zu begeistern sozusagen als dauerhafte Kunden zu akquirieren.

Und für die Etablierung eines neuen Britischen Empire ist dies auch dringend notwendig. Umso mehr zeugt es von einer wirtschaftspolitischen Einsicht des Königshauses sowie dem tiefen Verständnis, durch emotionale Zustände des Volkes, politische Entscheidungen nachhaltig beeinflussen zu können und die Traumochzeit mit einem afrikanischen Essen als Höhepunkt abschließen zu lassen. Wie könnte die Königsfamile besser signalisieren, dass man doch eigentlich schon immer Afrika als gleichwertigen Kontinent betrachtet hatte? Wenn auch nicht begeistert, kam sie damit den Planungen der „Zukunftsstrategen" nach, dem Bedürfnis des Volkes und des Geldes nach Märchen und ihrer Rolle als Traumweltgestalter nachzukommen. Wie könnte man augenscheinlicher vom

Rassismus Abstand demonstrieren, indem man eine Braut mit afroamerikanischen Wurzeln in der Familie akzeptierte und damit untermauerte, dass man sich selbst nicht wirklich erklären konnte, woher der Rassismus der vergangenen Jahrhunderte entsprang. Bei den Business Case-Szenarien, die Romy diesbezüglich vor Augen hatte, konnte es auch keinen anderen Plan geben.

Und das man den nicht vorzeigbaren Vater vorsichtshalber einer Herz-OP unterzog, wodurch ein Fernbleiben an der Hochzeit gesichert wurde, gehört wiederum zu dem medizinischen Teil dieses Politthrillers.

Das all diese Aktionen natürlich nur das wahre Ziel verschleiern, den Kolonialismus der Vergangenheit wiederzubeleben, nur etwas schöngefärbter, als High-Tech-Ausgabe, steht dabei auf einem ganz anderen Blatt und wird natürlich nicht in der Presse vermeldet.

Ob Prinzen und Prinzessinnen, die Auferstehung eines Mannes nach dem er blutig ans Kreuz geschlagen wurde, ob esoterische Wunder, Geisterstimmen, Ritterlogen, Mönche oder Magier - letztendlich sollte sich für jeden Menschen etwas finden lassen, was ihn emotional berührte.

Und Hauptsache es gab dabei für jeden auch ausreichend Stoff für Konflikte und Versöhnung, für Klatsch und Tratsch, für das „Zeittotschlagen" oder zum Vernebeln des klaren Verstandes.

Den Höhepunkt dessen stellt dann ein spektakulärer Kampf dar, der die Medien wieder mit neuen Schlagzeilen füttert, Opfer fordert, aber vor allem, und das als Wichtigstes, natürlich wirtschaftliche Umsätze fördert.

Und dafür müssen entweder Traumfiguren oder Feindbilder generiert oder wenigsten alte am Leben erhalten werden, was heute eben nicht mehr ganz so leicht sein dürfte.

Doch „neue" Technologien und Digitalisierung helfen dabei. Ursprünglich entwickelt, um die Aufklärung massiv zu beflügeln und Konflikte aus Uninformiertheit oder Unwissenheit zu verhindern, tragen sie zunehmend weiter zur Verwirrung der Menschen bei, werden zur Manipulation und für Schlimmeres eingesetzt. Verstehst du Katharina? Für diese wissenschaftlich-technischen Szenarien wurde bereits im 19. Jahrhundert der Grundstein gelegt, eine Langzeitstrategie ersonnen, um die Machtverhältnisse trotz zunehmender Demokratisierungsgefahr durch neue Medien weiter unter Kontrolle behalten zu können.

Und die Modernisierung hin zu einem „Heiligen Reich 2.0" wird nun Schritt für Schritt abgearbeitet. Und vielleicht noch nicht einmal mit nur unehrenhaften Ansätzen, betrachtet man die Beweggründe von einzelnen Persönlichkeiten.

Denn, wenn man Psychoanalytikern wie Sigmund Freud[71] glaubte, dass der Mensch von Natur aus kein friedliches Wesen sei, dann musste man die Massen natürlich einfach unter Kontrolle halten. So sind die einen wahrscheinlich der Überzeugung, mit ihrem Tun der Welt einen Dienst zu erweisen, während die anderen natürlich auch begreifen, dass damit direkt Geld und Macht verbunden sind. Verstehst du, was ich meine?"

„Etwas. Aber das ist im Moment für mich sehr abgehoben. Vor allem, wenn ich immer wieder an dein Mobbing denken muss."

Katharina schaute unglücklich und nicht, als wenn sie wirklich den Zusammenhang verstand. „Ich glaube wirklich, das überfordert mich jetzt etwas. Kannst du nicht doch besser wieder zum konkreten Projekt der online-Sprechstunde zurückkommen?"

„Ja, ich will versuchen, dir den Zusammenhang etwas konkreter zu beschreiben. Mit der Zielvorgabe zur Erfüllung der Projektidee der Online-Sprechstunde stand ich vor zahl-

---

[71] Sigmund Freud (1856 Freiberg - 1939 London) = österreichischer Neurologe, Tiefenpsychologe, Kulturtheoretiker. Begründer der Psychoanalyse.

reichen Herausforderungen.

Die deutsche Rechtssprechung griff noch auf Regelungen aus dem vorigen Jahrhundert zurück, hier wurden schrittweise „evolutionäre" und sinnvolle Reformen anscheinend verhindert.

Die Ärzte rechnen noch nach uralten Systemen ab, in denen der Einsatz neuer Technologien kaum eine Rolle spielt, geschweige denn moderne Dienstleistungen wie eine Online-Sprechstunde. Es gibt traditionell strenge Datenschutzregelungen, die einerseits fast nichts zulassen, andererseits aber durch den Einsatz veralteter Technik per sé permanent Datenlacks produzieren, da Ärzte oder Einrichtungen letztendlich, auch ungenehmigt pragmatisch agieren und sich ihre eigenen Regeln „basteln". Potentielle Partner stehen sich skeptisch gegenüber, weil sie nicht an ein Win-Win-Spiel glauben und insofern besser ihr eigenes Süppchen zur Profitmaximierung kochen, oder wenigstens planen, dies zu tun, allerdings außerhalb der gegenwärtigen gesellschaftsrechtlichen Konstellationen. Andererseits gibt es auch keinen Entwurf für ein alternatives akzeptiertes Geschäftsmodell. Und anscheinend wollen nur sehr wenige an Veränderungen mitwirken. Die optional zur Verfügung stehende Technik funktioniert „augenscheinlich" auch nicht reibungslos und kann nicht ohne Bedenken eingeführt werden.

Wenn man also auf diesen Komplex an Herausforderungen schaut, könnte man eigentlich gleich die Flinte ins Korn werfen, oder?" Romy schaute Katharina erwartungsvoll an und hoffte auf ihre Zustimmung zu dem Gesagten. Sie hatte mittlerweile verstanden, dass es gut war, sich immer wieder rückzuversichern, ob die Schlussfolgerungen, die sie aus ihren Beobachtungen ableitete, auch verständlich wären.

Katharina nickte. „Aber du konntest ja nicht hinschmeißen, denn dann wäre dein Job sofort flöten gegangen, richtig?"

„Genau. Also überlegte ich, ob man an einzelnen Stellschrauben doch noch drehen könnte, um so Schnittstellen zu verändern und damit die Umsetzung eines solchen Konzeptes doch noch irgendwie zu ermöglichen. Dabei bestand natürlich die Frage, mit welchen man anfangen sollte, damit es im gesamten System Sinn machte und natürlich auch zu prüfen, welche sich am leichtesten verändern, ließen, die dann aber, auf Grund ihrer Qualität oder Quantität auch die anderen beweglich machen würden. Du siehst, ich war also noch ganz optimistisch. Vor lauter Organisationsanstrengung und Stress hinsichtlich des Zusammensammeln des notwendigen Know-hows und Know-dos, hatte ich aber irgendwie auch den Blick für das Know-why und das mögliche strategische Langzeitziel verloren.

Ich bin nur als „Befehlsempfänger" mit klarem Auftrag und den gesetzten Rahmenbedingungen losmarschierst, um bestmöglich den erteilten Auftrag zu erfüllen. Und das kann zu gewaltigen Kolateralschaden führen, die man während dieses bloßen Abarbeitens gar nicht bedenkt. Aber warum sollte ich auch darüber nachdenken? Ich bin ja, ich glaube, so wie viele Arbeitnehmer davon ausgegangen, dass, wenn man die Regeln befolgt, die einem die Führungskräfte und Vorstände vorgeben, dass diese dann zum Wohle aller und mit den notwendigen Rahmenbedingungen bereits entsprechend strategisch vorgedacht wurden."

„Was aber nicht der Fall war und ist?"

„Nein, richtig. Es wurde zwar etwas vorgedacht, aber wohl eher nicht im Bezug auf die Projektumsetzung, sondern in Bezug auf die Forcierung meines Verhaltens und das Erzeugen einer neuen Haltung von mir."

„Das verstehe ich jetzt wieder nicht."

„Also. Gesetzt den Fall, der Arbeitnehmer entscheidet sich gegen den Auftrag des Chefs, nimmt also weiterhin eine Protesthaltung ein, weil er diesen Projektansatz wirklich zu absurd oder nicht umsetzbar empfindet, riskiert er den Rausschmiss, den der Konzern dann auch gern umsetzt. Er ist den Querulanten los. Oder er hat einen triftigen Grund weiter zu mobben und somit die eigene Kündigung des störenden Arbeitnehmers zu forcieren. Wenn dieser dann geht, hält er bereits ein Alternativprojekt parat, eine Art „Auffangidee", die den nicht mehr gut funktionierenden „Befehlsempfänger", den unzufriedenen Arbeitnehmer in Handlungen zwingt, die gleichermaßen zum eigentlichen Ziel des „Systemerhalts" beitragen, also zur Aufrechterhaltung des kapitalistischen Systems und insofern auch zukünftig keine Gefahr darstellen."

„Du redest noch sehr kompliziert, Romy, wenn ich dir das mal sagen darf?"

„Tut mir leid, aber irgendwie ist das ja alles auch kompliziert. Also konkret bei meinem Projektfall mal ganz verkürzt. Entweder ich würde, als erste Variante, den Auftrag, so wie erteilt „schlucken", abarbeiten und Himmel und Hölle in Bewegung setzen, um Wege aufzutun, um mit dem israelischen Unternehmen in Deutschland eine Gesundheitsbetreibergesellschaft aufzubauen, dann wäre dies ein strategischer Erfolg für den Konzern. Aus emotionaler Sicht hätte dafür gesprochen, dass Yves mit im Boot wäre, der an der Spitze dieses Konstruktes als integerer und langjährig erfahrener Wissenschaftler, Experte und Arzt stehen würde, auch wenn dieser m.E. nur als unwissender, ahnungsloser und deshalb überzeugend wirkender „Lockvogel" eingebunden wurde. Dann würde ich also hart daran arbeiten, das Projekt mit der Telekom, der AOK und diesem israelischen Partner in Deutschland irgendwie zum Laufen zu bringen. Oder wenigstens einen lukrativen Gschäftsplan dafür auf die Beine zu stellen.

Und damit würde ich wiederum einen schönen Beitrag zur weiteren Kommerzialisierung und Privatisierung der Gesundheit leisten, denn es gäbe aus betriebswirtschaftlicher Sicht keine objektive Möglichkeit die Telekom finanziell in diesen Deal einzubinden, wenn sie nicht als Käufer oder Lizenznehmer auftreten würde.

Und selbst das Vertrauen, welches ganz altruistisch die AOK besitzt, die  noch als gesetzliche Krankenkasse gilt, zu unterstützen, hätte schon längst ihr Ziel verfehlt, denn längst haben sich bereits auch dort ausgewählte Führungskräfte längst auf den wettbewerblichen Weg begeben und stellen sich zunehmend nach kapitalistischen Rahmenbedingungen auf, die nicht mehr auf Arbeitsteilung oder kooperative Zusammenarbeit orientieren, was an der AOK-Systems sichtbar wird.  T-System würde seiner hidden agenda folgen und über den israelischen Partner brauchen wir nicht zu sprechen.

Die Daten aus den Kinderonline-Sprechstunden wanderten dann direkt in einen Pool für klinische Langzeitstudien, die vor allem für BigData-Analysen noch wertvoller waren, setzten sie doch bereits bei Kinder an, also direkt nach der Geburt, woraus sich eine lückenlose Dokumentation über physische und psychische Indikatoren des einzelnen erstellen ließe." Romy pausierte.

„Auch ein Grund, warum Hebammen in Deutschland langsam aussterben - um eben Kinder direkt in Datenerfassungsprozesse in Kliniken eintakten zu können. Allerdings nicht städtische Kliniken sondern zunehmend privatwirtschaftlich aufgestellte Institutionen. Bereis jetzt werden immer mehr Geburtsstadionen in kleineren Städten gestrichen und weiter weiter zentralisiert mit dem Argument einer angeblich besseren Versorgung.

Aber das ist natürlich nur ein fadenscheiniges Argument, denn genausogut könnte die Rolle der ländlichen Regionen wieder gestärkt und die Dörfer wieder belebt werden. Und dann wäre gerade die Unterstützung bei Geburten im regionalen Umfeld dringend notwendig.

Aber wer wollte schon, dass sich die Bevölkerung großzügig über die Flächen verteilte?

In einer neoliberalen Langzeitstrategie gab es für solche Konzepte keinen Platz. Denn dies würde weniger Kontrolle und natürlich auch weniger Flächen für das profitorientierte Privatkapital bedeuten, um daraus Gewinne zu erwirtschaften. So konnte es nur im Interesse der „Rollbacker" sein, wie ich sie einmal bezeichnen möchte, die ländlichen Kommunen langsam sterben zu lassen, dort medizinische Infrastrukturen abzubauen, kommunales Eigentum zum Schnäppchenpreis zu erstehen, kleine nette Schlösser der Vergangenheit zu beziehen und mit Cannabis-Produktionen in großem Stil oder anderen wirtschaftlich interessanten Projekten weiter großes Geld zu erwirtschaften.

Aber das führt mich nun bereits schon wieder zu einem anderen Punkt."

„Nur eine kurze Frage zwischendurch. Wenn diese Reichen, Neoliberalen, der Geldadel oder auch kirchliche Würdenträger ihre Ländereien sozusagen vom Volk „zurückerobern", dann benötigen sie doch auch eine medizinische Infrastruktur, oder?"

„Ja, aber da funktionieren dann plötzlich Digitalisierung, High-Tech und Breitbandausbau. Bei einem Besuch, neulich auf einen kleinen Schlösschen im Land Brandenburg, mitten in der Pampa, auf dem Acker, habe ich nur gestaunt, welche Netzwerktechnik da verbaut wurde. Wo mit dem Taler gewinkt wird, ist eben alles möglich. Und für die schnelle Versorgung stellen sich die „Reichen und Schönen" eben einen privaten Hubschrauber auf den Vorplatz oder sie rufen ein Flugtaxi und die Apothekendrohne liefert notwendige Medikamente in kürzester Zeit. Technologisch ist dies ja alles bereits möglich. Eigentlich könnten natürlich diese Technologien jedem Bürger ein angenehmeres Leben ermöglichen, aber dann ginge ja die politische Strategie nicht auf, es gäbe keinen Grund mehr für den Klassenerhalt, da kein Mangel mehr existieren würde, dadurch keine Konflikte, damit mehr

Zeit, das Ende des wirtschaftlichen Wachstumds und damit auch ein Ende der ständig wachsenden entfremdeten Arbeit[72] eingeleitet werden würde."

„Ok. Kapiert. Auch wenn mich das, was du da so herleitest, alles sehr nervös macht."

„Mich aber auch, glaub mir. Einerseits impliziert es eine große Hoffnung, andererseits aber auch eine große Gefahr, wenn die historische Chance des gemeinsamen Handelns vertan wird. Die neoliberalen Kräfte können sich so mit großen Schritten weiter ihrem angestrebten strategischen Ziel nähern. Für sie ist es gegenwärtig existenziell, ein demokratisches Rollback vom ihrem wirtschaftsliberalen Rollback, oder besser die Konterrevolution einer Konterrevolution, hin zu einer deutschen demokratischen, sozialistischen oder sogar kommunistischen Gesellschaft zu verhindern. Immerhin haben sie es in den letzten siebzig Jahren geschafft, fast in allen Ländern sozialistische und kommunistische Strukturen zu zerschlagen und dies obwohl jeder wissen müsste, dass es die fortschrittlicheren Systeme waren und sind.

Jeder sollte wissen, dass die Industrie und vor allem auch die Finanzwirtschaft nur daran interessiert sind, mit der Digitalisierung weiter für den Ausbau eines technologischen Totalitarismus voranzutreiben. Nicht der Staat.

Weißt du was ich meine, Katharina?

Nur auf Grund meiner Begeisterung für die neuen Technologien, aber natürlich auch auf Grund dessen, dass ich mich für eine Verbesserung der Versorgung der Kinder auf dem Land engagieren möchte und überhaupt dieses gesamte Projekt mit Fortschritt verbinde, hätte ich dabei vollkommen blind die wirtschaftlichen und machtpolitischen Zusammen-

---

[72] Entfremdete Arbeit = von Karl Marx geprägtes Konzept, 1844, wurde erst 1932 veröffentlicht, Privateigentum Produkt der enfremdeten Arbeit, Entwertung der Menschenwelt steht im direkten Verhältnis mit der Verwertung der Sachenwelt. - https://de.wikipedia.org/wiki/Entfremdete_Arbeit.

hänge einfach übersehen können.

Aber falls nicht, was ja auch eingetroffen ist, und ich diese „Kröte" nicht schlucken würde, gab es eben die vorher bereits kalkulierte und damit auch gesteuerte alternative Reaktion eines, vermeintlich freibestimmten Widerstands.

Im Moment, als ich mich über das Projekt aufgeregte und in diesem Zusammenhang eine „Gegenhaltung" entwickelte, war dies gleichfalls positiv und ganz im Sinne der Spieltheoretiker.

Sie hatten einen Konflikt erzeugt.

Jeder normale Mensch würde sich fragen, warum soll ich gerade mit den Israelis ein solches System aufbauen? Die können es zwar gut, aber es gibt doch auch deutsche Unternehmen, die das können, oder? Und daraus würde sich dann ein gewünschter Judenhass entwickeln. Am besten generell. Natürlich auch auf Grund vieler anderer, aus meiner Sicht falscher Fokussierungen, wie z.B. bei der Hochschulpolitik des Konzerns, der seine eigene Hochschule vollkommen vernachlässigt, dafür aber die Zusammenarbeit mit der Elite in Israel auf einen imaginären Thron hebt.

Normalerweise muss an dieser Stelle jeder auf Intrigen tippen und auf die geldgierigen Juden schimpfen, die die „armen Deutschen" austricksen.

Und was wäre ich dann?"

„Antisemit?"

„Klar. Das geht doch psychologisch so einfach."

„Und bist du jetzt einer?" Katharina schaute Romy mit besorgtem Blick an.

„Ach Quatsch. Was können denn die Juden oder das jüdische Volk dafür, wenn sich ein paar Strippenzieher wirtschafts-politische Spiele zur Beherrschung der Welt ausgedacht haben?"

„Das beruhigt mich jetzt aber. Übrigens glaube ich auch nicht, dass sich René Obermann reinlegen lassen würde.

„Richtig. Das denke ich auch. Also würde ich doch die Karte der Verschwörung ziehen", setzte Romy fort. „Was natürlich im gesamtgesellschaftlichen Kontext auch nicht besser ist."

„Dann wärst du ein Verschwörungstheoretiker, richtig?"

„Richtig. Und ich würde wegen meines „Gemobbtwerdens", meiner finanziellen und familiären Situation und sowie überhaupt auf Grund der Unfähigkeit aller, keine Chance haben, nur gehört zu werden. Ich wäre ein „nobody". Und das würde mich sehr wütend machen."

„Zu einem Wutbürger?"

„Ich sehe, du hast das Prinzip der psychologischen Manipulation und Kriegsführung verstanden". Und Romy setzte fort:

„Ich würde also eine Wut entwickeln, Wut auf meine Vorgesetzten, die mich mobben und meine Leistungen nicht wertschätzen, Wut auf diesen Konzernmoloch, wo die rechte Hand nicht weiß, was die linke gerade tut und nur sinnlose Beschäftigung ausruft, Wut auf unfähige Vorstände und Aufsichtsräte und anscheinend die noch immer halbstaatlichen Strukturen, die Fördermittelprojekte sinnlos ausrollen und wo staatliche Einflussnahmen einfach versagen.

Schnell würde sich daraus die Wut auf „den" Staat und „das" System überhaupt entwickeln, ohne zu differenzieren. Emotionen lassen eben keine Zeit mehr zum Nachdenken oder für bewusstes Verhalten zu.

Daran schließt sich dann gleich noch eine Wut auf die Banken an, die sowieso an allem schuld sind. Auf Grund meiner Technikaffinität würde ich mich logischerweise vollkommen unreflektiert für Konzepte wie BitCoin und den Einsatz von BlockChain begeistern, die diesen bürokratischen und staatlichen überregulierten Finanzmonstern endlich einmal die rote Karte zeigten. Und dazu würde ich ein Hohelied auf die Digitalisierung singen.

Einige Parteien verfahren nun gegenwärtig genau nach

diesem Prinzip, erst erzeugen sie Angst, dann generieren sie Wut, nutzen diese emotionalen Grundgefühle um populistisch einfache Lösungen zu generieren und somit mit emotionalem Mitteln eine vermeintliche „Systemwandelbewegung" zu motivieren. Sie polarisieren erst, schärfen Konflikte an den Rändern und bieten dann letztendlich als Lösung eine entspannte liberale Mitte an, die zwar mit der Abschaffung aller demokratischen Errungenschaften einhergeht, sich aber „freiheitlich" nennt. Sie schwächen weiter die Kommunen und forcieren schrittweise den Verfall öffentlich-rechtlicher Errungenschaften und haben damit das Monster Kommunismus auf alle Zeit beseitigt."

„Echt clever. Irgendwie beherrscht im Moment wirklich zunehmend eine negative Grundstimmung die Menschen, was natürlich solch destruktives und rückwärtsgewandtes Denken und dadurch auch Handeln hervorruft."

„Es ist eben wirklich wie in einem riesigen James Bond-Thriller, oder? Wir leben gerade im spannendsten Krimi aller Zeiten. Viele bekommen davon zwar weniger mit, weil sie entweder gegenwärtig zufrieden mit ihrem Leben sind und natürlich auch, weil es die gegenwärtige Komplexität der weltweiten Prozesse es einfach so unglaublich schwer macht, die Hintergründe einzelner Fehlentwicklungen zu verstehen.

Ich bin total froh, dass es gegenwärtig so viele begeisterte Krimifans gibt, die vielleicht angeregt durch das, was wir aufschreiben, zur Lösung dieser vielen gesellschaftspolitischen Rätsel beitragen. Denn es ist sehr unwahrscheinlich, dass wir dies, allein auf Grund unserer Kombinationsgabe oder anhand bekannter Fakten aber auch Indizien oder Motivanalysen können. Vielleicht werden wir letztendlich vor allem richtige Beweise benötigen."

„Du meinst du willst die Öffentlichkeit dazu auffordern, im breiten Stil zu „whistleblowen"?"

„Ja, wie willst du es sonst anpacken. Ich glaube, wenn jeder Mensch sich vernünftig in seinem Alltag umschaut, dann überlegt, wie er künftig leben will und  dann die Missstände als Whistleblower öffentlich zur Diskussion stellt, dann können wir bald doch noch in einer besseren Gesellschaft leben."

„Wutbürger, Antisemiten, Whistleblower - mir schwirrt der Kopf. Romy, ehrlich gesagt mag dies ja wirklich ein riesiger Krimi sein, aber mir würde erst einmal ein Fall reichen. Wie wäre es denn, wenn du jetzt wieder mit dem Gesundheitssystem weiter machtest und deine Online-Sprechstunde betrachtest?", unterbrach sie Katharina erneut.

Augenscheinlich ermüdeten es sie, selbst wenn Romy voller Begeisterung glühte, diesen gedanklichen Ausschweifungen zu folgen.

„Einverstanden", erwiderte Romy und setzte, wie ferngesteuert fort: „Dann wäre ich also vor allem noch wütend auf die gesetzlichen Krankenkassen. Sie enthalten Patienten die Errungenschaften neuer Technologien vor, sie agieren bürokratisch, unmodern, unsolidarisch. Ich würde auf das gesamte staatliche Gesundheitswesen schimpfen, das noch nach uralten Prinzipen agiert, nicht einmal weiß, wie man Telemedizin schreibt, geschweige denn, wie man sie umsetzt. Anscheinend haben die Verantwortlichen in den Führungsetagen auch nicht den „Schuss der Digitalisierung" gehört. Oder sie sind alle korrupt. Meinst du das?"

Während sie diese Frage mit leicht ironischem Unterton stellte, schaute sie Katharina herausfordernd an. Natürlich hatte sich Romy nicht von ihrem ursprünglichen Gedankengang abhalten lassen, sondern einfach den Bogen so gespannt, wie ihn anscheinend Katharina gerne hören wollte, eben zum Gesundheitswesen.

Katharina zog leicht resignierend die Schulter als wollte sie sagen: „Es hat keinen Zweck. Ehe Romy dieses Thema nicht abgeschlossen hat, wird man keinen anderen vernünftigen Gedanken mehr mit ihr austauschen können".

„Dann mach ich mal weiter". Romy sah auch nicht, welchen Sinn es machen sollte, Katharina zuliebe, jetzt an dieser für Romy so spannenden Stelle aufzuhören und das Feld nicht detaillierter zu beackern, das sie bereits begonnen hatte, um dann irgendwann an anderer Stelle auf Fragen zu stoßen, resultierend aus einem generellen Unverständnis für den Gesamtzusammenhang.

„Und schwups wäre nicht nur der nächste „Wutbürger[73]" geboren, sondern vielleicht sogar *„Multiplikator des Konfliktes"* mit potentiell symbolischer Macht, jemand, der bereit wäre, den Kampf gegen „das" System ernsthaft aufzunehmen."

‚Oder gegen das, was den Bürgern als „das" System verkauft wurde, auch wenn es darüber überhaupt keinen allgemeingültigen Konsenz gab, was man als Status quo gegenwärtig darunter verstehen sollte und dies wohl jeder aus seiner Sicht auch anders interpretierte'. Aber das dachte Romy nur, denn sie wollte Katharina nicht noch mehr verwirren.

„M.E. geht es in diesem Spiel vor allem darum, Menschen wie Trump oder Macron zu formen, an zentralen Stellen zu positionieren, die dann die Menschen für ihre Ziele begeistern, ob für nationalistische Ideen wie „America first" oder eben eine marschierende Sammelbewegung. Dabei wären die Inhalte dann erst einmal nebensächlich. Hauptsache polarisierend und Konflikte erzeugend oder als Gegenstück den neoliberalen Weg aufzeigen."

„Meinst du, dass das Projekt oder generell auch die anderen Projekte bei dir im Konzern inklusive das Mobbing nur dazu dienen sollten, dich verhaltensmäßig in eine gewisse Richtung zu drängen? Kalkuliert? Meinst du, alles ist ge-plant? Das scheint mir etwas weit hergeholt. Also bleibst du doch bei deiner Verschwörungstheorie?"

---

[73] Wutbürger = heftig öffentlich protestierder und demonstrierender Bürger, aus Enttäuschung über bestimmte politische Entscheidungen, charakterisiert durch einen andauernder Protestwillen, kommt oft aus konservativen Kreisen.

„Das wäre jetzt viel zu kompliziert zu erläutern. Verschwörungstheorie ist einfach in den letzten Jahren definitorisch falsch besetzt worden. Es geht um ganz einfach um wirtschaftspolitische Strategien und man sollte diese Fragestellungen einfach entmysthifizieren.

Wenn jemant strategisch etwas plant, dann hat er ja auch verschiedene Teilprojekte im Blick, um letztendlich ein Gesamtziel zu erreichen. Bei Hausbau spricht ja auch niemand von Verschwörung, wenn sich die Handwerker bei ihren Gewerken fast unsichtbar die Klinke in die Hand geben. Da geht man davon aus, dass der Bauträger genau weiß, wann der Innenausbau beginnen kann und dass vorher schon der Estrich fertig sein sollte. Und die Welt ist auf Grund der digitalen Möglichkeiten so klein geworden, dass man diese auch locker in Teilprojekte gliedern kann. Über ververschiedene Zielebenen nähere ich mich dann dem Gesamtziel, einmal auf der Projektebene und dann begleitend auf der Ebene der Verhaltensoptimierung und der Steuerung des handelnden Subjektes. Auch hier gibt es ja nur zwei Einflusssphären zu kontrollieren, einmal die physische Ebene, alles was den Körper determiniert - Essen, Schlaf, Krankheit, Tod und als zweite Ebene die Psyche. Auch hier habe ich entweder einen gesunden Geist, einen offenen und wachen Verstand oder manipulierte Gedanken. Als Ende des 19. Jahrhunderts die Technologien bekannt wurden, wie Emotionen beeinflusst werden konnten, meinte man den Schlüssel für die absolute Kontrolle des Menschen in der Hand zu halten. Um auf diesem Wege vorwärtszuschreiten, führte man großflächige Studien, Menschenversuche durch, teils offen, überwiegend aber geheim, um immer mehr über das Entscheidungsverhalten zu lernen. Damit fand dann nicht nur eine Analyse vergangener Entwicklungen statt sondern gleichzeitig konnten Methoden entwickelt werden, auf die Zukunft steuernd Einfluss zu nehmen und dies speziell über das Instrument „Märchen". Insofern bin ich meiner Kollegin sehr dankbar, die mir empfohlen hatte, ein Märchen über meine Mobbingerfahrungen zu schreiben, da sie mir damit sozusagen den Schlüssel zur Lösung vieler Herausforderungen in die Hand  gegeben oder besser in meine Gedanken implementiert hat. Erst hatte ich ja den Eindruck, sie wolle mich in die Ecke der Geschichtenerzähler stellen, aber vielleicht wollte sie mir damit auch nur ein weiteres Puzzleteil in die Hand geben, um das Gesamträtsel zu verstehen.

Aber ich war bei den Versuchen an Menschen.

Interessant für solche Studien war und ist vor allem die Kontextabhängigkeit. Wenn ich nicht die Rahmenbedingungen oder konkreten Umstände mit erfassen und einbeziehen kann, nützen viele Verhaltensanalysen für zukünftige Entscheidungssteuerungen überhaupt nichts oder eben nur begrenzt. Interessanter und wichtiger ist zu verstehen, wann auch Abhängigkeiten korreliert werden können. Nicht nur, dass der Mensch eine Entscheidung trifft, sondern auch warum und was ihn dazu motiviert.  Und beim Marketing sind sie dabei ja schon super weit. Mittlerweile weiß jeder Marketingstratege, dass Kaufentscheidungen nicht nur von der Planung abhängen, sondern von der persönlichen Stimmung, dem Wetter, der Musik im Laden, dem Geruch, der Anzahl der Menschen, den Farben etc. Das passt aber besser später in einen anderen Zusammenhang.

Allerdings stecken wir gegenwärtig nicht nur in einem einfachen Krimi mit Mord und Totschlag, sondern einem Politthriller, den man nicht als Tatort an einem Sonntagabend erzählen könnte.

Allein, wenn ich mir nur die offiziellen politischen Morde[74]

---

[74] Politischer Mord = vorsätzliche, ungesetzliche oder illegitime Tötung einer Person aus politischen Motiven. Dazu gehören Attentate,  Massenmorde, Völkermorde, Genozide, Politizid - neueste Begrifflichkeit, eingeführt durch den amerikanischen Politologen Rudolph Rummel. Dabei schreibt er vor allem der Regierung politische Morde zu, obwohl es

der Geschichte anschaue, wären wir beschäftigt. Aber nun kommen eben noch die ganzen Morde dazu, die einfach bisher noch in keine Statistik eingeflossen sind, die kaum jemand als solche zur Kenntnis genommen hat. Politische Morde, die als natürliche Tode gut getarnt einfach in unserem Leben und in unserem Alltag stattfinden.

Wir haben es hier mit einem hochkomplexen psychologischen Knäuel alter und neuer Kriegsführungsmethoden und -instrumentarien zu tun, die aufeinander aufsetzen, sich ergänzen, parallel ablaufen oder sich überschneiden. Und diese zu entwirren ist eben nicht so simpel. Ich bleibe mal bei meiner These, die ich schon früher in der Wissenschaft verfolgt habe: eigentlich ist bereits alles erfunden, es gibt nichts was es nichts gibt, es sind kaum noch Produkte neu zu erdenken, sondern nur noch einzuführen.

Außer eben der Mensch als Produkt.

Da gibt es noch „Verbesserungspotential". Und für das imperialistische System, das von der entfremdeten Arbeit lebt ist es existenziell wichtig dieses „Produkt" kontrollieren, steuern zu können, sozusagen ein perfekt funktionierender Bioroboter[75].

Deshalb schlägt der Ansatz m.E. fehl, zum Beispiel Diskussionen über Mindreading und Mindcontrol ausschließlich als Massenphänomen in den Mittelpunkt zu stellen, bei dem Fakten, also Inhalte in die Köpfe der Menschen übertragen werden.

Natürlich gibt es auch Telepathie[76], aber das meine ich

---

gerade hisorisch überwiegend darum ging, Nichregierende wieder an die Macht zu putschen. Rummel war Berater des US-Militärs udn 1965-1966 im Special Operations Research Office. Er prägte auch den Begriff Demozid in der Verbindung mit vorsätzlichen Massentötungen von bestimmten Menschengruppen durch eine Regierung. Gefährliche sprachliche Verbindung von Demokratie und Tötungen.

[75] Biorobotics = Forschungsfeld aus Kybernetik, Bionik und Gentechnik, humane Roboter.

[76] Telepathie - Wortschöpfung des britischen Autors, Dichters Frederic

nicht. In diesem Fall wäre dieser Ansatz dann richtig.

Aber worunter wir gegenwärtig global leiden ist das Phänomen der emotionalen Manipulationen.

Und diese Steuerung des Unterbewusstseins vollzieht sich auf vielen Wegen. Sie steuert das Verhalten und Haltungen. Und kann dazu ganz unterschiedliche Ansätze nutzen und bedienen.

Gegenwärtig besteht die große Gefahr, wenn man sich erst einmal in der Spirale des spontanen emotionalen Reagierens befindet, ohne das, was aus dem Unterbewusstsein an Informationen an die Oberfläche drängt, noch einmal bewusst zu filtern, zu checken, zu bewerten, dass es sehr schnell zu einer Katastrophe führen kann. Und viele haben nicht mehr gelernt, ihre Gedanken in einem ausreichenden Maße auch zu reflektieren und zu filtern. Denn Grundemotionen[77] sind vielleicht gute Ratgeber in Bezug auf Handlungen im Alltag nicht aber im Hinblick auf strategische Zukunftsfragen.

Folgt auf diesen emotionalen Impuls der Wut oder Rache zum Beispiel sofort eine Handlung, sich politisch zu betätigen, sind keine weiteren Ressourcen mehr vorhanden, um sich gedanklich und reflektierend mit den Ursachen für diese emotionale Reaktion auseinanderzusetzen. Man rutscht in leidenschaftliche Diskussionen hinein, die nur noch in seltenen Fällen Zeit für Faktenchecks beinhalten. Wir sehen ja

---

W.H.Meyer, veröffentlicht 1882 vor der Society for Psychical Research (SPR) in London, vorher thought transfer - Gedankenübertragung, Gelehrte der Cambridge University sahen auf das Treiben der Séancen mit Verachtung herab, Mediziner wie Charles Richets schlug 1884 erst randomisierte kontrollierte Studien vor, der Elektroingenieur Cromwell Fleetwood Varley und der Biologe Alfred Russel Wallace waren von der Möglichkeit der Gedankenübertragung überzeugt, X-Club - Freundeskreis intellektueller Briten wies das Phänomen als lächerlich zurück. vgl. https://de.wikipedia.org/wiki/Telepathie.

[77] Grundemotionen, Grundgefühle, Basisemotionen - Gefühle und Affekte, die wesentlicher Bestandteil der menschlichen Existenz sind: Freude, Überraschung, Furcht, Traurigkeit, Liebe, Hass.

wohin mittlerweile die Streitkultur im Bundestag verkommen ist. Alice Weidel ist hierfür das beste Beispiel, die über Polemisierung Zwänge und Ängste hervorruft und Kopftuchmädchen zu Feinden stilisiert. Und beim politischen Reden bleibt selten Zeit, intensiver darüber nachzudenken, welche Konsequenzen sich aus diesem emotionalen, vor allem wütenden Protestverhalten erwachsen würden. Denn es wäre kaum Raum für differenzierte Reflexionen.

Weder bei politischen Führern, die anhand von Programmen und Gedankenkonstrukten vorgehen, die zu einem Zeitpunkt verfasst wurden, als sie sich in die poltische Machtkampfarena begaben und somit wenig Spielraum besaßen, allein schon aus Zeitgründen, nun täglich nachzujustieren, noch die breite Masse der Bürger, die über die eingängigen Parolen und einfachen Lösungsvorschläge auch keine Zeit besaßen, sich intensiver mit den Feinheiten zu beschäftigen haben Reflexion als geistige Tätigkeit im Alltag kultiviert.

Die Wahl von Macron ist hierfür ein gutes Beispiel. Auf Grund emotionaler Reden, verkauft eine charismatische Person mit einem großen Potential für symbolische Macht eben auch Zukünfte, die nicht wirklich für die überwiegende Menschheit lebenswert sind.

Seine wirtschaftsliberalen Ansichten bieten nur wenig Hoffnung für alle Bürger ein zukünftiges Leben in Wohlstand zu führen, wie ja bereits durch seinen Umbau der Sozialsysteme und der Arbeitsmarktreform sichtbar wird.

Aber auch hier gab es ja für das Volk nur die Alternative zwischen Pest und Cholera. Und wer wollte schon den Nationalsozialismus mit Marie le Pen als Alternative?

Auch ich finde ein Vereinigtes Europa als Idee toll, aber nicht unter neoliberalem Vorzeichen und als militärisches Verteidigungsbündnis. So werden gute Ideen und schlechte Konsequenzen fast unsichtbar und permanent miteinander vermixt.

Gleiches Spiel bei der amerikanischen Regierung Trump gegen Hillary Clinton. Auch hier wurden letztendlich vermeintliche Unterschiede, Differenzierungen als „blended politics" dem Volk angeboten, jeweils wurden ein paar gute Anteile mit ein paar weniger guten Anteilen vermixt so dass sich jeder Bürger eben irgendwo wieder finden konnte, in jedem Fall sich aber für einen der beiden „Mischwarenläden" entscheiden musste. Und auch hier hatten die Strategen längst in jedes komplexe Politikpaket auch ihre Interessenslagen integriert. Für das Gesamtziel ist es letztendlich egal, ob ich erst ein Teilprojekt oder ein anderes abschließe, solange diese nicht aufeinander aufbauen. Mit einer Regierung baue ich erst das Militär aus und führe Krieg, mit der anderen Regiere baue ich staatliche Strukturen ab oder destabilisiere das System durch fehlende Mittel bei der Gesundheitsversorgung. Egeal. Für das Gesamtziel ist jeder dieser Maßnahmen sinnvoll. Und welche Persönlichkeit nach oben pusche ist dabe vollkommen egal. Hauptsache sie berührt emotional die Herzen der Wähler, sie können sich damit identifizieren und folgen dann dieser Leitfigur. Nicht umsonst findet man zunehmend Schauspieler zentralen Stellen im System. Diese reagieren eben auf Stichworte, sind gut wandelbar, unversell einsetzbar, für jede Rolle gut.

Das der Vater von Macron Professor für Neurologie ist, dürfte in diesem Spiel also kein Zufall sein. Bereits in seiner Kindheit wurde er auf öffentlichen Wettbewerb getrimmt und welch Zufall engagierte er sich auch beim Theater. Schauspieler regieren zunehmend unsere Welt, gesteuert von Regisseuren, Neurologen und Psychologen, die alle freudschen Methoden in Exzellenz beherrschen.

Auch bei Macron sieht man, dass seine „Sammelbewegung" keinen wirklichen Sinn macht, sondern weit entfernt von den notwendigen Erneuerungen liegt, die wir gegenwärtig international erreichen könnten. Und weißt du, was besonders   dramatisch ist, dass das Wort „liberal" immer sehr missverständlich und in so verschiedenen Kontexten verwendet wird, dass eigentlich auch nicht mehr klar ist, was eigentlich ursprünglich damit gemeint war. Ich hatte diesen Begriff in meiner Vergangenheit immer als etwa Positives angesehen, liberal zu sein, liberal[78] zu agieren. Aber auch dieser Begriff wurde „verblendet", d.h. mit negativer Konation durch den Manchesterliberalismus verbreitet und ausgeprägt. Aber ich jetzt komme schon wieder zu weit ab." unterbrach sich Romy nun selbst.

Es war schon eigenartig, wie sie stundenlang Monologe führen konnte, da sich die Gedanken in ihrem Kopf förmlich überschlugen und sie sich gleichfalls getrieben fühlte, alle diese Fragen, Zusammenhänge, Hypothesen nun auch weiterzugeben. Romy fragte sich, ob dieses Sendungsbewusstsein schon früher zu ihr gehörte oder sich erst im Kontext ihrer Konzerntätigkeit, ihrer Mobbingerfahrungen oder in diesem Zusammenhang auch ihren klärenden Erlebnissen entwickelt hatte.

„Was ich eigentlich nur sagen wollte," setzte Romy fort, „ist, dass natürlich keine der Feststellungen über „den" Staat oder „das" Gesundheitssystem richtig wären. Sie würden

---

[78] Liberal im Sinne einer politisch-philosophischen Strömung, als ökonomische Ausprägung, als Richtung des Judentums, als Richtung christlicher Theologie oder des Islams - immer unterschiedlich. Als politisches Leitziel positiv besetzt als Freiheit des Individuums gegenüber staatlicher Regierungsgewalt, richtet sich gegen Staatsgläubigkeit, Willkür, dann aber auch wieder gegen Kollektivismus - Vermischung verschiedener Interessenlagen, strenge Moralität, karitative Solidarität gelten dem Liberalen als Privatsache, in den USA vielfach mit Religionen, örtlichen Kirchen verbunden, Checks and Balances, Wirtschaftsliberalismus - eine Wirtschaft, die sich ohne Einmischung über den Staat selbst steuert. Die „unsichtbare Hand" bringt die Interessen des Marktes in Einklang. „Invisible Hand" als methaphorischer Ausdruck des schottischen Ökonomen und Moralphilosophen Adam Smith (1723 - 1790, Begründer der klassischen Nationalökonomie) - beschrieb damit die unbewusste Förderung des Gemeinwohls.- https:/de.wikipedia.org/wiki/Unsichtbare_Hand.

wieder nur auf emotionalen Reaktionen, als unterbewussten Entscheidungen beruhen, würden Generalisieren, über einen „Kamm scheren" und letzteendlich die Falschen treffen.

„Schuld" sind weder „der" Staat oder „die" Bürokratie, sondern natürlich dort verankerte, veraltete Prozesse, die sich nicht parallel mit den neuen technologischen Möglichkeiten weiter entwickelt haben. Schuld sind nicht „die" Beamten und Angestellten, die nur ausgewählte wissenschaftlich-technische Erkenntnisse im Sinne der „Salamitaktik"[79] präsentiert bekommen. Hier mal ein Scheibchen und da mal ein Scheibchen. Aber meistens verbunden mit der emotionalen Androhung von Arbeitsplatzabbau, von der Abschaffung der Institutionen durch die Einführung neuer digitaler Technologien. Per sé wurde durch dieses emotionale Bedrohungsszenario eine Sabotagehaltung von Mitarbeitern entwickelt, die auch deren Unrechtsbewusstsein vollkommen ausschaltete, da sie sich ja nur wehrten und immer noch wehren.

Die Menschen, die dieses „Staatssystem", dass eigentlich demokratisch agieren sollte, gestalten, leben dadurch in einer permanenten Angst vor Abbau, erleben, wie sie finanziell immer weiter abgehängt werden, aber auch kompetenzseitig, müssen unsinnige Gesetze vertreten oder Regeln befolgen, die nicht mehr in die heutige Zeit passen und sich deshalb permanent und zunehmend in Konflikte mit „Wutbürgern" begeben.

Wer noch kann, der flüchtet aus diesem Apparat in die freie Wirtschaft. Denn letztendlich sind nicht die Institutionen, Länder, Staaten, Einrichtungen schlecht oder gefährlich, sondern einfach nur „ausgewählte" und nicht „auserwählte" Individuen, die diese „Gebilde" nach ihren persönlichen Interessen gestalten und in ihren Verstrickungen und Verschränkungen aufrecht erhalten.

---

[79] In diesem Sinne abwertend als Taktik bewertet, die die Wahrheit nur scheibchenweise serviert oder über einen längeren Zeitraum immer nur als unbedeutsame Veränderungen darstellt.

Einzelne Personen mit ihren speziellen Überzeugungen und Haltungen. Wenn diese allerdings gerade an zentralen Schnittstellen zur Erfüllung der Daseinvorsorgeleistungen, wie z.B. Energie, Wasser, Gesundheit, Telekommunikation sitzen, dann gibt es eben genau die Probleme, vor denen wir heute stehen." Romy hielt inne.

Machte es eigentlich Sinn, sich an dieser Stelle weiter gegenüber Katharina zu äußern? Sie würde wahrscheinlich wirklich kaum den Zusammenhang zu Romys Projekt nachvollziehen können. Aber sie wollte Katharinas Intellekt auch nicht unterschätzen. Sie war klug genug genau die Dinge zu sehen, die Romy auch sah. Nur wenn sie nicht die persönlichen Erfahrungen gemacht hatte, fehlte ihr vielleicht in diesem Bereich einfach ein Link, der die sachlichem Fakten emotional verband und dadurch plötzlich eine andere Ebene erschloss.

Allerdings war es für Romy wichtig, dass ihr immer mehr klar wurde, dass die angeblich fehlende technologische „Interoperabilität[80]", die immer wieder seitens ihres Konzerns öffentlich bemüht wurde, sich gar nicht auf die technischen Komponenten bezog, sondern auf die mangelnde Fähigkeit zweier gegensätzlicher Systeme, sich auf gemeinsame Standards des Miteinanders, der Kommunikation und gemeinsamer Zukunftsziele zu verständigen. Diese standen sich unversönlich gegenüber, wirkten weder kompatibel noch synergetisch und brachten damit jeden Fortschritt im Sinne des Gemeinwohls zum Stillstand. Ja gefährlicher noch, strebten auf einen Rückschritt zu.

Es gab eine Gruppe von Menschen, die systembewahrend, aus Angst für immer als „Macht" unterzugehen, permanent den Fortschritt sabotierten. Dazu gehörte auch, existierende

---

[80] Interoperabilität = Fähigkeit der Zusammenarbeit von verschiedenen Systemen, Techniken, Technologien und Organisationen auf der Basis von Standards, im IT-Bereich, die Möglichkeit Informationen nahtlos und effizient auszutauschen.

technische Schnittstellen zu verleugnen, um einen reibungslosen und transparenten Informationsaustausch aller zu verhindern, immer wieder Sand in das Getriebe zu streuen.

Dann gab es eine andere Gruppe von Menschen, die verzweifelt versuchten, gesellschaftlichen Fortschritt umzusetzen. Dazu waren diese aber auf die Schnittstellen und die Interoperabilität angewiesen. Da die Bewahrer sowohl die Macht über die Schnittstellen in politischen Gefügen als auch in technischen Systemen besaßen, bestimmte sie die Richtung, in die sich das gesellschaftspolitische System hin entwickelte, Vertreter in Behörden und Führungskräfte in Konzernen, vielfach auch auf mittlerer Managementebene, die bereits Jahrzehnte an den Schnittestellen im System saßen, und die neben ihrem großen Sicherheitsbedürfnis und ihrer Arroganz gegenüber vermeintlich Schwächeren im System im Unterbewusstsein auch die Bürde einer großen Verlustangst trugen.

Um den Systemwechsel zu verhindern, hatte man systematisch in den letzten Jahrzehnten die Prozesse so justiert, dass es eigentlich keine Möglichkeiten gab, sich der Vorteile wissenschaftlich-technologischer Errungenschaften zu bedienen und diese für das Allgemeinwohl nutzbar zu machen.

Die staatlichen Systemen wurden immer weiter zurückgedrängt, sichtbar werdend zum Beispiel am Bedeutungsverlust von BAFÖG gegenüber konkurrierenden Finanzquellen privater Stiftungen, der Anzahl und Ausstattung öffentlicher Schulen im Verhältnis zu Schulen in freier Trägerschaft, an staatlichen Universitäten im Gegensatz zu Privaten Hochschulen und universitäre Forschungsinstitute im Wettbewerb mit außeruniversitären Forschungseinrichtungen, die vor allem private und industrielle Aufträge wissenschaftlich bearbeiteten. Und je mehr Geld in diese privaten Forschungsstellen floss, um so hochwertiger wurden die daraus resultierenden Entwicklungsergebnisse, die dann aber wiederum nur noch den Auftraggebern zur Nutzung und zur Verwertung zur Verfügung standen.

Und wie konnte es anders sein, schlug auch hier das Prinzip „Geld regiert die Welt" unbarmherzig zu. Der Kampf um die besten Köpfe tobte und mit jedem Tag aggressiver.

Er lockte mit den besten und modernsten Ausstattungen, mit Aufenthalten an Eliteuniversitäten in Großbritannien oder den USA, bot Hightech und höchsten technologischen, „vermeintlichen" Fortschritt.

Niemand fragte mehr nach dem eigentlichen „Warum?".

Das „alte" demokratische Staatsgebilde schien ausgedient zu haben, also ein guter Grund, um Macron auf seinen charismatischen Spuren zu folgen, neoliberal, alte Parteienlandschaften aufweichend, was per sé keinen schlechten Ansatz darstellte, wenn dies nicht dem alleinigen Ziel diente, dem Kapital eine nun entgültig zentrale Rolle zuzuweisen, Privatisierung über Demokratisierung, Marktwirtschaft über Soziokultur zu stellen und dafür die Spaltung Europas auszunutzen.

Und immer würden der „Geldadel" triumphieren, die unsichtbaren Netze industrieller, aristokratischer und militärischer Verflechtungen.

Auch in Deutschland wurden die Nationalsozialisten als „Kampfansage" positioniert. Sie riefen offen zum Krieg gegen Andersdenkende, zum Systemsturz und brachten damit die Militärmaschinerie wieder ins Rollen, so wie die letzten 70 Jahre nicht mehr und damit der Wirtschaft satte Gewinne.

Den Regisseuren dieses Dramas oder Drehbuchschreibern dieses realen Krimis war gleich, wer gewann. Die Neoliberalen auf eine sanfte Art oder die Natiaonalsozialisten in radikaler Weise. Das Ziel blieb das Gleiche. Und wie gut, dass auch Alice Weidel in guten Händen einer Fernseh- und Filmproduzentin ist, mit der sie zusammenlebt und die ihr das notwendige schauspielerische Rüstzeug täglich mit auf den Weg gibt. Ach ja, und Obermann ist natürlich auch über Maybritt

Illner erfolgreich mit den Medien verbandelt.

Welche Partei auch immer gewinnt, wer sich gerade in einer vermeindlichen Machtstellung profiliert, die Verwertung der Persönlichkeit im Rahmen einer medialen Vermarktungsstrategie ist bei allen gesichert.

Und auch das britische Empire und die transatlantische Achse könnte wieder in altem neuen Glanz erstrahlen und darunter die Profiteure dieser Entwicklungen glücklich machen.

Charmeoffensiven wie Macron oder Lindner gewannen nicht mit ihren politischen Vorstellungen, sondern auf Grund der begleitenden Imagekampagnen. Dies ist zwar traurig aber leider die Wahrheit. Und auf Grund ihres Egozentrismus verhalfen und verhelfen sie damit auf direktem Wege der entgültigen Privatisierung und dem Neoliberalismus zum Sieg. Ich bin mir noch nicht einmal sicher, ob nicht auch diese Personen aufwachen könnten, um zu erkennen, wo sie ihre Gedanken in eine falsche Zukunft steuern.

Um das alles zu toppen, dient eine weitere schöne Metaebene im übertragenen Sinne, „Aliens" vernichteten die Welt im Krieg, sie kommen, um die Ernte einzufahren oder die Welt erstrahlt im Glanze neuer Technologien. Allerdings dies unter der direkten Kontrolle einer zentralen wirtschaftsliberalen Ordnung. Sie würde der Welt vermeintlichen Forschritt neue Technologien und den Frieden bringen.

Aber auch den leisen High-Tech-Tod.

Sie würde die Mehrheit der Bevölkerung weiter unterdrücken und ausbeuten Die einen würden es bewusst erkennen, die anderen nicht wahrnehmen. Die Stärkung eines neoliberalen Systems bedeutet nichts anderes, als dass die neuen Technologien, die sich mittlerweile und jeden Tag mehr, in den Händen der Privatwirtschaft befinden, auf eleganten Wegen aus den Köpfen der Erfinder, aus den Hochschulen und staatlichen Einrichtungen direkt überführt in die privatkapitalistische Verwertungsmaschinerie wurden neue wirkungsvolle Instrumentarien bilden, vollkommen die Idee einer gerechten Welt für alle vergessen zu können.

In jedem Fall würden beide Wege zu einem Ergebnis führen: dem technologischen Totalitarismus.

Erschreckend.

Vor allem, wenn man als Etikette darauf „Liberalismus" klebte. Also ein glatter „Etikettenschwindel".

Aber da war der Konsument der Neuzeit ja bereits Kummer gewöhnt, voll von Neurosen und mittlerweile ermüdet und abgestumpft. Was machte es für einen Unterschied unter welchem System  man litt?

Hatte man es nicht glücklicherweise auch geschafft, durch äußere Zwänge und emotionale Beeinflussung den Sozialismus und die Ideen des Kommunismus den Menschen zu verleiden, diese komplett zu diskreditieren? Reichte es nicht heute, den Begriff Sozialismus nur auszusprechen und dieser erzeugte direkt eine emotionale Abwehrreaktion, wurde dieser doch sofort mit Mangel, Unterdrückung, Stasi, Diktatur und natürlich vielen negativen persönlichen Erfahrungen verbunden? Wurde die DDR bereits schon als symbolisches Modell zur psychologischen Steuerung einer Langfristentwicklung als eine Art Reallabor missbraucht?

Dabei existierte dieser von Marx angedachte Sozialismus oder auch der Kommunismus noch nie wirklich. Noch nie in der Menschheitsgeschichte gab es eine Zeit, in der die Menschen sich frei entfalten konnten, ohne permanent die Saboteure, die Verhinderer, die kapitalistischen Systembewahrer abwehren zu müssen. Und das dies Kräfte zehrte, Ressourcen verschlang, Menschenleben kostete und dieser Kampf so nicht zu gewinnen war, beweist ja die Geschichte.

Und mit jedem Tag, an dem Romy dieses Szenario in seiner vollen Tragweite immer bewusster wurde, um so stärker fühlte sie sich dadurch hilfloser und verzweifelter.

Immerhin hatten Polit- und Wirtschaftsstrategen dieses

Konstrukt nun bereits vor zweihundert Jahre „ersonnen" und permanent an seiner Perfektionierung gefeilt.

Wussten denn diejenigen, die von sich annahmen, dass sie die Welt retten würden eigentlich, dass sie in gutem Glauben auf das gleiche ungute Ziel zusteuerten, den Totalitarismus, nur auf einem anderen Weg? Das sie gutgläubig den errichteten Fassaden hinterherliefen und glaubten, was ihnen Medien und Presse suggerierten, die es gleichfalls oftmals nicht besser wussten?

Welchen politischen Strömungen sich die Bürger anschlossen, schien mittlerweile vollkommen egal, denn letztendlich würde sich „London"[81] und mit ihm ein technologisch totalitäres monarchisch, aristokratisch, imperialistisch geprägtes und industriell gesteuertes System durchsetzen, das vor allem die nachhaltige Ausbeutung des Volkes zum Ziel hatte.

Doch es gab noch eine Chance.

Und die bestand darin, einfach umzudenken.

Radikal.

Anders.

Von hinten nach vorne, von unten nach oben. Sich das Leben so vorzustellen, wie man es leben wollte und dann alles, was damit nicht im Einklang stand, wegzurationalisieren oder radikal zu verändern.

Die „herrschende Klasse" hatte dies bereits über Jahrhunderte getan. Für sie bestand das einzige Ziel zu bewahren, zurückzuerobern was an Macht verloren ging, zu verhindern, was sich als existenzielle Gefahr herausstellen könnte.

Geschichtliche „Ausrutscher" in Form „unkontrollierter" Revolutionen, wie die Novemberrevolution von 1918, sollten sich nicht wiederholen und würde es „dann" auch nicht mehr geben, wenn sich das globale Netz der Datenströme schloss.

---

[81] Gemeint als Methapher für die Zentrale eines imperialistischen Machtgebildes, welches in der Mitte des 19. Jahrhunderts mit der Auseinandersetzung gegen die Arbeitsklasse, mit Klassenkämpfen und der Industrialisierung seine wissenschaftlich-technische Vorherrschaft begann. A.d.A.

Schließlich wusste man, wie man Revolutionen auslöste, steuerte, diese aber auch beendete. Und sowohl die Technologien als auch die Mittel dafür existierten: zum Auslösen plötzlicher Rezessionen, von Naturkastrophen, zur Beeinflussung der öffentlichen Meinung, zur Planung von Terror, zur Initierung von Protesten, um bestehende Institutionen in Frage zu stellen, zur Entsolidarisierung mit gesellschaftlichen Gruppen, Ideologien, zur Forcierung von Schwäche, Uneinigkeit und Ineffizienz, zur Infiltration von Bewegungen, zum Schüren von Intrigen, zum Aufbau psychischen Drucks, zum Auslösen von Krankheiten, zum Beauftragen von Morden.

Die gesteuerte Überführung in ein neues politisches System würde damit auch nur dann erfolgen, wenn es auch hilfreich sein würde, um die eigene symbolische Macht zu erhöhen.

Warum auch nicht?

Wenn sich letztendlich an den ökonomischen Machtverhältnissen nichts änderte? Wenn das Volk dadurch „beruhigt" sein würde, da es sich zum Beispiel emotional an einem Feindbild „abreagierte" und dann stolz auf die eigenständig neu geschaffene Welt war - voller Barmherzigkeit, Liebe, Wohlfahrt, ohne Massentierhaltung, mit Bienen, mit Demeterhöfen und Fahrrädern, Vegetarisch, Vegan und Yogaentspannt? Und wenn die wirtschaftlichen Kreisläufe dadurch genauso weiter wie geschmiert ihre Profite abwarfen?. Wenn daraus sogar noch finanzielle und strukturelle Vorteile erreicht würden?

Perfekt.

Ob das wirklich allen oder wenigsten vielen bewusst war? Dass zwar alle auf einen Plan B orientiert wurden, ein Plan, der anscheinend sich den bösen Nazis widersetzte, dabei aber direkt in die Fänge der „netten" Rattenfänger lief.

Romy hoffte inständig, dass die Weltgemeinschaft dieses strategische Spiel längst durchschaut hatte, die ständigen „Ménage à trois"-Spiele, die multiplen Dreiecksbeziehungen auf den verschiedensten Ebenen durchschaute, bei denen sich jeder vermeintlich an der Seite eines „Freundes" sah, dies aber nur zeitweilig wirklich war, je nachdem, und dabei immer wieder gegen die anderen ausgespielt wurde und eigentlich nur ein „Partner" die Beziehungen je nach Interessenslage steuerte?

Spieltheorie eben.

Aus Romys Sicht mussten die Konflikte zwischen Juden und Nationalsozialisten auf einer ganz anderen historischen Ebene gesucht werden, eben dort bereits, wo das Rote Kreuz und der Vatikan Adolf Eichmann, einem Naziverbrecher zur Flucht nach Argentinien verhalfen, einem angeblich nichtdenkenden Befehlsempfänger, einem „Bioroboter", einem „nobody"?

Oder eben noch viel viel früher.

Bereits ab 1860 stand der Begriff „Nationalsozialismus" im Raum. Allerdings aus einer Kombination aus „nationalistisch" und „sozialistisch".

Und Nationalismus bedeutete nichts anderes, als dass sich Mitglieder einer Nation miteinander solidarisierten, mit der eigenen Nation identifizierten und dies mit einem souveränen Staat verbinden wollten. Zu Beginn waren die Erfolge von Nationalismus mit aufklärerischen Staatsmodellen verbunden. Erst später wurde dieser Begriff negativ belegt mit monarchistischen, post-kolonialen, realsozialistischen und faschistischen Systemen bis hin dann zu „dem" Nationalsozialismus.

Auch Demokratien verfolgen nationalistische Ziele und das ist normal und legitim. Und auch der Begriff „sozialistisch" ist per sè nicht falsch. Im Mittelpunkt stehen und standen die Grundwerte Gleichheit, Gerechtigkeit und Solidarität.

Erst 1890 wurde der Begriff Nationaler Sozialismus[82] zunehmend in eine negative Richtung gedrängt.

---

[82] https://de.wikipedia.org/wiki/Nationaler_Sozialismus.

Schaut man sich noch die ersten Ideen von Friedrich Naumann[83] an, der den Deutschen Werkbund und die *Deutsche Demokratische Partei* (DDP)[84] mit begründete, dann sieht man wenig, was die heutige missbräuchliche Nutzung der Begriffe *nationalistisch* und *sozialistisch* rechtfertigt. Eher stellte dieser in seiner Verbindung einen versöhnlichen dritten Weg dar, um gegensätzliche Modelle zu einen.

1896 gründete Naumann den Nationalsozialen Verein[85], der als politische Partei nationalistische, sozialreformerische und liberale Ziele miteinander verband. Naumanns Konzepte hatten einen erheblichen Anteil am Wiederaufleben des Linksliberalismus ab 1910. Und auch hier wurde wieder ein politischer Kriminalfall ins Leben gerufen, nämlich die Verwischung zwischen Linksliberalismus und Sozialliberalismus. Heute werden sie als eine Begrifflichkeit dargestellt, obwohl sie ganz unterschiedliche Ansätze verfolgten.

Während der Linksliberalismus eine Akzeptanz staatlicher Eingriffe ins Wirtschaftsleben verfolgte, Bündnisse mit der Sozialdemokratie einging, eine hohe Affinität zu pazifistischen Positionen besaß bis hin zur Friedensbewegung stand Theodor Hertzka[86] explizit als österreichischer Nationalökonom, Journalist und Publizist für die Prägung des Begriffs Sozialliberalismus. Aus einer konservativen jüdischen Familie stammend, vertrat er vor allem den wirtschaftlichen Fokus. Dass Naumann, der 1919 Mitglied der Weimarer Nationalversammlung war und sich zeitlebens für den Parlamentarismus einsetzte, für eine „Neudeutsche Wirtschaftspolitik", für die freie Entfaltung der Gewerkschaftsbewegung, für ei-

[83] Friedrich Naumann (geb. 1860 bei Leipzig, gest.1919 Travemünde) - evangelischer Theologe und liberaler Politiker.

[84] DDP = Linksliberale Partei in der Weimarer Republik, ging aus der Fortschrittlichen Partei hervor. - https://de.wikipedia.org/wiki/Deutsche_Demokratische_Partei.

[85] https://de.wikipedia.org/wiki/Nationalsozialer_Verein.

[86] https://de.wikipedia.org/wiki/Theodor_Hertzka.

nen Industrieparlamentarismus, der die Mitbestimmung von Arbeitnehmern als Mittel zur Demokratisierung der Gesellschaft sah, der eine Staatsbürgerschule gründete, der gegen den Versailler Vertrag eintrat, welches dem Deutschen Reich die alleinige Kriegsschuld zuschrieb und zu erheblichen Reparationszahlungen heranzog, dieser Friedrich Naumann starb plötzlich an einem, wie man vermutet: Schlaganfall?[87]

War dies wieder ein „Fall", der nie als politischer Mord historisch in Erscheinung trat, zu dem nie ermittelt wurde und der dadurch nie aufgeklärt wurde?

Ein Fall aber, wo so vielschichtige erdrückende Indizien existierten, eine so hohe Motivation in industriellen, aristokratischen, monarchischen und Kirchenkreisen bestand, diesen Multiplikator einfach zum Schweigen zu bringen und das mörderische Kriegsinstrumentarium wieder einzusetzen?

Wieder ein Fall für Forensiker auf den Spuren des Einsatzes psycho-phyischer Waffen zur Korrektur möglicher ungewollter gesellschaftspolitischer Entwicklungen?

Und dass nun die FDP auf eine Umbennung ihrer Friedrich-Naumann-Stiftung für die Freiheit[88] drängte, weil Naumann angeblich kein Linksliberaler gewesen sei, dafür angeblich aber Eugen Richter[89], der für die konstitutionelle Monarchie eintrat, den Kulturkampf gegen die Katholische Kirche ablehnte, die Sozialdemokratische Partei bekämpfte?

Dieser sollte ein besserer Linksliberaler gewesen sein?

---

[87] https://www.dhm.de/lemo/biographie/friedrich-naumann.

[88] www.handelsblatt.com/politik/deutschland/neuer-name-fuer-fdp-stif-tung-friedrich-naumann-war-kein-Liberaler/10188754.html.

[89] Eugen Richter (geb. 1838 in Düsseldorf - gest. 1906 in einem Vorort von Berlin) - deutscher Politiker und Publizist im Deutschen Kaiserreich, einer der ersten Berufspolitiker und Vertreter des Manchesterliberalismus, einer Freihandelsbewegung in Großbritannien im 19. Jh., eine Extremform des wirtschaftlichen Liberalismus aus klassischer Nationalökonomie, klassischem Wirtschaftsliberalismus und Utilitarismus, vertraut auf den Markt. vgl. https://de.wikipedia.org/wiki/Manchesterliberalismus und https://de.wikipedia.org/wiki/Eugen_Richter.

Dass sein Vater wie sein Großvater Militärarzt waren, machte ihn in Romys Augen allerdings nicht vertrauenswürdiger. Aber dafür konnte er ja nichts. Auch nicht, dass er in Bonn Rechts- und Kameralwissenschaften studierte, dass er berühmt damit wurde, in Massenauflagen dystopische Szenarien unters Volk zu bringen, entwickelt aus einer Vermengung von Science Fiction Szenarien mit Ideen von August Bebel und auch nicht, dass ihm 1855 die Aufgabe übertragen wurde, eine Rede zum Geburtstag des preußischen Königs Friedrich Wilhem IV zu halten und dass er diesen Anlass nutzte, unbedingt auf die Verfassungsrechte und angestammten Freiheiten in der Schweiz und den Niederlanden hinzuweisen.

Aber merkwürdig erscheint es doch. Eine sehr zerrissene politische Bilanz sollte man annehmen. Doch bestimmt nicht ganz ungeplant. Dass er ein Hardcore-Manchesterliberaler war, ist unbestritten. Und damit Anhänger des Manchestertums, als Kampfbegriff gebrandmarkt für eine Ideologie, die nur den englischen Interessen diente? Stellvertretend für eine Stadt, die wie keine andere für die Industrielle Revolution stand, in der die meisten Arbeiter zu Hungerlöhnen angestellt wurden und unter erbärmlichen Zuständen leben mussten?

Das sollte nun die neue Ausrichtung der FDP symbolisieren?

Romy war sich nicht sicher, ob sich die Partei mit einer solchen Entscheidung einen Gefallen tat und sich damit zukunftsfähiger aufstellte. Oder wollte sie sich damit endgültig vom Parkett der deutschen politischen Geschichte verabschieden?

Und auch der zweite Gegenvorschlag zu Friedrich Nauman, künftig stärker in der Tradition von Hermann Schulze Delitzsch zu wirken, einem Partrimonialrichter, der über mehrere Rittergutsbezirke wirkte, der in einer Burschenschaft sich den Prinzipien der Urburschenschaft von 1815 verpflichtet fühlte, der sich in der Freimaurerloge engagierte, dessen

Bruder mit dem Apothekerlehrling Theodor Fontane zusammenarbeitete, schien auch keine glücklichere Entscheidung zu sein. Aber anscheinend waren dies für viele einfach nur Namen und nur wenige würden prüfen, welche Vorschläge aus der Führungsspitze kamen. Es würde schon richtig sein.

Ob diese das notwendige politische Fingerspitzengefühl bewies, sich als eine freie demokratische Partei in Deutschland wieder für die Zukunft aufzustellen?

Selbst das Engagement von Schulze-Delitzsch für Genossenschaften war umstritten, da diese ausschließlich auf der Solidarhaftung beruhten, jegliche Unterstützung von Staat ablehnten und ausschließlich auf der Idee von Selbsthilfe und Selbstverantwortung fußten und damit Anlass für heftige Auseinandersetzungen mit Friedrich Wilhelm Raiffeisen und Ferdinand Lassalle boten.

Angedacht waren wohl eher Genossenschaften im Sinne aristokratischer Interessen, die den Rückbau in eine Gesellschaftsordnung des Feudalismus favorisierten? Und bei seinem Parteiengagement befand er sich oft in Abspaltungskonflikten. Schon sonderbar.

Für Romy erschienen beide Kandidaten für die Aufstellung der FDP als eine linksliberale Partei eine denkbar schlechte Wahl.

*****

Und auch die internationale Rotkreuz- und Rothalbmond-Bewegung oder besser das Internationale Komitee vom Roten Kreuz (IKRK)[90], 1863 ggr. als älteste medizinische Hilfsorganisation, bot ausreichend Stoff, um kriminalistisch tätig zu werden.

Wurde hier eine Institution begründet, die involviert in ein „Spiel" war, welches Nazis, wie Adolph Eichmann zur Flucht

---

[90] [International Committeee of the Red Cross [CH] | https://www.icrc.org/de.

verhalf, auch die Menschheit mit psycho-physiologischen militärischen Methoden aufeinanderhetzte?

Und wo lagen die eigentlichen Wurzeln für diesen Krimi?

Romy war sich klar, dass es nicht möglich sein würde, alle Institutionen hinsichtlich ihrer Rolle in der Geschichte im Detail zu betrachten, allerdings bot das IKRK schon im Hinblick auf seine „vermeintliche" Doppelpositionierung in der Geschichte als originäres nichtstaatliches Völkerrechtssubjekt, das zufälligerweise an allen Kriegen der Welt „beteiligt" war, einigen Anlass für Hypothesen. Ursprünglich mit einem guten Ziel gedacht, von den Schrecken des Krieges berührt, schrieb Henry Dunant[91], 1862 ein Buch, in dem er über seine Erfahrungen über erschreckende Zustände bei Verwundeten nach einer Schlacht in der Nähe der italienischen Stadt Solferino zwischen der Armee Österreichs und Frankreichs berichtete und sendete dieses Buch auf seine eigenen Kosten an die Herrscherhäuser der europäischen Großmächte. Er regte an, dass freiwillige medizinische Hilfsorganisationen für die Versorgung von Verwundeten eingesetzt, dass Verträge über den Umgang mit Kriegsverwundeten erarbeitet und abgeschlossen werden sollten, womit er den Grundstein für das Rote Kreuz 1876 legte,

Anscheinend änderte sich allerdings dessen Mission, als im Jahr 1919 die Liga der Rotkreuz-Gesellschaften in Paris gegründet wurde, auf Anregung des damaligen amerikanischen Präsidenten der Rotkreuz Gesellschaft, Henry Pomeroy Davison, einem amerikanischen Bankier, gefolgt von John Barton Payne, einem amerikanischen Rechtsanwalt, die als Chairmann die Geschickte dieser Bewegung steuerten.

Wie auch bei den anderen geschichtlichen Kriminalfällen, rund um Institutionen, aber auch Bewegungen, wird vor

---

[91] Henry Dunant (1929 in Genf - 1910 in Heiden) - Schweizer Geschäftsmann, Humanist christlicher Prägung, lebte drei Jahrzehnte lan in Armut und Vergessenheit, stark sozial verantwortlich engagiert. - https://de.wikipedia.org/wiki/Henry_Dunant.

allem auch hier wieder mit begrifflichen Missverständnissen gespielt. In der Annahme, den Ursprüngen positiver verantwortungsvoller Ideen zu folgen, wurden diese bereits dem Kommerz geopfert. Wer würde schon vermuten, dass heuter hinter dem Internationalen Rote Kreuz Komitee weder eine nichtstaatliche Organisation steckte, noch eine internationale, sondern es sich ausschließlich um eine private Vereinigung nach Schweizer Vereinsrecht handelte, die sich aus 15 bis 25 Schweizer Bürgern zusammensetzte? Dessen Finanzierung erfolgt zum größten Teil durch die Schweiz als Depositarstaat[92] des Genfer Abkommens[93]. Das Vereinigte Königreich trat dem Abkommen 1865 bei.

Sicherlich war neben der Führung durch amerikanische Bankiers oder Juristen auch der Zweck dieses Vereins ein trifftiger Grund, misstrauisch zu werden.

Das IKRK konzentrierte sich alleinig auf den Schutz und

---

[92] Das Gesamtbudget im Jahr 2011 betrug 1,23 Mrd. Schweizer Franken davon 185 Millionen Schweizer Franken für „interne Kosten" (14,9%), davon 385,5 Millionen Schweizer Franken für Einsätze in Afrika, 89,4 Millionen in Afghanistan, im Irak mit 85,8 Millionen und im Sudan mit 82.8 Millionen.Aktivste Gesellschaften das Amerikanische Rote Kreuz, das Britische Rote Kreuz und das Deutsche Rote Kreuz sowie die Rotkreuzgesellschaften von Schweden und Norwegen.Nationale Rotkreuz- und Rothalbmond-Gesellschaften finanzieren ihre Tätigkeiten durch staatliche Zuschüsse der Regierungen und Behörden, durch Spenden und Einnahmen aus wirtschaftlichen Betätigungen und Dienstleistungen im Gesundheitssektor. Je nach Rechtslage Anerkennung als gemeinnützig tätige Organisation.

[93] Genfer Konventionen - zwischenstaatliches Abkommen. Regeln zum Schutz von Personen im Kriegsfall, 1864 von zwölf Staaten unterschrieben „betreffend die Linderung des Loses der im Felddienst verwundeten Militärpersonen", geschichtlich unklar, warum man annahm, dass in kurzer Zeit sehr viele Kriege zu erwarten wären „ius ad bellum" (Recht Krieg zu führen), Krieg wurde als unvermeidbar definiert, Rotes Kreuz als Bindeglied zwischen Staat und Armee einerseits und der Bevölkerung andererseits, sehr großzügige Förderung, zur Aufrechterhaltung des Kriegswillens der Bevölkerung, den Eindruck einer bestmöglichen Versorgung der Soldaten zu vermitteln.

die Hilfe von Menschen, die von bewaffneten Konflikten betroffen waren und die in Krisenregionen der ganzen Welt lebten.

Was würde diese Institution wohl anfangen, wenn es keine bewaffneten Konflikte mehr gäbe? Was, wenn plötzlich weltweit wieder Friedensbewegungen den Krieg als ein Mittel der Politik einfach abschaffen würden?

Und was, wenn klar würde, dass die „bürgerlichen" Friedensbewegungen vielleicht doch die Bedeutung des seit etwa 1890 entstandenen „Antimilitarismus[94]" sozialistischer Gruppen und Parteien unterschätzt hatten? Was, wenn doch wieder zum Verständnis gehören würde, dass Krieg als Auswuchs des Kapitalismus untrennbar mit diesem verbunden war, weil er für sich für den Systemerhalt als notwendig erwies und damit vor allem das revolutionäre Handeln der Menschheit weltweit verhindern wollte, die einen Systemwandel für erforderlich hielten?

Diejenigen, die gerade in Zeiten von „Skripal" aus Romys Sicht intrigant die westliche Welt hinsichtlich ihrer „Freundschaft" blind zur Solidarität verpflichteten, hatten bereits über die Jahrzehnte viele Netze und Seilschaften gestrickt, um ihre politischen Ziele und gesellschaftspolitischen Strategien langfristig durchzusetzen, über psycho-physische Methoden, über Wohlfahrtsaktivitäten, Charity, über medizinische Forschungsprojekte, über Mysterien, technologische Wunder und Tricksereien, die sich gut über psychologische Methoden initiieren ließen,. Mittels einer „Matrix" unsichtbarer Waffensysteme kontrollierten sie anscheinend nicht nur Institutionen, Geheimdienste, Militär, einzelne Individuen sondern mittlerweile auch große Gruppen.

Und anscheinend sahen die vermeintlichen „Freunde" des Vereinigten Königreiches nicht, welche gesellschaftspolitischen Monster ihnen mittlerweile unsichtbar gegenüber-

---

[94] https://de.wikipedia.org/wiki/Antimilitarismus.

standen, wobei allerdings die Schuldigen aus Romys Sicht nicht nur in der Königsfamilie, also der Monarchie selbst zu suchen waren, auch wenn die Medien bereits von einer Royality 2.0 berichteten und damit implizierten, dass die Königshäuser der Gesellschaft „immer einen Schritt" voraus waren und königliches Theater spielten. Romy glaubte dies aber auch nur zum Teil. Sie glaubte nicht, dass Prinz Harry und Meghan wirklich bewusst waren, für welches „Spiel" sie in letzter Konsequenz auf dieser Weltbühne standen.

Wer sie aber dazu befähigte, motivierte, lenkte musste wohl in einem anderen Zusammenhang geklärt werden.

*****

„Wenn du erlaubst, möchte ich noch ein paar weitere gedankliche Abstecher in die Geschichte einschieben."

Dieser Satz kam nur leise über Romys Lippen, bereits das Aufstöhnen von Katharina befürchtend, denn mittlerweile hatte sie ja schon wieder mächtig ausgeholt und war weit vom eigentlichen Thema abkommen.

Aber Katharina hatte sich mittlerweile an die Sprünge von Romy gewöhnt.

„Mach ruhig. Es wird schon seinen Grund haben, warum du denkst, dass dies jetzt wichtig wäre."

Die Geduld von Katharina schien mittlerweile unendlich.

„Ja. Ich würde gern noch einmal den Bogen zur Monarchie spannen, denn diese Klasse fasziniert die Welt aktuell wieder stärker. Inwieweit die Royality 2.0 als alleiniger Strippenzieher für die Wiederbelebung des British Empires verantwortlich ist, ist meines Erachtens nicht eindeutig. So wie in allen Gruppen und Klassen, Parteien, Institutionen und Unternehmen, gibt es eben immer „menschliche Schwachstellen", die dann eben nachhaltig den Ruf dieser beschädigen.

Vielleicht möchte ich dies deshalb auch an dieser Stelle

nur einflechten, um aus geschichtlicher Sicht darüber zum Nachdenken anzuregen, dass es eben weder „die" Monarchie, „das" System, „die" Juden, „die" Nationalsozialisten oder „die" Telekom gibt. Es gibt eben leider überall Menschen, die sich irgendwann einmal falsch entschieden haben. Ob sie verführt, manipuliert, erpresst wurden, ist dabei oft am Ende einer solchen „Karriere" nicht mehr eindeutig feststellbar. Und oft glaube ich, ist ihnen die Tragweite ihres Handelns oder mancher Entscheidungen nicht wirklich bewusst."

„Ich sehe schon, du suchst wieder nach Entschuldigungen für Fehlverhalten heute und im historischen Kontext, richtig? Sozusagen psychologische Erklärungen für die Mordfälle der Vergangenheit?" Katharina winkte ab und setzte sich noch einmal bequemer.

„Morde sind in jedem Fall unentschuldbar, das steht fest. Aber es gibt psychologische Rahmenbedingungen, die jeden Menschen, und wenn ich sage jeden, dann meine ich auch jeden, zu einem Mörder machen können. Natürlich gibt es dann für mich auch Erklärungen, die die volle Verantwortung für sein Handeln vom einzelnen Individuum nehmen. Aber eigentlich wollte ich ja auf etwas anderes hinaus. Mittlerweile haben wir schon wieder so viele Nebenthemen betrachtet, dass ich kaum noch weiß, worin eigentlich der Ausgangspunkt bestand."

„Eigentlich immer noch die Telemedizin und die Rolle Londons als royales Zentrum der Macht."

„Ok. Jetzt bin ich wieder im Film. Das ist aber wirklich schon ein riesiger Bogen, den du da schlägst. Aber wahrscheinlich geht es nicht anders, richtig?"

„Aus meiner Sicht nicht. Und wahrscheinlich kommt da noch ein bisschen mehr. Aber wenn wir die Vergangenheit nicht verstehen, werden wir die Gegenwart nicht begreifen und schon gar nicht positiv die Zukunft gestalten können.

Und da ich mich vorher noch nie mit Königshäusern befasst

habe, sind mir dabei auch einige neue Erkenntnisse gekommen, die vieles logischer erscheinen lassen."

„Na, dann mach mal weiter mit deinen royalen Gedanken."

„Ich denke einfach, dass sie nicht die alleinigen Strippzieher gegenwärtiger wirtschaftspolitischer Entwicklungen sind. Vielleicht ist ihnen bewusst, dass ihre monarchische Existenz als Macht nur noch an einem seidenen Faden hängt. Und vielleicht haben sie sich auch auf bestimmte Deals eingelassen - eben ökonomische Macht heiratet symbolische Macht.

Sicher sind sie machtbewusst genug, auch existenzsichernde Entscheidungen zu treffen.

Vor allem sollte man nicht jedem Hochglanzjournal trauen, dass über die heile Familienwelt der Royals berichtet. Was man sicherlich nicht unterschätzen darf ist, dass die Queen emotional sehr kontrolliert und beherrscht auftritt, fast kalt ihre Aufgaben erfüllt. Sicherlich legt dies an manchen Stellen die Assoziation nahe, dass sie wie eine Marionette ihre Pflichten abarbeitet. Als Diana starb mussten Regierung und Presse ihr erst klar machen, dass sie ohne öffentlich präsentierte Traurigkeit die Monarchie aufs Spiel setzte. Und während die Übertragung bei ihrer Ansprache wie immer ein starres Gesicht der König einfingen, kommentierten BBC und Tony Blair diese als hochemotionale Rede. Romy konnte, so wie immer, keine Regungen der Queen erkennen. Sie war kontrolliert wie immer. Sicherlich auch dies ein Grund für den gegenwärtigen Schritt, die nächsten Generationen der monarchischen Eliten mit professionellen ausgebildeten Darstellern zu besetzen, um diesem Karussel der Macht neben der symbolischen Macht auch eine sympatische und volksnahe Außenwirkung zu verpassen.

Aber ich denke, dass eine viel größere Rolle „Beamte" oder Manager im royalen Apparat spielen. In den Geheimdiensten, im Militär, in Forschungsstellen und auch in der Regierung. Die Königsfamilien sind für die symbolische Macht zuständig, mit deren Hilfe allerdings auch nicht unerhebliche Wirtschaftskreisläufe konstruiert werden und die riesige finanzielle Mittelstöme in Bewegung halten[95]. Auch wenn die Monarchie auf Machterhalt aus ist, um die notwendigen „kaufmännischen" Abwicklungen, aber auch die militärischen Langzeitstrategien kümmern sich andere. Das muss aber nicht in allen Ländern so sein. Die Queen schaffte es laut „Forbes" 2008 gerade einmal auf Platz 12 mit geschätzten 650 Millionen US-Dollar. Die fünfzehn reichsten Königshäuser teilen sich geschätzt 131 Milliarden US-Dollar. Spitzenplätze belegen dabei arabische Ölscheichs. Mit 23 Milliarden US-Dollar belegt das Staatsoberhaupt der Vereinigten Arabischen Emirate, Scheich Khalifa bin Zayed El Nahan aus dem Ölgeschäft und Imobilien Platz 2. 7,5 Milliarden Dollar investierte er in die angeschlagene Citybank. Und Thailands verstorbener König Bhumipol Adulyadej besaß 35 Milliarden, die er in den letzten Jahren verstärkt ins Versicherungsgeschäft investierte. Und trotz Trennung zwischen Königshaus und Staat nehmen viele enormen Einfluss auf die Politik bis hin zur Absetzung von Premierministern, wie in Thailand Thaksin Shinawatra. Rund eine Milliarde Dollar pro Jahr nimmt König Abdul Aziz aus Saudi-Arabien mit dem schwarzen Gold seiner Ölquellen ein und ihm selbst gehören mindestens 21 Milliarden. Dem Sultan von Brunei gehören, trotz knapper werdender Ölreserven immerhin noch 20 Milliarden privat. Und der Herrscher von Dubai, Scheich Mohammed bin Rashid besitzt rund 18 Milliarden und als Hauptaktionär der Dubai Holding Aktien an dem Banken und Versicherungsgigangten HSBC, Sony und Immobilienholdings. In Kentucky besitzt er eine 15000 Quadratkilometer große Farm und auch in Australien für 460 Millionen Dollar. Als erster Europäer steht auf Platz 6 der

---

[95] vgl. Gratzla, Daniel: Viele Könige sind nur nur Herrscher über ihr Land, sondern auch über mächtige Wirtschaftskonzerne. - In: FOCUS-online, 22.08.2008. https://www.focus.de/finanzen/news/tid-11574/Vermoegen-die-reichsten-royals-der-welt_aid_326746.html.

Forbes Liste Fürst Hans-Adam II.

Noch nie gehört?

Er besitzt eine Familienbank in Liechtenstein, LGT, fünf Milliarden Privateigentum, 200 Quadratkilometer Land in Österreich und in Wien mehrere Paläste aus dem 17. Jahrhundert.

Und Katar steht mit dem höchsten Pro-Kopf-Einkommen der Welt auch nicht schlecht da. Scheich Hamad bin Khalifa El Thani, als Absolvent der britischen Sandhurst-Akademie investierte das Startkapital für den arabischen Nachrichtensender El Dschasira und desssen englische Ausgabe. So haben sich die Netzwerke der Macht über Medien und Militär neu sortiert. Der marokkanische König Mohammed VI. regiert seit 1999 und verdient mit Phosphatminen, Landwirtschaft und seiner Beteiligung am größten öffentlichen Unternehmen Marokkos ONA sein Geld. Die ONA-Gruppe, ggr. 1934 wirkte erst als staatliches Unternehmen in allen Bereichen von Landwirtschaft über Telekommunikation, Erneuerbare Energien, Bergbau, Wachstumsmärkte. Im Jahr 2010 beschloss man dann allerdings mit der Societe National d'Investissement zu fusionieren, einer privatwirtschaftlichen Gruppe in den Händen der Monarchie. Womit sich nun auch die Schlüsseltechnologien in deren Händen befinden. Mohammed VI.[96] lässt sich seine königliche Hofhaltung vom Steuerzahler mit 230 Millionen US-Dollar im Jahr finanzieren, er besitzt Paläste, eine exzellente Jura-Ausbildung und hat an der französischen Universität Nizza Sophia-Antipolis promoviert. Und als intellektueller König der Armen regiert er als einer der reichsten Könige weltweit. Seine Macht lässt er sich kaum einschränken und auf solche Entwicklungen wie den Arabischen Frühling reagierte er mit „besonnener Diplomatie", die auf Zeit spielt.

Da die Ressourcen in all diesen Ländern endlich sind,

---

[96] https://de.wikipedia.org/wiki/Mohammed_VI._(Marokko).

stehen Expansionen in andere Territorien, Märkte und Geschäftsfelder weiterhin als wirtschaftliche Ziele an oberster Stelle.

Allerdings gehört keines dieser Länder, mit ihren superreichen Monarchen an der Spitze, zu den Mitgliedsländern der Commonwealth Staaten, die nun wieder, nach dem „Brexit" des Vereinigten Königreiches, durch die Queen auf gemeinsames Handeln zur Wiederbelebung eines britischen Empires einschworen werden.

„Weißt du Katharina, was ich vor allem sehr eigenartig finde?"

„Was denn?"

„Dass, obwohl diese wirtschaftlichen Entwicklungen und die damit verbundenen politischen Entscheidungen so klar sichtbar sind, Mahnungen und Hinweise, die die Umsetzung einer Strategie zur Schaffung einer „Neuen Weltordnung" betreffen, immer noch in der öffentlichen Wahrnehmung als verschwörungstheoretischer Mumpitz abgetan werden können."

„Das stimmt. Aber ich denke, weil einfach kaum jemand sich die Zeit nimmt oder auch hat, komplexer in diesen Zusammenhängen zu denken."

„Aber immerhin begann die Entwicklung dieser Strategie bereits Ende des 19. Jahrhunderts, als klar wurde, dass die neuen Technologien eine große Gefahr bedeuteten, dass Armutsverhältnisse beendet würden und die Ausbeutung durch entfremdete Arbeit vielleicht bald keine Rolle mehr spielen würde."

„Ich glaube, dass die wenigsten Menschen in solchen Zeiträumen denken. Deshalb können sie sich kaum vorstellen, dass es andere Menschen gibt, die ohne weiteres Langfriststrategien planen und dann auch mit Geduld und Disziplin diese umsetzen."

„Das mag sein."

„Dass die Monarchie zur Geschichte der Menschheit dazugehört ist Fakt, aber es muss natürlich nicht die Klasse bleiben, die auch in der Zukunft die Welt regiert. Mittlerweile sollten weltweit ja auch genügend intelligente Menschen den Zusammenhang zwischen Krieg, Terror, Fluchtbewegungen, psychischen Erkrankungen, der fehlenden Einführung neuer Energien, der Verteilung der Finanzen oder der Versorgung mit Breitband verstanden haben.“

„Da bin ich mir ehrlich gesagt nicht so sicher.“

„Dann lass mich trotzdem noch kurz den Schlenker in die Geschichte zurück machen, um den Bezug zum Anfang des 20. Jahrhunderts herstellen zu können.“

„Ich höre dir weiter gespannt zu“, konnte sich Katharina mit leicht ironischem Unterton nicht nehmen lassen zu antworten.

Und Romy setzte ihren gedanklichen Abstecher in die Welt der Könige fort.

*****

Monarchen, wie Wilhelm IV.[97] reformierten zum Beispiel die Verwaltung Englands und Hannovers und setzten sich für die Erneuerung einer veralteten Ständeordnung ein. Weil aber das Erbrecht Hannovers eine Frau auf dem Thron verbot, trennten sich an dieser Stelle die Königreiche Großbritanniens und Hannovers durch die Übernahme der Geschäfte von Victoria[98].

In ihrer langen Regierungszeit (1837 - 1901), als es einerseits zur politischen, kulturellen und wirtschaftlichen Blüte des „Victorianischen Zeitalters“ kam, andererseits aber auch der Machtverlust der Monarchie durch eine konstitutionelle

---

[97] Wilhelm IV. - geb. 1765 - gest. 1837. - https://de.wikipedia.org/wiki/Wilhelm_IV._(Vereinigtes Königreich).

[98] https://de.wikipedia.org/wiki/Victoria_(Vereinigtes Königreich)..

Parteiendemokratie zu konstatieren war, begannen vor allem aber die Auseinandersetzung zwischen Industriellen und der revolutionäre Arbeiterbewegung an Schlagkraft zu gewinnen.

Die Menschen spürten die Ausbeutung. Und der physische Druck entlud sich in Aggressionen und Wut, verbunden mit dem Verlust der symbolischen Macht der herrschenden Klasse. Den Machthabern wurde klar, um weiterhin eine nachhaltige Machtpolitik durchsetzen zu können, mussten sie mit einem „Weichzeichner" über die emotionale Lage des Volkes gehen, ein positives Grundgefühl erzeugen, ein begeisterndes Image aufbauen. Musik, Funk, Film und Fernsehen stellen dabei die wichtigsten emotionalen Steuerungsinstrumentarien dar. Desweiteren gehören die Prinzipien „Zuckerbrot und Peitsche", „Teile und Herrsche" und Kontrolle zu den zentralen traditionellen wie modernen Methoden des Machterhaltes. Natürlich galt als oberstes Ziel seit dieser Zeit, Vernetzungen der Proletarier aber auch anderer Gruppierungen untereinander zu verhindern. Und wenn sie nicht zu verhindern waren, diese zu infiltrieren, über „befreundete" Persönlichkeiten zu spalten oder in andere Richtungen zu lenken. Aber natürlich auch einzelne, fortschrittlich denkende Menschen, die nicht „bekehrt" werden konnten, immer wieder gezielt „auszuschalten" oder für die eigenen Ziele zu missbrauchen. Sicher wurde gerade die auf Tugenden und Werte basierde Monarchie erstmals mit Eduard VII. in diese industrialisierte und kommerzielle Richtung gedrängt.

Victoria hinterließ, wenigstens formal den Anschein, sich um ein friedliches Miteinander zu bemühen, wobei der Kampf um Vorherrschaft in Afrika bereits tobte. Ab 1880 änderte sich dieser „informelle Imperialismus", der durch militärische und wirtschaftliche Überlegenheit gekennzeichnet war, massiv und ging zum direkten Imperialismus und der direkten Einflussnahme in Afrika über. Es gab bereits zahlreiche Parallelbewegungen, die sich auf die ökonomische Expansion, die Ausbeutung von Ressourcen, neue Geschäftsmodelle zur Generierung ökonomischer Vorteile ganz offensiv orientierten. Und dass Victorias Sohn Eduard VII. ihr und der Monarchie mit seiner labilen Persönlichkeit einen Bärendienst erwies, gehört eben zu den tragischen Entwicklungen der Geschichte. Während seiner kurzen Regierungszeit (1901-1910) trug er anscheinend wesentlich dazu bei, dass die Industrialisierung politischer Morde und die nachhaltige Umsetzung einer Strategie zur Bewahrung der kapitalistischen Ordnung inklusive der Kolonialisierung Afrikas weiter an Fahrt gewinnen konnten."

„Warum denn?"

„Zwar wurde berichtet, dass er vor allem international „diplomatisch" Erfolge verzeichnete, aber auf Grund seines Lebenswandels möchte ich dies einmal mit einem großen Fragezeichen versehen. Er war als Lebemann und Genussmensch für seine sexuellen Eskapaden und ausschweifigen Vergnügungen bekannt. Dass er bereits noch vor seiner Thronbesteigung im Jahr 1860 als erster Nordamerika, Kanada und die USA bereiste ist dabei kein Zufall. Und auch nicht, dass diese Reise in den Medien als außenpolitischer Erfolg gefeiert wurde. Als erster in der Monarchie pflegte er offen enge Beziehungen zu amerikanischen Millionären. Sicherlich verschmolzen hier bereits Macht- und Wirtschaftsinteressen mit psychologischer Einflussnahme. Im Rahmen solcher politischen und industriellen lustvollen Verstrickungen wurde die Zukunft einer neuen Klasse des Geldadels[99] oder eben die generelle strategische Allianz, die amerikanische ökonomische Macht Industrieller mit der symbolischen Macht der Monarchie besiegelt.

Und als König bereiste er vor allem „Wettbewerberländer" wie Frankreich, Österreich, Russland und versöhnte sich mit diesen Nationalitäten „herzlich", um die Isolation Britanniens

---

[99] Geldadel = Gesamtheit der Personen, die sich mit finanziellen Mitteln einen Adelstitel beschafft haben.

aufzugeben. Er schloss Verträge wie den Entente cordiale[100], zur Lösung von Interessenkonflikten bei den afrikanischen Kolonien mit Frankreich, auch bekannt als *Wettlauf um Afrika*, und legte sozusagen damit auch die Grundlage für die Triple Entente als Kriegspartei im Ersten Weltkrieg.

Und wenn ich da wieder auf das Agieren der Telekom in Kenia zurückblicke, dann zeigt dies sehr deutlich den gesteuerten Verzicht „auf einen wirtschaftlichen Wettlauf" von deutscher Seite, oder wenigstens seitens des Konzerns, aber das gehört an eine andere Stelle.

Allerdings zeigen Äußerung von Richard David Precht im Rahmen eines Zukunftstalks, bei dem er die SPD scharf kritisiert, Dystopien einer düsteren Zukunft beschreibt und die Frage äußerte, „Was werden all die Mitarbeiter der Telekom in Zukunft machen?" als es um die Gestaltung neuer Arbeitswelten ging, wie weit vernetzt strategische Pläne bereits existieren. Denn warum sonst sollte ein intelligenter, medienwirksam agierender Populärphilosoph den wichtigsten deutschen Konzern für Digitalisierung nicht als genügend nachhaltig aufgestellt sehen und bereits mit der Freisetzung der Arbeitnehmer dieses Konzern spekulieren? Sicherlich ein sprachlicher Lapsus, nicht unbedingt gewollt, aber ein gutes Indiz für das vielschichtige Ineinandergreifen wirtschaftspolitischer und medialer Strategien[101]. Natürlich bleibt auch bei ihm die Frage bestehen, inwieweit er fremdgesteuert agiert und seine Äußerungen manipuliert wurden und noch werden.

Als im Jahr 1964 Geborener fällt er genauso wie ich in die

---

[100] Entente cordiale - herzliches Einverständnis, 1904 zwischen dem Vereinigten Königreich und Frankreich und 1907 Erweiterung durch den Beitritt Russlands zur Triple Entente, als ein Kriegspartner im ersten Weltkrieg. Begründet wurde dies durch eine „gespannte Gesamtsituation in Europa", das Vereinigte Königreich trat aus der Splended isolation heraus.

[101] Bei Lanz: Philosoph Precht poltert über SPD- und erhält dann unerwartetes Angebot. - Zukunftstalk im ZDF. - https://www.merkur.de/politik/richard-david-precht-markus-lanz-digitalisierung-zukunft-arbeit-zr-9815174.html.

Zeit des MKULULTRA-Projektes[102], das von 1953 bis 1970 im Kontext des Kalten Krieges stattfand und damit einer weltweiten Bewegung, die sich mit der Entwicklung und dem Einsatz biomedizinischer Implantate, biologischer Waffensysteme zur Verhaltenssteuerung beschäftigte und damit natürlich auch die Grundlagen für die „Verblendung" mit digitalen Medien und neuen Technologien legte. Sozusagen der Beginn einer geheimen Cyborgisierung. Und der Titel: *Wer bin ich - und wenn ja, wie viele?,* indem er sich mit der Evolutionstheorie, Sigmund Freuds Psychoanalyse, physikalischen Fakten und der Hirnforschung auseinandersetzt, scheint zahlreiche Parallelen wiederum mit den Gedanken in meinem Kopf zu haben und ohne dass ich jemals dieses Buch gelesen habe, was irgendwie merkwürdig ist.

Aber von der Telekom und frequenzabhängigen technologischen Gedankenexperimenten wieder auf Eduard zurückkommend ist auffällig, dass dieser direkt bevor er seine Reisen antrat, aber auch kurz vor seiner Krönung, eine schwere Blinddarmentzündung erlitt, die den Aufenthalt in einer Klinik notwendig machte und natürlich auch einen Eingriff.

Weißt du Katharina, bei solchen „Vorfällen" werde ich immer etwas hellhörig, denn da passt eben vieles zusammen[103].

Ein „Dandy"[104] vorm Herrn, dementsprechend narzistisch

[102] MKULTRA = umfangreiches geheimes Forschungsprogramm der CIA über die Möglichkeiten der Bewusstseinskontrolle mit tausenden Menschenversuchen an ahnungslosen Testpersonen. https://de.wikipedia.org/wiki/MKULTRA.

[103] A.d.A. Heute tauchen plötzlich amerikanische Patente zu Implantaten mit Nanocoating im „Netz" auf, die ähnliche Substanzen wie Knochen aufweisen, deshalb gut verträglich und nicht erkennbar sind, und dann komischerweise auf Seiten schwedischer Entwicklungsabteilungen, vgl. Approved US patent for nano coating for implants, www.karolinskadevelopment.com/files/1013/3648/0990/Promimic%US%patent%20120503.pdf.

[104] Dandy = Begriff aus der Mitte des 18. bis Anfang des 19. Jahrhunderts, für „junge Leute" die in auffälliger Bekleidung Kirche und Jahrmarkt besuchten. Dandyismus wurde als Lebenseinstellung entwickelt und

veranlagt, leicht beeinflussbar, und auch steuerbar, kümmert sich nicht um die Innenpolitik, sondern reist in der Weltgeschichte herum. Er zelebriert sich als V.I.P. und auf Grund seiner gesellschaftlichen Stellung besitzt er große Einflussmöglichkeiten auf die Weltpolitik und Darstellungsmöglichkeiten auf der weltpolitischen Bühne. Er ist also eine perfekte „Marionette", um über ihn auf die Entwicklungen der Geschichte Einfluss zu nehmen. Und während er allen seine freundschaftlichen Absichten versichert und schon einmal „vorausschauend" Verteidigungsallianzen vorbereitet, denn man weiß ja nie, was Deutschland in naher Zukunft treibt, interessiert er sich auch massiv für die Reform des Heeres und hält den Aufbau einer britischen Landstreitmacht für angemessen und dringend notwendig, falls ein deutscher Angriff droht.

Warum, wenn er nicht bereits den Militärstrategien und den historischen Planungen schon einen Schritt voraus war?

Eben Royality 2.0? So wie es gern Journalisten lobend bei Reportagen über das britische Königshaus hervorheben?

Und die Royal Caribbean besitzt mittlerweile die modernsten High-Tech-Kreuzfahrtschiffe der Welt, um diese zu erkunden.

Zufall?

Wer weiß schon, das diese Kreuzfahrtgesellschaft 1968 von einer norwegischen Reederei gegründet wurde, als Tochtergesellschaft des liberianischen Unternehmens Royal Caribbean Cruises Ltd., und nun die modernesten Technologien

---

kultiviert, gegen den von bürgerlicher Enge und Moralismus geprägte viktorianische Gesellschaft, mit dem Fokus auf Selbstinszenierung, ein ungezwungenes Verhältnis zu Geld (viele hatten Spielschulden), narzistische Inszenierung, ritualisierte Ästhetik, politisches und soziales Engagement und die Einhaltung bürgerlicher Normen wird nicht nur als sinnlos sondern als Ausdruck bürgerlicher Dumpfheit betrachtet. Symbolisch geprägt durch einen modernen Herrenanzug, geschnitten mit V-Silhouette, berühmt gemacht durch Beau Brummell, der im irrenhaus landete, sein Vermögen verausgabte und von Gläubigern verfolgt wurde.

einsetzt, Abgasentschwefelungsanlagen, Skrubber, Metalldetektoren und Röntgengeräte, Gesichtserkennung zur Identifizierung der Passagiere, Roboter zum Mixen von Drinks, totale IT-Vernetzung, beste Funk- und Satellitenverbindungen. Und natürlich, was zu einer royalen Kreuzfahrt auch dazu gehört, Privatinseln und Privatstrände in der Karibik und auf den Bahamas.

Das nur einmal so nebenbei.

Meinst du nicht auch, dass man Eduard bereits in seiner Funktion ganz geschickt als Marionette genutzt hat? Mit ihm begann sozusagen die gezielte Positionierung der symbolischen monarchischen „Schachfiguren" im globalen Kontext. Erst in Europa, dann auch im arabischen Raum. Um die Weltkriege anzustiften schürte man Unruhe, sähte Angst und Hass, provozierte, eskalierte und intrigierte.

Das würde jedenfalls zu meiner Hypothese der psychophysiologischen Steuerung von Menschen passen, in die auch maßgeblich britische wissenschaftliche Institutionen wie eben die Universität von Cambridge involviert waren und sind. Das Prinz Albert, der Vater von Eduard, gerade zwei Wochen nach seiner Reise nach Cambridge starb, von anscheinend dem Ort, wo Eduard zu einer labilen „Dandy"-Persönlichkeit „umgestaltet" wurde und sich massiv gegen seine Mutter Victoria positionierte, war sicherlich kein Zufall.

Nicht umsonst kam jetzt der Skandal mit Cambridge Analytica, das Millionen an Daten von Nutzern abzog, an den Tag. Dieses Unternehmen, mit Hauptsitz in New York, das sich mit Mikrotargeting in großem Stil beschäftigt, Wahlen weltweit beeinflusst, an einer eigenen Kryptowährung arbeitet geht aber ursprünglich aus einer Zusammenarbeit mit Psychometrikern[105] der University of Cambridge zurück, die

---

[105] Psychometrie = Gebiet der Psychologie, dass sich mit der Theorie und den Methoden des psychologischen Messens befasst, Ursprünge in der Psychophysik und Arbeiten von Fechner.(1801-1887), Thurstone (1887 in Chicago bis 1955 North Carolina, griff als amerikanischer Ingenieur udn

auch der Namensgeber dieser Institution waren.

Und diese traditionsreiche und altehrwürdige Universität wurde bereits im Jahr 1209 gegründet. Gegenwärtig besteht sie aus 31 Colleges."

„Und du meinst, dass sich bis in diese Kreise Psycho-Projekte, aber auch die politisch bedingten Mordfälle mit „unsichtbaren" Mitteln zurückverfolgen lassen?" Katharina staunte, dass Romys vermeintliches Mobbing bei der Telekom und die eigentlich dahinter stehenden Ideen bereits Anfang des 20. Jahrhunderts ersonnen worden sein sollten.

„Meine Hypothesen sind diesbezüglich sehr klar", bestätigte ihr Romy.

„Es passt einfach zu den gesamten anderen Indizien, dass ich mir mittlerweile gar keine andere Schlussfolgerung mehr vorstellen kann."

„Und die aktuellen Skandale beziehen sich auch auf diesen großen Bogen, den du nun mittlerweile gespannt hast, von den israelischen Partnern für die Online-Sprechstunde, dem daraus folgenden Antisemitismus, der psychologischen Beeinflussung zur Erzeugung von Konflikten, der Beeinflussung von symbolischen Machtzentren wie der Monarchie, die Verbindung zu High-Tech-Unternehmen, Konzernen und Forschungseinrichtungen? Und habe ich da jetzt noch etwas vergessen?" Katharina versuchte, noch einmal das bisher gehörte zu umreißen und merkte dabei allerdings, wie schwer es ihr fiel, wirklich alle Aspekte zu erfassen.

„Natürlich ist das nur eine ausgewählte Linie mit zahlreichen Verzweigungen. Aber wenn du siehst, wie Eduard, der nur kurze Zeit als König wirkte und nicht unbedingt als ein würdiger Repräsentant seines Königshauses anzusehen ist, damit aber, mit dieser großen psychologischen Schwachstelle monarchische Strukturen für Machtmissbrauch öffnete, dann liegen die folgenden Entwicklungen sehr nahe. Ob er in Psychologe diese Ansätze auf, von 1917 Prof. am Carnegie Institute of Technology.

Cambridge bereits mit speziellen psychologischen Methoden zu dem „geformt" wurde, was er letztendlich war, direkt vor den Türen der wissenschaftlichen High-Tech-Schmiede, weil man sein Potential allein auf Grund seiner „Gnade der Geburt" kannte und insofern seine Nützlichkeit für die künftigen Strategien bereits fest eingeplant hatte, inwieweit es leicht war, ihn zu verführen und damit „erpressbar" zu machen oder man etwas mehr an ihm arbeiten musste, weiß ich natürlich nicht. Aber dass im Ergebnis ein Lebenswandel herauskam, durch den man ihn, allein durch seine Alkoholsucht, seinen Spieltrieb und seine amourösen Abenteuer mit den Schauspielerinnen, die ihre Venusfallen auslegten, an der kurzen Leine halten konnte und ihn dadurch für den politischen Missbrauch prädestinierte, ist aus meiner Sicht unbestritten und wird ja auch durch die weiteren historischen Entwicklungen bestätigt.[106]

Sein Vater, Prinz Albert von Sachsen-Coburg und Gotha, wollte ihn noch zur Vernunft bringen, was ihm nicht gelingen konnte. Im „Ergebnis" starb er, wie bereits gesagt, zwei Wochen später, nachdem er Eduard in Cambridge besucht hatte, wofür Victoria ihren Sohn zeitlebens verantwortlich machte.

Das mörderische medizinische System hatte wieder zugeschlagen.

Denn dass Prinz Albert bereits im Alter von 42 Jahren nach seiner Cambridge Reise verstarb, kann man zwar als einen historischen Zufall betrachten, sollte dabei aber eher Realismus beweisen und den realen wirtschafts- und geopolitischen Thriller im Hinterkopf haben.

Denn erst verstarb er angeblich an Typhus, dann hieß es an Magenkrebs. Und dass man sich über die zu veröffentlichende Todesursache nicht einigen konnte, lässt schon zahlreiche Fragen aufkommen. Ich glaube da jedenfalls in keinem Fall an einen Zufall. Genauso wie auf historischen

---

[106] https://de.wikipedia.org/wiki/Eduard_VII.

Seiten, erstellt von einem Wirtschaftsinformatiker über das Heilige Römische Reich deutscher Nation von verschwörerischen Entführungen aber auch von einem Todesfall durch Krebs im Jahr 840 berichtet wird[107] und man sich einfach nur fragt, wer diese Diagnostik damals wohl durchführte und mit welchen medizinisch-technischen Testverfahren? Natürlich auch, wie diese Anamnese auf welchem Wege heute an den Wirtschaftsinformatiker nach Heinersreuth gelangte.

Die Tumordatenbanken in Deutschland sind jedenfalls neueren Datums. Aber die Wege zum Herrn sind eben unergründlich und nur, wer die wirtschaftspolitischen Stricke fest in der Hand hält, kann auch über die künftigen machtpolitischen Entwicklungen entscheiden.

Für mich unterstreicht der Tod von Albert aber noch einmal mehr die Hypothese, dass auch an dieser Stelle wieder „medizinische Waffen" im Spiel waren, die die „edlen Absichten" von Albert, so wie Victoria das Handeln ihres Mannes beschrieb, einfach aus dem Wege räumen musste, unauffällig, in Form eines natürlich aussehenden Todes. Vor allem, um nicht ihre wertvolle „Marionette" Eduard zu verlieren, mit der man noch große gesellschaftspolitische Pläne hatte. Denn es war davon auszugehen, dass der Vater vielleicht noch auf die Idee kam, seinen Sohn zu enterben, ihn zu verstoßen oder was weiß sonst noch alles hätte passieren können.

Und natürlich konnte auch der Nebeneffekt des Todes, die große Trauer, die sich bei Victoria einstellte durch die Psychologen zusätzlich begrüßt werden, denn ihr spontaner Wunsch, aus dem Leben zu scheiden, machte sie in den Folgezeiten anfälliger für emotionale Manipulationen und verhaltenstechnische Steuerung. Und da sie sich natürlich auch auf ihre „Mannschaft" verlassen musste, als sie das Viktorianische Zeitalter[108] vorantrieb, konnten sicherlich bereits große wirtschaftliche Gewinne abgeschöpft werden und hier

[107] https://www.heiliges-römisches-reich.de/vorgeschichte.html.
[108] https://de.wikipedia.org/wiki/Viktorianisches_Zeitalter.

und da bereits notwendige wirtschaftspolitische Schnittstellen für Entwicklungen implementiert werden, die die Monarchin sicher in ihrer Tragweite historischer zukünftiger Auswirkungen überhaupt nicht zur Kenntnis nahm.

Anscheinend hatte sie aber ein gesundes Gespür dafür, dass die Einflüsse auf ihren Sohn keiner positiven Entwicklung der Monarchie dienten. Vielleicht erkannte sie auch, dass man den Sproß der Familie bereits instrumentalisiert hatte. Nicht umsonst blieb Eduard 59 Jahre Prince von Wales, weil seine Mutter ihm nicht die aktive Rolle der Staatsführung zutraute oder ihm und seinem Umfeld grundlegend misstraute, womit sie letztendlich recht behielt.

Eduard lebte weiterhin sein ausschweifendes High-Society-Leben gemeinsam mit amerikanischen Dollar-Millionären bis er die Pfähle der längst strategisch geplanten europäischen Aussenpolitik in seiner Rolle als herrschender Monarch so setzen konnte, wie es ihm amerikanische und andere finanzielle Kreise vorgaben."

„Und du meinst, dass die psycho-physiologische Kriegsführung bereits in dieser Zeit begann?"

„Psychologische Kriegslist verbunden mit politischen Morden sind bereits aus der Zeit v. Chr. bekannt. Nur die technologischen Möglichkeiten haben sich über die Jahrhunderte diesbezüglich natürlich enorm verändert. Vor allem wurde man sich immer mehr bewusst, welche Umsätze sich damit generieren ließen. Insofern war und ist es bis heute wohl ein Macht- und wirtschaftspolitisches Thema schlechthin.

*****

Um 1850 war Großbritannien das einzige Land, das über eine nennenswerte Industrie verfügte. Dass mit dem entstehenden Massenmarkt durch die Industrialsierung natürlich auch Beobachtungen des Phänomens der emotionalen als auch der Verhaltensbeeinflussung begannen, liegt nahe.

Und die europäische Industrialisierung baute auf der aus Großbritannien eingeführten Technik auf, bediente sich aber bald neuer fortschrittlicher Technologien.

Wie schon gesagt, gewannen auch die wissenschaftlich-militärischen und psychologischen Forschungen in dieser Zeit an Fahrt, die neuen „invisible", also auch unsichtbaren „Kriegsformen" wurden zunehmend „industrialisiert"[109].

Und auch die Erkenntnis, dass man mit Musik sowohl Umsätze in enormen Ausmaß generieren und die Ergebnisse der psychologischen und neurologischen Forschungen gleichzeitig damit verbindend nutzen kann, spielte den Strategen der Vergangenheit in die Hände."

„Wie kommst du denn jetzt auf Musik", unterbrach Katharina Romy. „Hat Eduard etwas damit zu tun?"

„Ja. Im Jahr 1883 bei der Gründung des Royal College of Music, wo die erste Lehrerin die berühmte schwedische Nachtigall, Jenny Lind war, die in den Jahren 1850 - 1852 einen bis dahin unbekannten Starrummel auslöste und oft ein außer Rad und Band geratenes Publikum zurückließ.

Als im Jahr 1877 Edison erstmals die menschliche Stimme als hörbare Tonaufzeichnung aufnehmen konnte, zeichnete sich plötzlich ein ungeheuerliches Potential darin ab, diese emotionalen Abhängigkeiten aber auch generell akustische Impressionen und aufgezeichnete Stimmen auch für „andere" Zwecke zu nutzen, als nur die Menschen zu erfreuen, um es einmal harmlos zu formulieren.

Bereits 1887 wurden die ersten Schallplatten entwickelt und ab 1889 gab es dann Jukeboxen. An der „amerikanischen *Berliner Gramophone Company* hielt der Namensgeber nur wenig Anteile", heißt es[110]. Emil Berliner entstammte einer jüdischen Familie, wuchs in bescheidenen Verhältnissen auf,

---

[109] vgl. auch Groß, Martin: Melodie der Macht. Ein Band über das Politische der Musik.- Quelle: www.deutschlandfunk.de/melodie-der-macht.700.de.html?dram:article_id=81738.
[110] https://de.wikipedia.org/wiki/Musikindustrie#cite_note-2.

ging in Wolfenbüttel zur Schule und wanderte 1870 in die USA aus, um der Einberufung zum preußischen Militär zu engehen.

Emile Berliner hatte zuerst leider vergeblich versucht, seine Rechte an dem patentierten Grammophon an Investoren in den USA zu verkaufen[111]. 1893 gründete er dann die *Gramophone Company* als einen Europäischer Ableger der amerikanischen Victor Talking Machine Company, in die er natürlich seine gesamten technologischen Kenntnisse und sein Wissen einbrachte. Im Jahr 1894 wurden bereits 25.000 Schallplatten und 1.000 Abspielgeräte von der im Jahr 1890 ggr. Grammophon-Spielwaren-Fabrik Kämmer, Reinhardt & Co. im thüringischen Waltershausen produziert. 1998 waren es dann bereits schon 700.000 Stück.

Durch die Abhängigkeit zur amerikanischen Firma gründete Berliner 1897 in Großbritannien die „UK Gramophone Company". Und bereits im Jahr 1898 wurde in London das erste Schallplattenaufnahmestudio errichtet.

Also eine rasante Entwicklung, wobei die Verwertung, wie so oft in der Geschichte, vor allem aus Amerika heraus erfolgte.

Weißt du Katharina, warum ich das alles erzähle? Weil vor allem die Technikgeschichte, die Patententwicklungen, Rechtsauseinandersetzungen sich einerseits mehr als verwirrend darstellen, anderseits aber anscheinend vielfach ursächlich derselben Quelle entspringen und auf das gleiche Ziel orientieren, hier sozusagen einem klaren roten Band folgen. Und immer sind wichtige kreative und fortschrittliche Entwicklungen in irgendeiner Weise mit christlich-jüdischen Wurzeln verbunden, die dann wiederum von Wirtschaftskriminalität als auch von Mordfällen begleitet werden. Als wenn zwei Seiten einer Medaillie permanent gegeneinander aufgehetzt und ausgespielt werden.

---

[111] Puille, Stephan: Emile Berliner in Deutschland 1889 -1890.

Aber eigenlich wollte ich mich an dieser Stelle nicht auch noch in die Patententwicklungen vertiefen oder bis in die Anfänge des Christentums zurück begeben."

„Aber wenn du schon mit den Schallplatten und der Möglichkeit menschliche Sprache, Musik, Geräusche und Effekte auf materielle Träger zu bannen begonnen hast," wunderte sich Katharina, „spielte dann nicht sehr schnell der Rundfunk und das Radio eine noch viel wichtigere Rolle?"

„Ja natürlich. Und da sind wir dann auch wieder bei der Telekom, die sozusagen alle Kanäle der Informationsübertragung beherrscht. Und natürlich lässt sich auch die Geschichte der Deutschen Telekom bis in die Zeit der Deutschen Reichspost zurückverfolgen, die 1871 aus der Norddeutschen Post hervorging. Die Deutsche Reichspost hatte die Staatshoheit über Post und Telegraphie[112]. Aber das ist wohl ein Extra-Buch.", winkte Romy ab und deutete Katharina damit an, dass sie den Bogen zwar meistens sehr weit spannte, dies aber nun wirklich zu weit führen würde.

„Jedenfalls entwickelte ein David Edward Hughes[113] in dieser Zeit den Apparat des deutschen Erfinder Reis[114] weiter, der ja sein Telefon bereits 1863 in größeren Mengen produzierte

---

[112] Ohnesorge, E.h.W.(Reichspostminister): Deutsche Reichspost und Staatshoheit Post und Telegraphie in Wissenschaft und Praxis Band 8, Berlin: R.v.Decker's Verlag, 1938,

[113] David Edward Hughes (geb. 1831 London - gestorben 1900 in London) - britsch-amerikanischer Konstrukteur und Erfinder, 1838 wanderten seine Eltern mit ihm nach Virginia in den USA aus, studierte Musik und Naturwissenschaften, 1855 entwickelte er den ersten Drucktelegrafen, kehrte 1857 nach Großbritannien zurück, experimentierte 1865 mit einem importierten Telefon des deutschen Erfinders Philipp Reis, sein Fernsprecher gilt als erst funktionierendes Gerät zur Übertragung von Tönen über elektrische Leitungen, Hughes-Telegraf wird bis ins 20.Jh. angewendet, 1878 verbesserte er das Kohlemikrofon als Weiterführung von Experimenten von Thomas Alva Edison und Emil Berliner, angeblich so empfindlich, dass er das Laufen einer Fliege hörbar machen konnte. Mitglied der Royal Society. vgl. https://de.wikipedia.org/wiki/David_Edward_Hughes.

[114] https://de.wikipedia.org/wiki/Philipp_Reis.

und international als Demonstrationsobjekt naiv für 8 - 12 Taler verkaufte. Mit diesem ließen sich eben auch Worte übertragen. Und Hughes präsentierte diesen im Februar 1880 der Royal Society.[115] Diese Royale Gesellschaft existierte, wie wir ja nun wissen, bereits seit 1660 als britische Gelehrtengesellschaft, die sich über die Jahrhunderte viel Wissen aneignen konnte, aber auch wusste, wie man Wissenstransfer und Wissenssicherung professionell betrieb, auch wenn die kreative Idee tatsächlich nicht ursprünglich immer dort entsprungen war. Und damit auch weiterhin keine Idee den Briten verloren ging, war es gut, Eduard in dieses Spiel einzubinden und seine symbolische royale Macht im Jahr 1883 bei der Gründung des Royal College of Music einzubinden.“

„Und welchen Zusammenhang siehst du hier nun wieder?“

„Die Macht der Musik als signifikante Einflussgröße auf die Steuerung von Emotionen ist hinlänglich bekannt. Sie kann im Unterbewusstsein Denkprozesse anstoßen, die Frequenzen im Gehirn verändern, das Verhalten von Menschen und Massen beeinflussen. Das ist kein Geheimnis und auch keine neue Erkenntnis. Du kannst ja immer wieder sehen, wie bei Konzerten das Publikum in Trance verfällt, aber auch viele bei bestimmten Songtiteln zu kreischen oder auch zu weinen anfangen.“

„Ja, das stimmt. Aber mir war überhaupt nicht bewusst, dass man Musik deshalb auch als Waffe einsetzen würde.“

„In meiner Jugend haben einige meiner Kommilitonen Ausreiseanträge gestellt, nur weil sie Joe Cocker sehen und hören wollten. Das ist schon extrem. Diese Menschen setzten die Musik also in ihrer Wertigkeit über ein politisches System.

Und dass Musik je nach Art aggressiv, rührselig oder was auch immer macht, ist natürlich bei militärstrategischen Planungen entscheidend, natürlich auch im Zusammenhang mit gesellschaftspolitischen Veränderungen. Der Skandal um die

---

[115] https://de.wikipedia.org/wiki/Erfindung_des_Radios..

Gangster-Rapper Kollegah und Farid Bang mit ihrer Auschwitz-Passage kommt nicht von ungefähr. So können Rap aber auch Heavy metal aggressiv machen, Schlagermusik träumend die Wirklichkeit verklären oder Jazz einen Südstaatentraum vorgaukeln, der alles andere als rosige Parallelen aufweist. Und mittlerweile sind die Erkenntnisse soweit fortgeschritten, das man nicht nur Musik zur Steuerung des Verhaltens von Menschengruppen nutzen kann, sondern viel direkter und individueller einen Songgeschmack prägen oder über Geräusche, Signale personalisierten Einfluss auf Individuen nehmen.

Es gibt genaue Erkenntnisse über Frequenzen von Biauralen Beats Einfluss auf Emotionen[116] zu nehmen, aber auch aktustische Täuschungen zu erzeugen.[117]

Aber damit beschäftige ich mich später auch noch einmal ausführlicher.“

„Ich habe mal in einer Dokumentation gehört, wie Musik das Kaufverhalten von Menschen beeinflusst[118]. Und ich fühle mich auch in Geschäften wohler, wo Hintergrundmusik läuft. Irgendwie macht das Shoppen da mehr Spaß.“ Katharina sah plötzlich auch, welchen großen Einfluss die Musik in ihrem Leben spielte.

„Konsumverhalten wird durch Musik massiv gesteuert. Und damit ist natürlich auch eine Art „Wirtschaftskrieg“ verbunden. Und natürlich ist seit Anfang des 20. Jh. bekannt,

---

[116] Happiness Frequency: 10 Hz Binaural Beats Music, Study Music Alpha Waves, Healing Sounds, Buddha Tribe - siehe youtube.com zum Download.

[117] https://de.wikipedia.org/wiki/Binaurale_Beats.

[118] vgl. z.B. Salzmann, Ralph: Multimodale Erlebnisvermittlung am Point of Sale: eine verhaltenswissenschaftliche Analyse unter besonderer Berücksichtigung der Wirkung von Musik oder „Die Wirkung von Musik auf Emotionen“, Prof. Dr. Stefan Koelsch, FU Berlin, Exzellezcluster Languages of Emotionen zur Unterstützung emotionaler, psychiatrischer oder neurologischer Störungen, www.stefan-koelsch.de - Investigating the brain with music.

welche ökonomischen Erfolge man mit der Industrialisierung von Musik erzielen kann, so wie natürlich auch mit all den anderen kreativen Produkten, die Einfluss auf Emotionen, aber natürlich damit auch auf die Gestaltung unserer Lebenszeit nehmen.

Bereits im Jahr 1719 wurde in London unter der Schirmherrschaft von Georg I. die Royal Academy of Music gegründet, für die Johann Jacob Heidegger (geb. 1859 in Zürich, gestorben 1749 bei London) die kaufmännische Leitung übernahm.

Das man automatisch sofort eine Assoziation mit Martin Heidegger[119], einem Philosophen, herstellt, der sich intensiv mit der Bedeutung von Technik und Technologie auf das Leben auseinandersetzte, der an der Universität nichts gegen antisemitische Verwerfungen unternahm, als Rektor der Freiburger Universität die Machtergreifung des Nationalsozialismus als Revolution begriff und in der NSDAP seine Dienste leistete, ein Bekenntnis der deutschen Professoren zu Adolf Hitler unterschrieb, der den Hitlergruß zu seinem machte und von Psychologen als Wirrkopf und Eigenbrödler bezeichnet wurde, ist dabei anscheinend historisch gewollt.

Und dass Eduard der VII, als späterer König, 1868 in die Freimaurerei[120] aufgenommen und ab 1874 als aktiver Großmeister eingesetzt wurde, half vor allem, Mystifizierungstendenzen zu fördern und zu einer allgemeinen Verwirrung und gleichzeitig besseren Steuerung der Menschen beizutragen, die sich durch die politischen, kulturellen und sozialen Entwicklungen nicht mehr an die Notwendigkeiten eines kirch-

---

[119] https://de.wikipedia.org/wiki/Martin_Heidegger.
[120] Freimaurerei = Königliche Kunst, ethischer Bund freier Menschen mit der Überzeugung, dass die ständige Arbeit an sich selbst zu einem menschlicheren Verhalten führt. Die fünf Grundideale sind Freiheit, Gleichheit, Brüderlichkeit, Toleranz und Humanität. Sie organisieren sich in Logen. Die geschlossene rituelle Arbeit wird als Tempelarbeit bezeichnet und verfolgt das Ziel einer freimaurerischen Sozialisation.

lichen Dogmas halten wollten.

Als V.I.P. mit einer hohen symbolischen Macht konnte Eduard als direkter Monarchieanwärter somit einer Vereinigung zum Durchbruch verhelfen, die unter dem Deckmantel einer Geheimorganisation mit hohem moralischen Anspruch nichts anderes zum Ziel hat, als wirtschaftsbezogene Verbindungen zu pflegen, sich als Wohltätigkeitsorganisation zu präsentieren und Spendengelder zu sammeln, dabei religiöse Mythen zu verklären, wissenschaftliche Erkenntnisse zu verwässern, Emotionen zu steuern, gezielt Geschäftszwecke zu verfolgen, Posten zu besetzen, Personen aus elitären Kreisen zur Macht zu verhelfen.

Und sicher ist der Einfluss solcher Geheimbünde, wie auch der Bilderberger Konferenz nicht zu unterschätzen. Das auf der Dollarnote Symbole der Freimaurer zu finden sind, ist bestimmt kein Zufall.

Dies hat wiederum natürlich nichts mit „Verschwörungen" zu tun, wie der Begriff missbräuchlich gegenwärtig verwendet wird, sondern ist Ausdruck eines klaren ökonomischen Verständnisses dafür, wie Wirtschaftsprozesse organisiert sein sollten, ähnlich wie bei Konzernstrukturen und planerische Langzeitstrategien zum Einsatz kommen. In diesem Fall kann man natürlich Konzernzentralen der Telekom, von Siemens oder anderer Konzerne als Verschwörungsgremien betiteln, da sich hinsichtlich Zielsetzung, Motivation und Ausführung kaum Unterschiede erkennen lassen und sowohl diese Art von Geheimgesellschaften und Konzernzentralen gleichmaßen intransparent agieren.

Worin besteht auch der Unterschied, einen Konzern zu führen oder die Welt? Diese ist wirklich überschaubar. Eben nur etwas größer und vielleicht gilt es strategisch mehr „Stellgrößen" regelmäßig nachzujustieren. Aber letztendlich ist dies, gerade im Anbetracht der vorhandenen digitalen Möglichkeiten überhaupt kein Problem mehr. Bereits durch Spiele wie SimCity kann man sich für die Simulation der Entwicklung von Städten unter der Einbindung von Faktoren wie Kriminalität, Umwelt, Verkehrsfluss oder Bildung fit machen. Es gibt Kontinente, Märkte, Regierungen. Alles ist quantifizierbar. Es gehören in die Regionen „Vorstände, Geschäftsführer, Aufsichtsräte", viele davon steuerbar und alle ausgestattet mit notwendigen Kompetenzen und den geschäftlichen Verbindungen.

Nicht umsonst wird der Führungstil von Queen Elizabeth II. wie eine Unternehmerin gewertet, die ihr Königreich nach klaren wirtschaftlichen Kriterien wie einen Konzern führt.

Mit der Gründung einer solchen „angeblichen" Geheimgesellschaft wie den Freimaurern, der man äußerlich den Anschein einer etwas sonderbaren Wohlfahrtsorganisation gibt, um im Inneren aber wirtschaftliche Synergien zu entwickeln, internationale Strukturen aufzubauen, um Profite weltweit zu generieren und die Schnittstellen der Macht mit „Vertrauten" und „Freunden" zu besetzen, ist wohl nichts Ungewöhnliches. Und dies hat wenig von „Mysterie", sondern gehört wohl zu den strategisch normalsten Praktiken in der Welt.

Und dies konnte ich ja täglich auch bei meinem Arbeitgeber erfahren, der nach außen Scheinaktivitäten entwickelt, ansonsten den größeren Teil der Arbeitzeit aber intensiv in „hidden agenda"-Projekte" steckt."

„Aber wenn da so viele involviert sind, redet dann nicht mal einer?"

„Katharina, das ist eben der Irrtum. Precht hat zum Beispiel meines Wissens nichts mit dem Konzern zu tun, hat sich aber „zufällig" geäußert. Und natürlich gibt es immer mal wieder jemanden der redet. Aber anscheinend sind wir alle auf *Schweigen* konditioniert. Schweigen aus Stolz, weil man anscheinend zu einem elitären Kreis gehört, Schweigen aus Demut, weil man ein Auserwählter ist, Schweigen aus Angst, weil man sonst andere oder sich selbst in Gefahr bringen könnte, Schweigen, eben aus Existenz- und Lebensangst, Schweigen aus Gier, weil man finanzielle Vorteile daraus zieht. Es gibt mittlerweile so viele Arten des „Schweigens".

Oder eben auch Schweigen, weil man davon ausgeht, dass man einen Minisender implantiert im Körper oder in der Zahnfüllung trägt und damit jedes Wort das man spricht, irgendwo landet, wo es vielleicht nicht gehört werden sollte, was wohl noch das plausibelste Argument ist, findest du nicht?"

Katharina schaute Romy verstört an.

„Na lass mal, das ist jetzt nicht das Thema", wiegelte Romy schnell ab. Jedenfalls siehst du ja, wie schwer sich die Gesellschaft mit Whistleblowern tut. In der Regel werden sie als Verräter von der Allgemeinheit geächtet. Dass Petzen als unehrenhaft gilt, wird bereits in der Schule vermittelt. Wir sind nicht zur Offenheit und zur Transparenz erzogen worden.

Und wenn jemand seine Meinung äußert, wird dies oft entsprechend sanktioniert. Das Recht auf freie Rede oder Meinungsäußerung gibt es eigentlich nicht wirklich und hat im Alltag schon gar keine Bedeutung. Denn aus rechtlicher Sicht existieren viele Einschränkungen, wann man sich eigentlich doch nicht äußern darf, ob auf Grund der Gefahr eines unlauteren Wettbewerbs, der Kritik an Staatsvertretern, an Führungskräften oder auf Grund der nichtautorisierten Weitergabe von Informationen, usw." Und hier spielt plötzlich auch wieder die Autorität in der Argumentation eine Rolle. Wer gibt wem als Subjekt eigentlich „die Autorität", einem anderen Menschen zu verbieten, sich zu äußern? Wurde dies wirklich durch „Gottesgnaden" entschieden oder wäre es nicht angebrachter, jedem entsprechend seiner Kompetenzen, seiner Bereitschaft sich für die Gesellschaft zu engagieren diese „Gnade" zuteil werden zu lassen? Manchmal frage ich mich, ob die meisten Deutschen einfach noch zu „gehorsam"sind? Oder eben wenn nicht, dann ängstlich?

Gehört es zu den psychologischen Kniffen, die sinkende

Moral der Bevölkerung zur Unterordnung durch Leistungsdruck zu substituieren? Ob man den Sprung vom Gehorsamkeitssubjekt zum Leistungssubjekt[121] bereits geschafft hat oder noch nicht, läuft letztendlich dann auf dasselbe hinaus. Dann *schweigt* man eben, weil man keine Zeit mehr hat, um ernsthaft über das nachzudenken, was man eigentlich sagen könnte und müsste, wenn man die Zeit hätte, sich über die Konsequenzen des Schweigens oder Redens Gedanken machen zu können. Wenn man sich auf die wichtigen Dinge im Leben konzentrierte, das zunehmend mit Nebensächlichkeiten überflutet wird, kämen vielleicht auch mehr vernunftbegabte Menschen dahin, dies aktiv zu begreifen. Und dieser „Zeitklau" ist natürlich eine zentrale Strategie für die Machterhaltung des Systems um die Kontrolle zu behalten."

„Aber was passiert dann mit den Menschen, die weder gehorsam sind, aber sich auch nicht auf die Leistungsträgerrolle einlassen oder so unbequem sind, dass sie auch keine Chance haben, in der Gesellschaft einen akzeptierten Platz zu finden?"

„Die werden einfach aussortiert. Entweder sie vernichten sich selbst oder das System richtet sie zu Grunde. Ganz einfach."

„Gruselig. Aber das ist jetzt gerade nicht unser Thema, oder?"

„Doch. Denn letztendlich schließt sich wieder der Kreis zu den gesteuerten Krankheiten, Mobbing, Depression, Arbeitslosigkeit, Selbstmord und den damit „natürlich" erscheinenden Morden.

Und auch der Bogen zum krankmachenden Schweigen in Geheimgesellschaften für die gesellschaftliche Entwicklung.

---

[121] Han, Byung-Chul: Müdigkeitsgesellschaft, Berlin: Matthes & Seitz. - 8.Auflage 2023. Gefunden in: Achtsamkeitsbasierte Stressreduktion, S. 23. In: Hartmann, Wolf (Hrsg.): Achtsam gegen Herzinfarkt. - Bericht zum Achtsamkeitsseminar der Brandenburgischen Akademie für Gesundheitswissenschaften und Technologien.

*****

Unabhängig der Inhalte, erfüllen die Freimaurer-Vereine gleich mehrere Ziele. Zuerst einmal besitzen sie den großen Vorteil, dass sie bei jedem Menschen, entsprechend seiner Sozialisation unterschiedliche emotionale Seiten ansprechen und dementsprechende Interpretationsspielräume zulassen. Durch die „Verblendung" mit geheimnisumwitterten Ritualen glaubt der eine an eine traditionsträchtige Vereinigung mit Seriosität, der andere an moderne und fortschrittsorientierte Ziele. Durch die Verschwiegenheit gegenüber Außenstehenden aber auch der Logen unter sich, wird automatisch eine elitäre Stellung der Mitglieder impliziert, was naturgemäß die Menschen dazu anregt, eigene Hypothesen darüber aufzustellen.

Das mittlerweile Zusammenkünfte, sogar von Frauenlogen, öffentlich kommentiert werden, zeigt nur, dass die medialen Strategien natürlich auf die zeitgemäßen Entwicklungen reagieren und mit der Taktik einer „Halböffnung" und dem anscheinend „demokratisierten" und zeitgemäßen „Vereinsleben" der Freimauer zu differenten Meinungen führen, die natürlich die Konflikte zwischen Fast-Food-Informations-Konsumenten und tiefergehender wissenschaftlicher Auseinandersetzung weiter befördern.

Und dass erstes Wissen über die geheimnisvollen Rituale der „Free-Masons" gerade im 17. und 18. Jahrhundert in England auftauchen, erscheint wiederum kein Zufall.

Es legt die Hypothese nahe, dass die Herrschenden mit Hilfe der Wissenschaft erkannt haben, dass es dringend notwendig wurde „neue Märchen" für das Volk zu entwickeln, um dieses bei Laune aber auch kontrollierbar zu halten. Geschichten mit Geheimnissen, die auf der Verschwiegenheit basierten und damit halfen, einerseits die gesellschaftliche Spaltung weiter voranzutreiben um langfristig das Empire zu retten, aber auch alle anderen wirtschaftspolitischen Machtzirkel, wie die arabischen Monarchen und die amerikanischen Industriellen, eben das eine reichste Prozent der Bevölkerung mit 82% des weltweiten Vermögenswachstums.

Neue Vereinigungen parallel zu den traditionellen Kirchen würden die Gläubigen, die abtrünnig wurden wieder in neuen kontrollierten Gruppen einfangen. Sie würden den Menschen neue Entscheidungsoptionen bieten, sich „geistig" zu beschäftigen und damit natürlich auch ein gewollte Säkularisierung herbeiführen, die allerdings wieder keine eindeutige Trennschärfe aufwies. Durch die „Schöpfung" eines geheimen Bundes mit angeblichen Ursprüngen im Mittelalter konnte man einerseits begründen, warum erste „Verräterschriften" erst im 18. Jahrhunderten auftauchten und man konnte verhindern, dass wissenschaftliche Erkenntnisse oder Nachweise gefordert, sozusagen Faktenchecks durchgeführt werden würden.

Die Zeit der Aufklärung hatte das Christentum im 17. und frühen 18. Jahrhundert politisch erheblich geschwächt und so bestand die Notwendigkeit darin, unbedingt neue Machtinstrumente zu schaffen, um die Monarchie, Aristokraten, Kirchenvertreter aber auch Industrielle in Netzwerken zusammenzuführen, die den weiteren Fortschritt für alle im Sinne der Aufklärung verhinderten, eine konsequente Steuerung und Kontrolle ermöglichten und auch Gelegenheit gaben, sich regelmäßig für strategische Absprachen zu treffen, dabei aber die Öffentlichkeit fernzuhalten und offiziell diese Intransparenz auf der Basis alter mittelalterlicher Traditionen zu begründen.

Natürlich bieten diese Logen auch heute noch ausreichend Möglichkeiten „fast normale" Bürger mit einflussreichen Persönlichkeiten so zu durchmischen, dass es wiederum den Anschein hat, dass es sich nicht um einen „closed shop" handelt und Behauptungen über wirtschaftsorientierte Netzwerke, Intrigen, wettbewerbsverzerrende Absprachen oder geopolitische Planungen als vollkommen absurde Verschwörungstheorien defamiert werden können.

Durch die Entwicklung eines Netzwerkes aus Logen, die aber untereinander nicht in Austausch treten durften und dürfen, also somit auch keine Informationsweitergabe zu befürchten war und ist, konnte und kann man gezielt „Teilprojekte" steuern, ohne den Blick auf das „Ganze" zu öffnen und damit Öffentlichkeit und auch das Erkennen absichtsvollen Handelns zu riskieren. Selbst wenn es Geschäftsgeheimnisse oder Strategien gab und gibt, die aus der einen oder anderen Loge auf Grund von Indiskretionen dringen, könnten diese nur über einen so kleinen Bereich berichten, sozusagen einen Teilausschnitt, der als kleiner Puzzlestein dabei einfach verloren wirken würde und gezielt und schnell mit Gegenargumenten oder „Fakenews" überdeckt werden konnte.

Und als Verräter hätte diese Person dann sowieso an gesellschaftlicher Glaubwürdigkeit verloren und Anschuldigungen oder Hinweise würden sehr schnell im Sande verlaufen.

Gleichzeitig ist die Gewinnung der Mitglieder an immer neuere Methoden der psychologischen Beeinflussung geknüpft, die sich zunehmend auch der Möglichkeiten der Digitalisierung bedienen.

So können ganz gezielt, wie wir es tagtäglich auch mit den Spamnachrichten erleben, psychologische Beeinflussungen erfolgen.

Die Neugier des Menschen führt in den meisten Fällen dazu, sich ablenken zu lassen und auch ungeforderte und ungeplante Nachrichten zu lesen, die im eigenen Postkorb landen, denn sie könnten wichtig sein. Auch wenn dies fast nie der Fall ist, haben sie doch zu dem Effekt beigetragen, einfach Zeit zu stehlen, Zeit, um sich auf andere Dinge zu konzentrieren. Entweder sie motivieren eine Handlung, die wiederum Zeit kostet oder sie rauben die Zeit durch den Prozess der Informationsfilterung. Somit nimmt die personalisiert eingesetzte Technologie gezielt Einfluss auf die Handlungsoptionen, die dem Menschen verbleiben, um sich zum Beispiel politisch, kulturell oder kreativ zu betätigen und in welcher Weise ihm dies überhaupt noch gelingen kann.

Beispielgebend ist hierfür auch David Icke[122], der ehemalige Fußball-Profi und Publizist.

*****

Seit Mitte der 1990 Jahre vertritt Icke als Buchautor und Redner rechtsesotherische Verschwörungstheorien. Und wie kam es dazu? Er trennte sich im Unfrieden mit der BBC.

Hatte seine Kritik an, seine Hinweise über, sein Whistleblowen gegen Sir Jimmy Savile[123], der sich an über 200 Kindern vergangen hatte und von der BBC gedeckt wurde, [124] zu so großer Unruhe im Sender geführt, dass dieser Druck auf ihn ausübte und zum Gehen „veranlasste"?

Hatte David Icke es gewagt, einer wichtigen strategischen „Schachfigur" des Empires und des Vatikans im Kampf um die „Köpfe" der Bevölkerung zu nahe zu treten?

Gefährdete er das Wirtschaftsmonopoli der „Macht" so stark, das ihn als wichtige Stütze eines privatwirtschaftlichen

---

[122] https://de.wikipedia.org/wiki/David_Icke.

[123] Jimmy Savile (1926-2011) - britischer Discjockey und Moderator der BBC, Popidol, „schlimmster Sexualverbrecher in der Geschichte des Landes" laut Scotland Yard, im Zweiten Weltkrieg im Bevin-Boys-Programm, Arbeit im Bergbau, ab 1958 Radio Luxemburg, Arbeit beim ITV- Netz von kommerziellen Fernsehstationen im Vereinigten Königreich, Sitz in London, an der Londoner Börse gelistet, ab 1955 Parallelentwicklungen kommerzieller Sender zur BBC, 1965 so berühmt als „Britain's No. 1 DJ", 1972 Officer of the Order of the British Empire (OBE), noch 1990 wurde er zum Geburtstag der englischen Queen für sein soziales Engagement ausgezeichnet, zum Ritter geschlagen, auch 1990 durch Papst Johannes Paul II zum Ritter des Gregoriusordens ernant, Ehrendoktor der University of Leeds2005 noch Teilnehmer beim London Marathon

[124] www.spiegel.de/thema/missbrauchsskandal_um_jimmy-savile/.

Systems im BBC platziert hatte, um dort die „Aufweichung" seriöser Berichterstattung zu betreiben?

Musste er deshalb seine geistheilenden „Erweckungserlebnisse" erfahren?

Sollte ihm allein der Versuch schwer zu stehen kommen, einen potentiellen Sir und ein so wichtiges Bindeglied zwischen Monarchie, Kirche und ein Machtsymbol für das Volk zu verraten?

Und wollte man vor allem auf lange Sicht seine Glaubwürdigkeit diskreditieren, falls er noch mehr Missstände bei der BBC ans Tageslicht bringen würde wollen?

Gehörte es selbstverständlich dazu, dass er sich nach seinen negativen Erfahrungen als Sprecher der Green Party[125], politisch aktiv betätigte, um Einfluss auf die Behebung der ihm bekannt gewordenen Missstände zu nehmen, was dem Vereinigten Königreich und dem System generell aber gefährlich werden konnte?

Immerhin gewann seine Partei bei der Europawahl 1989 mehr als 2 Millionen Stimmen, mehr als jede andere Partei Europas. Mussten die etablierten Parteien nicht von diesem Wahlerfolg alarmiert sein und etwas „schwerere Geschütze" gegen Icke auffahren, um ihn als potentielle historische Schlüsselfigur auszuschalten?

Wurde deshalb prompt seine Arthritis[126] schlimmer, wegen der Icke bereits im Alter von 21 Jahren schon seine Fußballkarriere aufgeben musste? Geriet er deshalb „zufälligerweise" an einen esotherischen Heiler, der ihn in einer therapeutischen Sitzung in Kontakt mit Geistwesen brachte und ihm erklärte, dass er nun die Erde heilen und weltberühmt werden würde?"

„Was natürlich Quatsch war, oder?"

---

[125] https://de.wikipedia.org/wiki/Green_Party_of_England_and_Wales.
[126] Arthritis - in der englischsprachigen Literatur allgemeine Gelenkschmerzen unabhängig von deren Ursachen. - https://de.wikipedia.org/wiki/Arthritis.

„Klar. Danach bezeichnete er sich öffentlich als „Sohn Gottes", was seiner politischen Reputation sicher nicht zuträglich war. Er widmete sich dem „Märchenerzählen", mit den ihm „übertragenen" Informationen in Verbindung mit frequenzgesteuerter „Geistheilung". Daraus entwickelte sich, wie nicht anders geplant, ein lukratives Geschäft zur Verwertung seines daraus entstandenen kreativen Potentials als „Verschwörungstheoretiker". Als er aber begann an der wirtschaftlichen Profitabilität seiner Werke zu zweifeln, weil er anscheinend nicht in gerechter Weise von den Einnahmen finanziell profitierte, wurde er 2006 wegen Copyright-Streitigkeiten mit einem Geschäftspartner in den USA fast in den finanziellen Bankrott getrieben. Verstehst du die Zusammenhänge?"

„Irgendwie schon."

„Es ist immer wieder dieselbe Kette - Krankheit, psychische Manipulation, notwendiger Jobwechsel, Aufdeckung von Missständen, Mobbing, Druck durch und Überwerfungen mit dem Arbeitgeber, Arbeitslosigkeit, politisches Engagement, gegebenenfalls dadurch Weitergabe von wertvollen Informationen als unwissender Spion, weitere psychologische Einflussnahme, Erzeugen falscher Annahmen durch psychologisch-technologische Manipulation sowie emotionale Befindlichkeiten, Entwurf von Geschichten über Verschwörungstheorien, abrutschen in Pseudowissenschaften oder esoterische Kreise, finanzielle Gewinne, je nach Algorithmusverteilung des Zuckerbrots und Peitsche, aus Bucheinnahmen und Vorträgen, natürlich gemanaged oder in Zusammenarbeit mit einem „Wirtschaftsimperium", das das wahre Geschäft machte, Abschluss der *Verwertung des Menschen* durch finanziellen Bankrott, sozialer Abstieg, Vereinsamung / Isolierung, Ausschluss von gesellschaftlicher Beteiligungsmöglichkeit, Krankheit, Tod. Bei einem dauert dieser Prozess etwas länger, beim anderen kürzer, da man eben doch noch nicht alle Entscheidungen und Handlungsoptionen abschließend steuern kann."

„Das ist ja nun auch wieder eine sehr extreme Verkürzung deinerseits", wunderte sich Katharina über diese sehr knappe Zusammenfassung von Romy, nachdem diese zuvor stundenlang geredet hatte. Aber vielleicht benötigte sie einfach auch diesen Prozess des lauten Nachdenkens, um letztendlich bei einer schlüssigen Hypothese zu landen.

„Es ist eben das, was wir gegenwärtig gerade erleben - die Industrialisierung des „Produktes Mensch" in all seinen Facetten und Prozessstufen. Ob als Konsument, als Patient, als Politiker, als Auftragnehmer, als kreativer Schaffender. Ich weiß, dass das erschreckend ist und ich habe auch einige Zeit benötigt, bis ich das wirklich verstanden habe und auch als bittere Realität für mich akzeptieren konnte."

„Das ist doch dann sicher aber ein großes Thema, das wir besser gesondern betrachten, richtig?"

„Ja, das Produkt „Mensch 3.0" ist dazu noch einmal ein ganz eigenes komplexes Thema. Aber der Mensch bleibt gegenwärtig der einzige Fehler oder die einzige Störgröße in dem ansonsten so ausgeklügelten System. Ihn kann man bisher noch nicht so perfekt steuern und kalkulieren, wie die sonstigen technologischen Regelkreisläufe."

Romy lehnte sich zurück. Sie war selbst verwundert, wie klar ihr mittlerweile nun dieser Prozess der *Verwertung der Arbeitskraft des Menschen* als Leistungsträger bewusst geworden war.

Nur dass man in den letzten Jahrzehnten dafür die eigentliche „Arbeitskraft" immer weniger benötigte. Welche Ressource sich mittlerweile als zentral herausstellte war die Bildung, die Kreativität, die Köpfe selbst. Während man durch die Automatisierung und Digitalisierung Produktionsprozesse weitestgehend gut steuern und abbilden konnte, notwendige Arbeitsleistungen der Menschen weitestgehend durch Maschinen ersetzt werden konnten, erwies sich als einziges noch interessantes Kapitel das „Brain".“

„Und du meinst letztendlich besteht ein Kampf und Wettrennen um die Köpfe?“

„Ja, denn alles was wir gegenwärtig mittlerweile um uns herum sehen ist nur noch Fake und wir selbst führen nur noch Fake-Aktivitäten aus, die eigentlich niemand mehr benötigt. Sie dienen nur noch dazu, den Menschen in seinem natürlichen Umfeld zu testen, wie in einem Real-Lab. Und so werden wir analysiert, parametrisiert, geformt, kontrolliert und gesteuert. Und merken dies nocht nicht einmal. Natürlich laufen die politischen und vor allem Wirtschaftsstrategen nicht blind in ein Zukunftskatastrophe. Sie haben längst eruiert, wieviele Menschen sie für welche Aufgaben an welchen Stellen benötigen. Sie wissen längst, welche und wieviele Arbeitskräfte sie benötigen. Nicht umsonst wird auf die Bildung von „Unterschichten" nur noch wenig wert gelegt. Nicht umsonst verschwendet man nur noch bedingt Ressourcen um das Land weiterzuentwickeln, nicht umsonst setzte man keine innovativen Projekte mehr in öffentlich-rechtlicher Trägerschaft auf. Und das Clustern der Menschen leistete und leistet dabei natürlich immer noch permanent hervorragende Unterstützung. Sobald das Chipping flächendeckend umgesetzt sein würde, auch mittels der Durchsetzung von Impfpflichten, wenn Finanzierungsströme nur noch digital erfolgten, wäre das systemische Rollback zum Feudalismus 2.0 gelungen.

Während man den überwiegenden Teil der Bevölkerung vor allem  als Datensubjekte ausbeutete, begann man bei anderen ganz gezielt Kreativität zu entwickeln und damit geistige Vordenker zu schaffen, deren Output natürlich im Sinne der Verwertung nocheinmal mehr lukrativer war.

Dabei ging es vor allem um die Schaffung von, durch den Kommerz gut „verkaufbaren" Persönlichkeiten und diese im Idealfall selbst zu gestalten.

Das Produkt „Mensch", sofern es denn steuerbar war und ist, lies sich als neues Geschäftsmodell in einer digitalen Welt vor allem als als Programmierer, Erfinder oder als Schnittstelle zwischen Maschinen und der realen Welt gut verkaufen. Und für den Entertainmentfaktor wurden Persönlichkeiten „entwickelt", deren Unterhaltungswert sich gut verkaufen, vermarkten und einsetzen ließen, um weiterhin den Anschein einer „normalen" gesellschaftlichen Entwicklung zu wahren.

Als bestes „Beispielprodukt" kann sicher hierfür Meghan Markle dienen, die als US-amerikanisches Model, ehemalige Schauspielerin, gebildet im Bereich internationale Beziehungen, die besten Voraussetzungen als *Vorzeige-Royale* mitbringt. Sie wurde durch die Medien und für das Volk als Traumprinzessin für Prinz Harry erfolgreich inszeniert. Eine Frau wie Meghan lies sich einfach als Venusfalle „verkaufen". Und die BBC begann sofort mit der „Verwertung" der Liebe auf den ersten Blick. Medien titulierten unumwunden: „Im Juli 2016 begegneten sie sich zum ersten Mal, was eine gemeinsame Freundin arrangiert hatte. „Sie wollte uns definitiv verkuppeln", sagte Markle.[127]

Während es in den vorigen Jahrhunderten darum ging, möglichst Hochzeiten in Adelskreisen so zu arrangieren, dass die Reinheit einer Klasse aufrecht erhalten blieb, geht es gegenwärtig vor allem darum, das royale Theater mit sympatischen Bürgerlichen am Laufen zu halten, um damit vor allem den Wirtschaftskonzern „Monarchie" mittels medialem Entertainmentfaktor als kapitalistisches „Gelddruckimperium", und auch als Einflussgröße politischer Art nicht zu gefährden.

Dabei wurde unumwunden in einer Reportage im ZDF festgestellt, dass die Rolle von Meghan weit mehr als nur die einer Schauspielerin fordert, musste sie doch die Qualität einer „Schauspielerin" 24/7 aufweisen, um als Garant für die Aufrechterhaltung des Medien-, Marketing- und Wirtschaft-

[127] https://www.n-tv.de/leute/Wie-Harry-und-Meghan-sich-naeherkamen-article20154850.

simperiums „Royality 2.0" erfolgreich werben zu können. Gesucht und kreiert wurde vor allem eine permanente Werbebotschafterin für ein Portfolio monarchischer Produkte, Leistungen aber auch zur Vermittlung von Haltungen und Meinungen.

Und das Zweite Deutsche Fernsehen beteiligte sich zur besten Sendezeit aktiv an der monarchischen Informationsweitergabe[128]."

„Aber jetzt fängst du hoffentlich nicht noch an, das ZDF kritisch auseinanderzunehmen und vielleicht sogar noch in das Horn der Lügenpresse zu stoßen?"

„Nein, ein anderes Mal. Aber nur so viel - die ARD[129], die Arbeitsgemeinschaft der öffentlich-rechtlichen Rundfunkanstalten der Bundesrepublik Deutschland wurde 1950 als Verbund öffentlich-rechtlicher Rundfunkanstalten in Deutschland mit neun Landesrundfunkanstalten gegründet. Sie finanziert sich über Rundfunkgebühren. Dann sollte plötzlich dem demokratischen Medienverbund des öffentlich-rechtlichen Rundfunks eine private Initiative gegenübergestellt werden. Es bestand das Ziel, dass die Freies Fernsehen GmbH[130] um 01.Januar 1961 ihren Betrieb aufnehmen sollte, was aus rechtlichen Gründen allerdings untersagt wurde. Dann gründete man eilends 1960 eine Deutschland-Fernsehen GmbH, woraus dann der Betrieb des Zweiten Deutschen Fernsehens entstand. Als *Adenauer-Fernsehen*" wurde dieses erst untersagt. Klar war, das es vor allem als politisches Führungs- und Beeinflussungsmittel genutzt werden sollte."

„Wie konnte dieses, die Länder und Bevölkerung spaltende Projekt dann doch durchgesetzt werden?", fragte Katharina.

---

[128] Dokumentationen im ZDF mit Titeln wie: Königliche Dynastien; Kronprinzessin und Superstar; Glamour, Macht und große Gefühle; Kronen, Krisen und Skandale; Krisenmanagement in Europas Königshäusern, Leben und Leiden der Prinzessin der Herzen.

[129] https://de.wikipedia.org/wiki/ARD.

[130] htttps://de.wikipedia.org/wiki/Freies_Fernsehen_Gesellschaft.

„Ganz einfach. Es gab eine „politischen Mobilmachung" gegen dieses Urteil. Und die Länder Baden-Württemberg, Nordrhein-Westfalen, Rheinland-Pfalz und Bayern unterschrieben dann einen eigenen Vertrag. Und die Deutsche Bundespost baute für das ZDF extra eine zweite Senderkette auf."

„Und die Kosten?" Bei diesem Punkt reagierte auch Katharina sensibel, wurde sie doch ständig mit Spardiktaten und Etatkürzungen konfrontiert, die ihr bereits unsicheres Journalistengehalt noch mehr schmälerten.

„Anscheinend war das egal, da ja wichtige langfristige politische Ziele damit verfolgt werden sollten. Und da eine private Einrichtung geplant war, hatte man sicher bereits schon im Blick, welche privaten Investitionen und Einnahmen mit dieser Sendeanstalt generiert werden sollten. Insofern wird deutlich, dass man eigentlich die Botschaft „Mit dem Zweiten sieht man besser", eher als sehr kritisch betrachten sollte. Für den Parallelaufbau dieser zweiten Sendeanstalt bestand im Sinne einer neutralen, sachlichen und faktenbasierten Informationsversorgung der Bevölkerung jedenfalls kein objektiver Grund, da auch alle Landesanstalten im ARD ihre Anliegen vertreten konnten. Zumal das Zweite nun auch mit Beiträgen aus den Rundfunkgebühren von ca. 2 Mrd. € [131] finanziert werden musste und noch wird. Einfach für überflüssige Parallelstrukturen und zur Platzierung von verwirrenden Informationsinhalten, anstelle die Kompetenzen zu bündeln und mehr in die Qualität und Neutralität bestehender Sendeformate fließen zu lassen. Sicher wird nicht jeder Journalist und jeder Angestellte des ZDF gegen die Demokratie infiltrierend tätig sein oder die Bezeichung „Lügenpresse" verdienen, aber bei einem Vergleich von Nachrichtenkanä-

---

[131] u8,1 Mrd. Euro Rundfunkgebühren. GEZ-Gebühren umstritten, aber stabil. In: Tagesspiegel online, 15.06.2016. - https://www.tagesspiegel.de/medien/8-1-Milliarden-euro-rundfunkgebuehren-gez-einnahmen-umstritten-aber-stabil/13738728.html.

len wird deutlich, worin die Unterschiede hinsichtlich der Berichterstattung von privaten und öffentlich-rechtlichen Informationsinhalten bestehen. Insofern habe ich mittlerweile verstanden, dass gerade diese vermeindlichen „Trittbrettfahrerentwicklungen" vor allem der gesellschaftlichen Spaltung, politischen Interessen, aber nicht unbedingt dem demokratischen Zielverständnis dienen. Sie verkomplizieren Organisations- und Kostenstrukturen, tragen zu Intransparenz und unnötigen Auseinandersetzungen bei, verschwenden Steuermittel und haben Verbindendes mit einer Geheimiskrämerei."

„Du willst die verwirrenden Strukturen in manchen Anstalten, aber auch Konzernen mit Logen und anderen Organisationen vergleichen?"

„Richtig. Denn Intransparenz, mangelnde Synergien verhindern gemeinsames zielgerichtetes Arbeiten. Es gibt unnötigen internen Wettbewerb, Parallelentwicklungen und eben überall Schweigen über Missstände aus Angst.

Aber um das Thema der Freimaurer abzuschließen. Letztendlich steckt hinter diesen Parallelstrukturen, mangelndem Informationsaustausch, Schweigen eben ein simples Geschäftsmodell, was wiederum psychologische Möglichkeiten der Beeinflussung mit wirtschaftlichen Interessen verknüpft. Es gehört zu den einfachen Marketingprinzipien, Promotion durch Emotion, Differenzierung und Spaltung als Ausdruck von Freiheit und „Informationsvielfalt" als vermeindliche Entscheidungsmöglichkeit vorzugaukeln. Aber Fakten vs. *Alternativer Fakten* sind kein Ausdruck von Informationsfreiheit sondern Basis für Des- und Fehlinformationen zur Veränderung demokratischer Entwicklungen, die auf der Bewertung von objektiven Wahrheiten beruhen.

Die Freimaurer als elitäre Sammelbewegung wirken für viele interessant, wobei sie letztendlich nur Ausdruck eines subtilen Verschleierungsprozesses sind. Warum sonst gibt es keine öffentliche Transparenz darüber, welche Personen dazu gehören? Warum wird nur selten bekannt, in welchen demokratischen Strukturen sie parallel und im Alltag Macht ausüben, ob ökonomische, kulturelle, soziale oder symbolische Macht. Wer dem Netzwerk nicht dient, muss es per sé wieder verlassen. Nachdem man heute weltweit von 2,6 Millionen Freimaurern ausgeht, stellt dies sicherlich im Verhältnis zur Weltbevölkerung eine angemessene Führungsmannschaft dar, wenn  man einmal den vielen Verschwörungstheorien hypothetisch folgt."

„Ist es also doch wahr?"

„Was heißt schon wahr? Wie bei allen diesen Stategien, die auf der Manipulation von Informationsflüssen und Inhalten beruhen - eben teilweise. Nicht jeder der Freimaurer wird sicher an Wirtschaftsintrigen beteiligt sein, nicht in jeder Loge werden sicherlich strategische wirtschaftspolitische Fragen diskutiert. Du wirst also immer einen Zeugen herbeizaubern können, der aufrichtig und ehrlich davon berichtet, dass dort alles mit rechten Dingen zugeht. An Spekulationen möchte ich mich diesbezüglich überhaupt nicht beteiligen. Vielleicht sitzen in jeder Loge ein oder zwei Steuergrößen zur „Gestaltung von Informationstrends" und zur Unterstützung der Meinungsbildung. Hypothesen und Indizien können meines Erachtens, so wie bei den Bilderbergern sicher davon ausgehen, dass die sich dahinter verbergenden Informationsziele nicht der Öffentlichkeit, sondern speziellen Interessen wiederum von geopolitischen Strategien und Wirtschaftsnetzwerken dienen.

Wenn wir in den heutigen Zeiten von Demokratie, Offenheit, Transparenz sprechen, mutet es eben sehr eigentümlich an, wenn sich gewählte Volksvertreter, die die Bürger vertreten sollen, solche Geheimniskrämeien unterstützen, wenn sie aus demokratischer Sicht, an hochproblematischen Treffen teilnehmen.

Auch wenn mittlerweile eine offizielle Webseite[132] die Themen nennt, wird weiterhin nicht öffentlich erklärt, mit welchen Zielen oder Ergebnissen über Artificial Intelligence, Terrorismus oder Cyber Security diskutiert wird, warum dies neben demokratisch gewählten Gremien und Institutionen notwendig wird, in der Verbindung mit Banken, wie Deutsche Bank, Goldman Sachs, Industrievertretern von Airbus oder NEOM, einem Mega-Projekt als modernster Technologiepark der Welt in Riad[133] geplant, gegegründet von Mohammed bin Saldam, und warum dazu nur „ausgewählte" deutschen Poliker wie Olaf Scholz[134], Jens Spahn, Ursula von der Leyen, Wolfgang Schäuble eingeladen werden, die es dann aber nicht für notwendig erachten, die dort diskutierten Strategien öffentlich zu erörtern?

Wäre der Schock für die Bevölkerung einfach zu groß?

Sollte eine Massenpanik vermieden werden? Ist die Re-Feudalisierung bereits „beschlossene Sache"?

Und gibt es nicht schon immer den Spruch „Wer flüstert, lügt?"

Das Sprechen hinter verschlossenen Türen über gesellschaftliche Herausforderungen stellt eben meines Erachtens nichts anderes dar. Aber dazu würde ich mich gern mit dir ein anderesmal austauschen." Romy wurde nachdenklich.

„Vielleicht aber doch noch als Ergänzung - man darf neben den Inhalten vor allem aber nicht das gesellschaftsspaltende Machtpotential solcher Netzwerke unterschätzen. Sie unterstützen damit das Entstehen von Desinformationskampagnen, das Schüren von Spekulationen, die sich jeder wissenschaftlich seriösen Forschung entziehen, sie tragen so zu einer Verdummung der Bürger bei, wobei sie gleichzeitig das Volk verhöhnen, indem sie es durch den Ausschluss an der Informationsteilhabe dieser „Eliteversammlungen" für

---

[132] www.bilderbergermeetings.org/steering-committee.html.
[133] https://de.wikipedia.org/wiki/Neom.
[134] Olaf Scholz - ein Bilderberger, https://www.nachdenkeseiten.de.

zu dumm erachten, um sich an Planungen zu geopolitischen Strategien zu beteiligen oder ihnen direkt ihre neue eindeutige Rolle als Sklaven 3.0 in einer neuen politischen Weltordnung zuweisen.

Solche geheimen Treffen dienen als Quellen für unendlich viele Fake-News und spalten weiter die Weltbevölkerung. Die Menschen zerbrechen sich über Gerüchte den Kopf, anstelle sich mit den Wahlprogrammen der Parteien auseinanderzusetzen oder noch wichtiger, mit den kommunalen Problemen, die ihr Leben direkt betreffen. Sie erzeugen eine Art von Fatalismus und Gesellschaftsneurose.

Sie vernichten damit unwiederbringbar wertvolle Lebenszeit und -energie der Bevölkerung, die sie in konkrete Veränderungen hätten einbringen können.

Dass David Icke nicht weiter die Reihen der Grünen im Europa-Parlament auf Grund seiner Intelligenz und seiner symbolischen Macht stärkte, steht für den erfolgreichen Einsatz solcher systemerhaltenden Machtinstrumentarien durch psychologische Kriegsführung und zeigt dagegen die sichtbar werdende Ohnmacht der fortschrittlichen Kräfte.

Unabhängig davon, dass seine verschwörungstheoretischen Werke Spott auslösen, weil sie teilweise Sachverhalte überzeichnen oder in uneindeutige Zusammenhänge stellen, festigen sie das mörderische System weiter.

Übrigens entstand die erste Loge, wie sollte es anders sein, in London im Jahr 1717, erste Protokolle tauchten dann nach 1723 auf. Die Großloge[135] gründeten dann Logen im Vereinigten Königreich, Militär- und Feldlogen sowie weitere Großlogen und Ableger auf dem europäischen Kontinent und in Amerika. Damit machten sie sich die wissenschaftliche Er-

---

[135] Großloge = agiert in der Freimaurerei wie ein Dachverband über einzelne Vereine, die Logen, Großmeister und Großbeamtenräte sind für zeremonielle Aufgaben zuständig, Groß-Sekretäre, Groß-Schatzmeister, Groß-Aufseher, Groß-Zeremonienmeister sorgen für die gebührende Struktur. https://de.wikipedia.org/wiki/Großloge.

kenntnis über die menschliche Persönlichkeit entsprechend der Maslowschen Bedürfnispyramide zu eigen, die Spitze - nämlich das Bedürfnis nach Selbstverwirklichung des Menschen anzugehen, auch wenn die „offiziellen" psychologischen Forschungen als eigenständige akademische Disziplin erst Anfang des 19. Jahrhunderts begründet wurden.

Und durch die Möglichkeiten der Steuerung und Kontrolle nicht nur der Arbeitsleistung des Menschen, sondern auch seiner psychischen Verfassung, seiner Emotionen und seiner Erhaltung, konnte das Produkt „Sklave", das über die vergangenen Jahrhunderte erfolgreich zur Produktion von Mehrwert beigetragen hatte, auf eine neue, unsichtbarere Ebene gehoben werden. So gelingt es zunehmend auch die Gefahr einer, früher als Rebellion oder „Sklavenaufstand" gefürchteten, Revolution und einen gesellschaftlichen Wandel auszuschließen. Nicht umsonst sagt man auch, dass es bei der Wiedervereinigung oder besser der Übernahme der DDR in das bundesdeutsche System normalerweise eine Revolution gegeben hätte, wenn nicht die Baumärkte gewesen wären. Fasziniert durch „glitzerndes Spielzeug für Erwachsene" vergaßen die Menschen über die Grundwerte, -bedürfnisse und -freiheiten des Menschseins zu reflektieren. Der Traum von Reichtum, großen Kreuzfahrten, vom möglichen V.I.P-Image und Superstar überlagerte alles.

Ob über exklusive Logen, wie traditionell die Freimaurer, oder moderne Bewegungen, wie die der Selbstoptimierer, über den Wunsch, etwas „Besonderes" zu sein, kann natürlich perfekt Einfluss auf den einzelnen Menschen genommen werden.

Personalisiert und individuell.

Wie früher die Sklaven in den weltweiten Zuckerrohr-Plantagen effizient, optimiert eigenständig arbeiteten, ohne Technologien, dabei als Handelsware und einsatzfähiges Produktsmittel schnell „verschlissen", tragen Quantifiedyourself-Methoden heute dazu bei, dass Menschen „selbständig" an ihrer Effizienz mitwirken, die für die neuen modernen Anforderungen benötigt werden. Sie schürfen freiwillig für große Unternehmen wie IBM[136] Datengold, lassen sich freiwillig psychologisch und physisch in Cluster pressen, präsentieren sich selbst leicht steuer- und kontrollierbar, arbeiten selbst motiviert an ihrer Leistungsfähigkeit, um damit der Sklaverei zu einer neuen und modernen Entwicklung und so zu einem positven Image des  perfekten Sklaven 2.0 beizutragen.

Dass Icke, aus der politischen Linken kommend, plötzlich die Welt nach seiner „Geistheilung"[137] in rechtsverschwörungstheoretischen Farben sieht, sollte wissende Psychologen und Neurologen endlich dazu ermuntern, ihre wissenschaftliche Expertise zur Offenlegung fachlicher Erkenntnisse in öffentliche Diskussionen einzubringen und so zu einem gesellschaftlichen Wandel beizutragen."

Romy schluckte kurz und setzte dann fort: „ Mir ist wirklich unverständlich, wie sie sich nicht täglich für ein Ende dieser  psychologischen „Kriegsführung" und natürlich gegen diese Entwicklungen zurück in ein finsteres Mittelalter einsetzen können?"

Der Tonfall Romys war plötzlich gekippt. Scharf und erregt schien sie diesen Appell oder die Frage direkt an die wissen-

[136] BigData-Konzerne wie IBM setzen auf eine Kombination von Gesundheitsdaten und Sensoren zur Analyse von Patienten, von deren Verhalten und Symptomen, und beziehen Bewegungen wie Quantified-Self-Bewegungen ein. Dabei geht es auch um die Schaffung des Menschen 2.0 mittels Implantaten - besser hören, Stimmung steuern, Berührungslos greifen, Magnetismus spüren, Lähmung überwinden, schneller rennen, gesund verdauen, kraftvoll zupacken, länger leben, adlerscharf sehen etc. vgl. wiwo.de  - Ehrenfeld, Felix: Quantified Self, IT-Unternehmen entdecken Gesundheitsbranche, 13.07.2013.

[137] https://www.engelweisendirdenweg.de/david-icke - wie ich mir meine irdischen Eltern aussuchte, Seelenrückerinnerung, medialer Geistheiler vom Kreither Berg, Geistheilung für kosmische, göttliche Veränderungen etc.

schaftlichen Experten aus dem Bereich der Psychologie und Neurologie richten zu wollen. Katharina sah, aufgrund der lauter gewordenen Stimme, erschrocken ihre Freundin an. Es waren ja keine Experten im Raum, bei denen es Sinn gemacht hätte, sich emotional so zu echauffieren.

„Weißt du, warum ich mich so aufrege?"

Katharina schüttelte den Kopf.

„Weil es eben ein immer wiederkehrendes Spiel ist, in Form einer Rückwärtsspirale, das mittlerweile schon so viele kennen sollten. Wenn ich mir die Beschreibungen der Literatur von Icke stellvertretend für noch andere Autoren der sogenannten „Verschwörungsliteratur" ansehe, die immer wieder die gleichen Probleme ansprechen, auf die gleichen Missstände hinweisen, dabei aber nie des Pudels Kern[138] treffen und somit indirekt ihre Lebenszeit verschwenden oder in einen höchst zweifelhaften „Dienst" stellen, und damit der Menschheit keinen wirklichen Gefallen tun, sondern eher zu einem lanfristigen Unglück beitragen. Und wenn ich dies so sehe, könnte ich nur schreien.

Da fließen so viele wichtige und richtige Gedanken mit Hypothesen zusammen, deren Belegbarkeit kaum möglich oder wissenschaftlich öffentlich nicht nachweisbar ist und diese werden weiter aufgeweicht und infiltriert mit Gerüchten und Spekulationen.

Und kaum jemand kann in dieser Komplexität der Informationsströme dabei noch zwischen richtig und falsch unterscheiden. Denn wenn es sich um geheime wissenschaftliche Forschungsergebnisse handelt, bleiben diese auch in der Re-

---

[138] Zitat „des Pudels Kern" - Goethes Faust, aus dem Pudel wird nach Tranformationen Mephisto. Mephistopheles bei Goethe - ein dienstbarer Geist der angerufen und genutzt wurde, mit der Maßgabe, Faust dazu zu verführen, einen Augenblick so schön zu finden, dass es nichts mehr ändernswert findet, den Augenblick festhalten möchte - dann verkehrt sich das Verhältnis.ins Gegenteil - übertragbar auf die Segnungen der Technik und die Verführbarkeiten durch den Neoliberalismus, die zunehmend den Blick verklären.

gel geheim. Und kaum jemand findet die Zeit, diese literarischen, dokumentarischen oder publizistischen „Gesamtpakete" Aussage für Aussage zu analysieren.

Dies wäre aber dringend notwendig, um endlich von polarisierenden und populistischen Behauptungen wegzukommen. Und die Politik sollte als ihre einzige und wichtigste Aufgabe im Sinne auch künftiger demokratischer Entwicklungen für Transparenz und Aufklärung sorgen.

Sie sollten nicht darüber debattieren, wie Rüstungsetats wieder erhöht werden, wie Millionen Finanzinvestitionen in Kriege fließen sollten, sondern darüber, gegen wen man eigentlich warum kämpfen soll, wer diese Konflikte anzettelt, warum?

Von wem eigentlich die wahre Bedrohung ausgeht und auch wieder, warum?

Maximal picken sich Leser Thesen heraus, die sie selbst aus ihrem Umfeld oder Erlebnisbereich bewerten können. „Wissende" lehnen diese „Werke" meisten komplett ab, weil sie sich als Elite anderen Themen verpflichtet fühlen, weil sie, medialen „Headlines" folgend, auf den ersten Blick im präsentierten Mix von Aussagen zahlreiche Fehler erkennen und deshalb auch über potentiell richtige Annahmen nicht weiter nachdenken. Die „Quellen" der Desinformationskampagne fördern, selbst mit Kritik den kommerziellen Erfolg, an dem sie nicht selten beteiligt sind und verhöhnen so die „Protagonisten" gleichfalls noch weiter als Einfaltspinsel[139].

---

[139] David Icke: The Biggest Secret - Das Größte Geheimnis, wurde in der dritten deutschen Auflage, vom Mosquito-Verlag, Potsdam herausgegeben, der Verlag gehört zum Firmennetzwerk des Mobiwell-Verlag, das auch das Nexus-Magazin herausgibt, ggr. im Jahr 2000 von Thomas Kirchner, Unternehmer in Sachen eigener Verantwortung, Käufer sollen durch radikales Umdenken Eigenverantwortung für ihre Gesundheit übernehmen, „staatliche Fürsorge" ist verpönt. Nexus Magazin - 1986 in Australien als grün-alternative Zeitschrift gegründet, Themen New Age, Gesundheit und Dritte Welt, 1990 übernommen von Duncan M. Roads - „Alternative News Pioneer".- Focus UFOs, Unerklärliches, Redakteur der

Und diejenigen, die nur begrenzt als „wissend" bezeichnet werden können, kaufen die „symbolische" Macht eines populären britischen Populisten und „schlucken" voller Euphorie auch die restliche, „nicht verifizierte" Gedankenwelt. Aber ich gehe von der Hypothese aus, dass Icke wirklich Opfer einer „Gehirnwäsche" wurde. Das er zu den *Targeted Individuals*[140] gehört, die Mind Control Techniken aber auch emotionaler und psychologischer Beeinflussung allgemein ausgesetzt wurden.

Allerdings folge ich nicht der These, dass der Staat diese Technologien[141] einsetzt. Und vielleicht ist der Gedanke, einen Chip zu tragen, auch nur einer der psychologischen Tricks, die die Menschen glauben lassen, dass sie gechippt sind. Technologisch kann die Hypothese aber wahr sein, da in den 60er/70er Jahren des vorigen Jahrhunderts bereits der technologische Fortschritt als Grundlage für geplante geopolitischen Veränderungen sich in einer Hochphase befand und solche Art von Technologien, wie der Verichip, der zwar erst 2002 durch die FDA zugelassen wurde, aber ähnliche Implante weit früher patentiert wurden.

Und da wird es wohl wieder solche und solche Beispiele geben.

In jedem Fall liegt dies wohl eher im Interesse privatkapitalistischer, neoliberaler oder royaler Interessen und Institutionen, die das System erhalten wollen und weit schlimmer, wieder darauf abzielen eine „moderne Sklavenhaltung" auf-

---

engl. Ausgabe Marcus Allen (US-amerikanischer American-Footballspieler, Spielanalytiker bei CBS, auf Veranstaltungen die dem amerikanischen Militär Tribut zollen (https://en.wikipedia.org/wiki/Marcus_Allen.

[140] https://rationalwiki.org/wiki/Targeted_Individuals.

[141] Tausende Menschen gehen davon aus, dass die Regierung implantierte Chiptechnologie und elektronische Strahlen einsetzt, um ihren Verstand zu kontrollieren. Sie sind verzweifelt zu beweisen, dass sie nicht wahnsinnig sind. - vgl. Mind Games: The Torture Lives of „Target individuals".- Quelle: https://www.wired.com/story/mind-games-the-tortured-lives-of-targeted-individuals/.

zubauen als im Interesse eines demokratischen Staates.

Wozu auch? Plausible Gründe für das Chipping sind Wirtschaftsspionage, emotionale Steuerung zur Haltungsbeeinflussung oder Steigerung der Leistungsfähigkeit. Und wenn ich dann sehe, wie der Staat aufgestellt ist, wie die staatlichen und öffentlichen Einrichtungen eher nicht dem internationalen „State-of-the-art" im Sinne Best cases folgen, halte ich es für sehr unwahrscheinlich, dass eine Struktur wie der deutsche Parlamentarismus solche Strukturen implementiert hat.

Außerdem gehören zu einem „Informationsprojekt" nicht nur staatliche Strukturen, sondern auch involvierte medizinische Einrichtungen. An dieser Stelle sind wohl eher private Kliniken und Gesundheitsdienstleister im Sinne einer „Optimierung von Krankheiten" an solchen Lösungen interessiert, als gesetzliche Krankenkassen oder das öffentliche Gesundheitswesen, das kaum in diesem Sinne mit neuesten technologischen Entwicklungen „dealt". Erst wenn die Systeme erfolgreich, kontrolliert und durch die private Hand steuerbar werden, dann werden diese sicherlich auch für die „Skalierung" in den öffentlichen Bereich freigegeben.

Und auch im Zusammenspiel mit der Pharmaindustrie macht nur das Verfolgen eines privatkapitalistischen Motivs Sinn. Hier hat man bereits langjährige Erfahrungen gesammelt, wie durch Substanzen führende Politiker in Abhängigkeiten getrieben werden und auch heute damit noch manipuliert werden können[142].

---

[142] Egal mit welcher Wirkung, wie oft, Politiker sind in dieser Hinsicht wichtige Zielgruppen und anscheinend existiert in diesem Bereich eine hohe Dunkelziffer: Volker Beck, Kölner Grünen-Politiker, Michael Hartmann, SPD-Politiker, Pegida-Chef Lutz Bachmann, Martin Lindner (FDP) - Joint in TV-Talkshow, Heinz Buschkowsky SPD, Cannabis-Konsum in seiner Kibbuz-Zeit in Israel, Joschka Fischer, Hans-Eichel (SPD), Michel Friedmann - Kokain, https://www.berliner-zeitung.de/politik/crystal-und-co-diese-politiker-sind-mit-drogen-erwischt-worden-23655432, oder https://www.focus.de/politik/videos/beck-nicht-allein-diese-politiker-stolperten-ueber-alkohol-und-drogenaffaeren_id_5329893.html.

Und „esoterische Literatur" konzentriert sich vor allem darauf, staatliche Strukturen abzulehnen. Warum sollte also der Staat, wenn er die Möglichkeit hat, Menschen zu manipulieren, sie dann nicht zu „leistungsfähigen Mitgliedern" öffentlich-rechtlicher Strukturen formen, sondern erschafft Wutbürger, Esoteriker, Nazis, kiffende Grüne oder Marihuana-Dämpfe inhalierende SPD-Finanzminister? Das macht wenig Sinn. Dank biomedizinischer Gerätetechnik, Wissen über die Möglichkeiten des Eingriffs in die Funktionen des Gehirns, bioelektrische Regulationen durch elektromagnetisches Bestrahlen, andere technische Erkenntnisse in Kombination mit psychologischen Tricks und ganz „analogen" Informationsflüssen sind solche Steuerungen längst möglich, überhaupt nicht abwegig und absolut kein „Hexenwerk".

Warum auch sollte es plötzlich Tausende von Wahnsinnigen geben, zumal diese häufig aus intellektuellen Schichten kommen, im Vorfeld Kritik an „sonderbaren" Entwicklungen äußerten, die Offenlegung von und Transparenz bei Missständen forderten, vielfach als Whistleblower aktiv wurden und dann plötzlich, so wie eben David Icke, von „Erweckungserlebnissen" berichten, die sie sich darauf konzentrieren lassen, vermeintliche Verschwörungstheorien aber auch göttliche Einflüsse und Seelenwanderungen in den Mittelpunkt ihrer Existenz zu stellen?

Dabei sind natürlich viele „psychologische Ankerpunkte" so genial gesetzt, dass alternative Fakten und Informationen mit anteiligem Wahrheitsgehalt gemixt werden. Und allein schon auf Grund der begrenzen Zeit, die jedem nur zur Verfügung steht, ist es kaum möglich, alle diese Informationen „nachzurecherchieren" oder sich bei Experten zu erkundigen. Vor allem wird dies durch ein ausgeprägtes Säulendenken vieler „neutraler" Experten und Wissenschaftler nocheinmal mehr schwieriger."

„Hattest du nicht auch irgendwie schon einmal einen solchen global-erklärenden Metaebenen-Ansatz in deinem Kopf?", fragte Katharina.

„Deshalb bin ich ja so wütend. Wenn ich die Einführung des Buches von David Icke lese, zitiert er Wilhelm Reich[143] aus seinem Buch: „Contact with Space". Reich war ein österreichischer Arzt und Psychoanalytiker. Er starb am 03. November 1957 in einem Gefängnis in den USA. Und dieser zitierte literarische Text der Einführung hätte fast hundertprozentig von mir stammen können, so absurd das auch klingt. Mittlerweile sind ja nun 60 Jahre vergangen und ich frage mich natürlich, warum dieser Mann die gleichen Gedanken in seinem Kopf fand? Wer oder woher auch immer die Quelle dieser Informationen stammt, scheint diese Informationsübertragung technologisch so perfekt zu beherrschen, da die Inhalte über die Jahrzehnte immer wieder reproduzierbar erscheinen."

„Aber was hast du denn mit Wilhelm Reich gemeinsam?"

„Das weiß ich noch nicht genau. Aber es muss eine Verbindung zwischen Wilhelm Reich, anderen Opfern von psychophysiologischer Beeinflussung und mir geben. Seine Lebensumstände jedenfalls trugen dazu bei, ihn schnell geistig reifen zu lassen, viele emotionale Herausforderungen zu bewältigen und ihn dadurch einerseits zu einem wertvollen Leistungsträger für die Gesellschaft und generell formbar, ihn anderseits aber auch zu einer potentiellen Gefahr für das System werden zu lassen."

„So, wie dich auch?"

*****

---

[143] Wilhelm Reich (geb. 1897 in Dobzau, Österreich-Ungarn, gestorben 1957, Pennsylvania, USA) - österreichisch-US-amerikanischer Arzt, Psychiater, Psychoanalytiker, Sexualforscher und Soziologe, fand Zusammenhänge zwischen psychischen und muskulären Panzerungen, entwickelte Therapiemethode der Psychoanalyse zur Charakteranalyse zur Vegetotherapie weiter, Grundlage für Körperpsychotherapien.

Wilhelm war jüdischer Abstammung. Er wurde nicht religiös erzogen. Seine Mutter verübte Selbstmord als er vierzehn Jahre alt war, sein Vater wurde depressiv, erkrankte, starb 1914, da war Wilhelm 17 Jahre alt. Er musste die Leitung des Gutsbetriebs der Eltern übernehmen, er wurde 1917 durch einrückende russische Truppen zur Flucht gezwungen. Er trat in die kaiserlich und königliche Armee ein, leistete bis 1918 Militärdienst, ging nach Wien, studierte Rechtswissenschaften, Medizin, beschäftigte sich mit Sigmund Freud und der Psychoanalyse, 1920 wurde er in die Wiener Psychoanalytische Vereinigung aufgenommen, promovierte 1922 zum Dr. med., entwickelte therapietechnische Innovationen, vertrat die Ansicht, die Heilung von Neurosen wäre nicht sinnvoll, notwendig eher die Prophylaxe, daraus resultierten politische Konsequenzen, er wurde aus der Internationalen Psychoanalytischen Vereinigung ausgeschlossen, wirkte im skandinavischen Exil. Besonders bemerkenswert stellt sich seine Entdeckung der Bione dar - eine Art Energiebläschen, die er als „elementare Funktionseinheit aller lebenden Materie" beschrieb. Reich führte viele Experimente durch und schloss auf eine bisher unerforschte „biologische Energie", die er Orgon[144] nannte. Auf sein Buch „Die Bione" (1938) gab es fünf Rezensionen, zwei englischsprachige von Psychoanalytikern, drei von niederländischsprachigen Fachorganen. Die Neuauflage 1995 blieb unkommentiert. Und nun, im Jahr 2015 veröffentlichte die Harvard University Press eine 467 Seiten umfassenden Monographie, die die Forschungen von Reich kritisch beleuchtet[145].

„Warum erzählst du mir das alles?", musste Katharina nun doch dazwischen gehen. „Hat das noch etwas mit unserem ursprünglichen Thema zu tun?"

„Tut mir leid Katharina, aber ja. Ich bin einfach auf der

---

[144] https://de.wikipedia.org/wiki/Bion_(Wilhelm Reich).

[145] James E. Stick: Wilhelm Reich, Biologist. Harvard University Press, Cambridge MA/USA and London 2015.

Suche nach dem „Missing Link", der einerseits sicherlich einfach durch biomedizinische Technologien umrissen werden kann, aber noch keine Auskunft über die Kohorte gibt, die als Zielpersonen für die Experimente ausgewählt wurden. Aber es gibt auch in den Biographien immer wieder gleiche Musterabläufe."

„Na, dann erzähl schon weiter."

„Besonders bemerkenswert finde ich, dass er unter dem Eindruck der politischen Ereignisse, z.B. des Wiener Justizpalastbrands[146] am 15. Juli 1927 heimlich in die Kommunistische Partei Österreichs eintrat. Später gründete er mit anderen kommunistischen und sozialdemokratischen Ärzten Sexualberatungsstellen in Wien, er arbeitete an einer Synthese von Marxismus und Psychoanalyse (Freudomarxismus[147]), gründete den Deutschen Reichsverband für Proletarische Sexualpolitik und er schrieb ein Buch zur Massenpsychologie des Faschismus, wo er klinische Vorstellungen der menschlichen Charakterstruktur auf den gesellschaftlich-politischen Bereich anwendete. Er analysierte darin die grundlegenden Zusammenhänge zwischen autoritärer Triebunterdrückung und faschistischer Ideologie und dabei die Rolle der autoritären Familie und der Kirche. Und er charakterisierte die patriarchalische Zwangsfamilie als Keimzelle des Staates, die zu unterdrückten Charakteren führt, die sich freiwillig einer repressiven Ordnung unterwerfen. Irgendwie kommt mir dies aus den aktuellen Diskussionen um die 68er Bewegungen in Deutschland sehr bekannt vor.

---

[146] https://de.wikipedia.org/wiki/Wiener_Justizpalastbrand.

[147] Gesellschaftstheorie aus einer Verbindung von Sigmund Freuds Psychoanalyse und Karl Marx Marxismus. Theoretische Grundlage für die Neue Linke (68er-Bewegung). „Der kapitalistische Staat unterdrücke zum Zweck einer höheren Arbeitsleistung die Sexualität seiner Produktivkräfte (führt lt. Reich zu Massenneurosen). Freud baute in den 1920er Jahren die Psychoanalyse immer mehr zu einer pessimistischen Haltung bezüglich der menschlichen Natur in der Kulturphilosophie aus (vgl. Todestrieb) https://de.wikipedia.org/wiki/Freudomarxismus.

Gleichzeitig verneinte er die Auffassung, dass Faschismus aus der Ideologie oder dem Handeln einzelner Individuen oder politischer und ethnischer Gruppen entspringen würde[148].

Ich habe mich in der Vergangenheit auch etwas intensiver mit den Möglichkeiten der personalisierten Medizin beschäftigt, mit den Instrumentarien, um über Algorithmen, Menschen und Menschenmassen zu steuern. Und gleichzeitig gehörten zu meinen wichtigen Forschungsthemen die Informationswissenschaften mit dem Kernthema der „Information als Ware".

Und dadurch musste mir natürlich bei meiner Tätigkeit bei der Telekom auffallen, dass die Informationsprozesse dort nicht „sauber" aufgesetzt sind und vor allem, dass im Gesundheitsbereich keine Präventionsprojekte umgesetzt werden, keine Projekte, die direkt dem Wohle der Patienten zu Gute kommen, sondern nur auf politisch strategische Datesammelprojekte abzielen.

Insofern liegt die Schlussfolgerung nahe, dass Deutschland nur ein Lab darstellt, in dem verschiedene Indikatoren in komplexen Systemen getestet und natürlich auch justiert werden. Es gibt keinen ausgeprägten Wunsch, bestehende wissenschaftliche Erkenntnisse zur Gesundung des Menschen in praktisches Handeln umzusetzen. Meine Gedanken zur Prävention wurde in der medizinischen und vor allem klinischen Gemeinschaft auch nicht gerade mit Begeisterung aufgenommen.

1933 musste Wilhelm Reich dann nach Skandinavien emigrieren, seine Bücher wurden in Deutschland verbrannt, 1934 verlor er seine Aufenthaltsgenehmigung in Dänemark, er

---

[148] Zvi Lothane: Wilhelm Reich revisited: Die Rolle der Ideologie in der Charakteranalyse des Individuums versus in der Charakteranalyse der Masse, in: Ulrike Kade, August Ruhns, Karl Stockreiter, Gerhard Zenaty (Hrsg.): texte. psychoanalyse. ästhetik. kulturkritik, Passagen Verlag Wien Heft 03/2015, 35 Jg., S.8-29.

musste nach Oslo, dort trennte er sich von seiner Frau auf Grund einer Balletttänzerin, die ich bereits wieder als Venusfalle im Gesamtmanipulationskontext von Reich positioniert sehe. Zufälligerweise emigrierte er dann 1939 in die USA, weil er von dort einen Lehrauftrag der New School for Social Research erhielt. Er unterrichtete dort aber nur ein Jahr und konzentrierte sich auf seine Orgonforschung und den von ihm konstruierten Orgonakkumulator.[149] Und im Jahr 1947 beschäftigte sich Reich, wie viele dieser Zeit, mit der Landung von UFOs und dem Roswell-Zwischenfall[150]. Als er ein „stehendes" Objekt mit blinkenden Lichtern am Himmel erblickte, richtete er den von ihm entwickelten „Cloudbuster"[151] darauf. Da die Erscheinung verschwand, schloss Reich darauf, dass es sich um ein UFO gehandelt habe und dieses sich der Orgonenergie bediente. Wie sicher die Quellen sind, die von diesen Ereignissen berichten, ist natürlich wie immer offen. Aber im Sinne einer Plausibilitätsprüfung kann man von hypothetisch wahren Annahmen ausgehen.

Und deshalb frage ich mich, ob mir irgendwie das gleiche Schicksal droht oder wo sich hier die „unsichtbaren" Parallelen befinden.

Die internationalen Aufrüstungstendenzen deuten eindeutig auf Krieg hin. Die Weltordnung ist im Aufbruch, das Empire hat seine Waffensysteme positioniert, mit Frau von der Leyen haben wir eine erfahrende Bilderbergerin an der Spitze der Bundeswehr, die offiziell anscheinend wenig zur Transparenz von wirklichen technologischen Kriegsszenarien beitragen

---

[149] DeMeo, James: Der Orgonakkumulator. Ein Handbuch. Bau, Anwendung, Experimente, Schutz gegen toxische Energie. Mit Beiträgen von Rainer Gebauer, Heiko Lassek und Stefan Münchenich und einem Geleitwort von Eva Reich. Übersetzt von Xenia Osthelder. Zweitausendeins Verlag, 7. Auflage. 268 S., 2001.

[150] Roswell-Zwischenfall: Absturz eines angeblich außerirdischen UFOs in der Nähe der Kleinstadt Roswell im US-Bundesstaat New Mexiko. https://de.wikipedia.org/wiki/Roswell-Zwischenfall.

[151] https://en.wikipedia.org/wiki/Cloudbuster.

möchte, soll oder auch kann.

Und wenn ich mich äußere, so wie ich es für vernünftig und logisch halte, wird man mich vielleicht auch entweder ausweisen oder gleich „um die Ecke bringen".

„Jetzt spinnst du aber. Wohin soll man dich denn ausweisen?"

„Ja. Das ist natürlich Quatsch. Aber an den leisen oder geräuschlosen Tod für unbequeme Bürger glaube ich schon Katharina. Was prädestiniert uns, dass uns diese grausamen weltweiten Entwicklungen nicht einholen werden? Immerhin gehen die Erfahrungen mit dem Sklavenhandel bis ins Altertum zurück. Über Millionen verschleppter Menschen spricht man heute einfach nicht mehr. Wissenschaftlich sind 27.000 transatlantische Sklaventransporte erfasst worden, zwischen 1519 bis 1867 sind 11,06 Millionen Afrikaner nach Amerika verschleppt worden. Über 1,5 Millionen Menschen starben während des Transportes über den Atlantik.[152] Und dort wurden diese Menschen wieder als Produktionsfaktoren in industrielle Prozesse eingebunden. Rechtlos. Mit den verbesserten Informationstechnologien, den neuen Medien, konnten diese „Verfahren" nicht mehr in herkömmlicher Weise funktionieren. Die Welt wurde ein stückweit transparenter und damti auch liberaler.

Aber durch die Automatisierung, die Fortschritte in der chemischen Industrie werden körperlich schwere Plantagenarbeiten auch immer weniger notwendig, wenn es auch noch schlimme Ecken in Brasilien oder anderen Ländern gibt, die die notwendigen Zusatzstoffe für Gummibärchen produzieren.

Vielmehr werden aber vor allem Kopfarbeiter als Schnittstellen zu den Maschinen benötigt, Kreative und Entertainer mit Vorbildfunktion zur Steuerung sozialen und emotionalen Verhaltens.

---

[152] https://de.wikipedia.org/wiki/Sklavenhandel.

Im Bewusstsein eines nur notwendigen Bedarfes an Leistungsträgern, die fit für das Zeitalter der Automation, Robotik, Digitalsierung sind, steuert oder schleust man, bildungsseitig abgehängte Afrikaner nach Europa, um dort die Sozialgefüge und demokratischen Strukturen aufzuweichen und fängt gleichzeitig Leistungsträger in Rattenfängermanier mit internationalem Ruhm und Ehre, hochgebildete und steuerbare „Sklaven", die es augenscheinlich freiwillig in die USA zieht, da dort Entrepreneurship geschätzt wird, Freiheit und Reichtum winken, oder die auf Grund ihrer widerständlerischen Ader nicht in Europa zu den geopolitischen Plänen passsen, die aus dem Sozialsystem „ausgespuckt" werden und sich deshalb, auf Grund ihrer geistigen Möglichkeiten international eine andere Bleibe suchen.

Ein so einfaches System.

Bereits früher schon konnte man, zum Beispiel bedingt durch die beiden Weltkriege, bereits Ströme von Eliten zur Ausreise bewegen. Dabei waren die Nationalitäten unerheblich sondern vor allem die Kreativität und das Potential als Leistungsträger erheblich.

Und wer sagt dir, dass es nicht in naher Zukunft in Europa auch wieder zu solchen Auseinandersetzungen kommt, die Intellektuelle einfach die Flucht ergreifen läßt, ob gezwungen oder als eigenständige existenzielle Entscheidung?

Und dabei gehört nur ein kleiner Schritt dazu, sich aus diesem Spiel auszutakten. Aber dies ist medial natürlich schwer umsetzbar.

Die fehlgeleiteten ökonomischen Systeme, die andere Menschen, aber auch Grund und Boden, natürliche Ressourcen, wie Sonne, Wind, Wasser oder auch Pflanzen zum Privateigentum erklären, und die heute auf der Grundlage von Gesetzen, Verordnungen, Rechtssystemen für „normal" erklärt werden, finden sicherlich in keiner Religion der Welt eine Rechtfertigung, aber dafür anscheinend in den politischen

Entscheidungsgremien, die über eine Neugestaltung der Welt philosphieren.

Wer dagegen widerspricht, legt sich mit über 2000 Jahren geschichtlicher Entwicklung an, mit etablierten Macht- und Wirtschaftssystemen und sozialpolitischen Strukturen.

Verstehst du, was ich meine?

Und ich habe keinerlei Vorstellungen darüber, wie groß wirklich die Anzahl der „Eliten" sind, die hundertprozentig hinter diesen gegenwärtig ablaufenden strategischen Projekten stehen, die über die Macht, Methoden aber auch die Technologien verfügen, um alle und jeden zum Schweigen zu bringen. Und die vor allem historisch bedingt, dies als ihre Aufgabe empfinden, die damit das Ziel verfolgen, ihre Klasse, aber auch den Planeten vor Überbevölkerung, „wildgewordenem" Proletariat, Pöbel und unkultivierten sozialen Schichten zu schützen.

Wenn bereits erst einmal große Teile einer Bevölkerung technologisch begründet emotional gegeneinander aufgebracht sind, wird es nicht einfach, hier befriedende Gedanken zu platzieren oder mit Sachargumenten punkten zu wollen."

„Nun verliere mal nicht gleich den Mut. Aber mittlerweile sehe ich natürlich auch immer mehr solche erschreckenden Entwicklungen technologischer Einflussnahmen."

„Und dass die Entwicklungen und Entdeckungen von Wilhelm Reich ja nicht abwägig waren, zeigen die gegenwärtigen Diskussionen über die Möglichkeiten des sogenannten „Geoengineerings" zum Beispiel zur Wetterkontrolle immer wieder. Bereits 1999 setzten sich offizielle europäische Stellen für eine öffentliche Auseinandersetzung mit den Ergebnissen des „HAARP"-Programms ein, zu finden unter dem Stichwort „US-Wetterwaffe" Aktz. B4-0551/95 des Europäischen Parlaments[153] und natürlich die privaten Gründungen

---

[153] www.europarl.europa.eu/sides/getDoc.do?pubRef=%2F%2FEP%2FTE
XT+REPORT+A4-1999-0005+0+DOC+XML+V0%2F%2FDE.

und Geschäftsmodelle auf der Basis seiner Theorien.

1955 wurde Wilhelm Reich dann aufgefordert, alle Akkumulatoren inklusive seiner Bücher zu vernichten. Weil er die Akkumulatoren nicht über die Grenzen der Bundesstaaten transportieren wollte, wurde er zu einer zweijährigen Haftstrafe verurteilt, die er nicht 9 Monate überlebte.

Man diagnostizierte Herzversagen, als er im Gefängnis verstarb. Es ist davon auszugehen, dass man ihn hinter den Mauern zu Tode gequält hatte.

Öffentlich und offiziell wurden alle seine Schriften verbrannt.

Allerdings erklärte er „angeblich", mehr als widersprüchlich in seinem Testament, dass seine Dokumente erst fünfzig Jahre nach seinem Tode der Öffentlichkeit zur Verfügung gestellt werden sollten, was dann im November 2007 durch die Harvard University Medical School erfolgte. Sie gab diese nun für wissenschaftliche Studien frei. Glaubst du das?" Romy schaute Katharina zweifelnd an.

„Erst verbrennen, dann aufbewahren, dann, fünfzig Jahre später, ganz im Sinne des Erfinders, den man umgebracht hatte, als er seine Erkenntnisse anwenden wollte, veröffentlichen?"

Romy sah Katharina herausfordernd an.

„Das hört sich wirklich sehr schräg an", stimmte Katharina zu.

„Dass ein Wissenschaftler ins Gefängnis geht, um eine ungerechte Strafe zu verbüßen, weil er alle seine Erfindungen und Entwicklungen vernichten soll und dann schreibt er ein Testament, in dem er selbst, der immer an der Verbreitung und Nutzung seiner Erfindungen interessiert war, diese plötzlich fünfzig Jahre für „geheim" erklärt und für die Öffentlichkeit sperrt?" Romy konnte sich kaum beruhigen.

„Mit welchem Ziel? Zu welchem Zweck? Und wie konnte angeblich erst alles verbrannt werden, um dann nach 50 Jahren wieder der Wissenschaft zugänglich gemacht zu werden?

Warum sollten seine Erkenntnisse zu politischer Soziologie, zur Mikrobiologie, zur Erforschung von Krebserkrankungen nicht gelesen und studiert werden? Warum hat man bis heute nichts von der Orgonomie gehört? Oder ist dir diese Forschungsrichtung ein Begriff?"

Katharina schüttelte den Kopf. Sie hatte in ihrem Leben bisher weder etwas von Wilhelm Reich noch von einer Orgonomie gehört. Aber dies musste natürlich nichts heißen, denn so tief steckte sie auch nicht in den wissenschaftlichn Strukturen.

„Warum wurde die Orgonomie nicht Ausgangspunkt universitärer Dispute in den Hörsälen der Hochschulen und zwar sofort? Warum musste seine Werke erst offiziell in Vergessenheit geraten?", setzte Romy ihre Fragen fort.

„Und noch etwas viel Widersprüchlicheres. Offiziell wurden nun nach fünfzig Jahren seine Schriften aus Harvard „geöffnet". Eigenartiger Weise tauchten aber „Schriften" mit seinem Namen bereits nach zehn Jahre „plötzlich" aus London auf? Und wer konnte da noch etwas zur Echtheit sagen? Und wie kamen diese, eigentlich vernichteten Schriften, die in Harward unter Verschluss aufbewahrt wurden, nun von Amerika nach London, um dann in „großartiger" Weise das Handeln der Kommune I zu bestimmen?

Konnte man überhaupt davon ausgehen, dass darin eine „korrekte" Weitergabe wissenschaftlicher Inhalte, so wie sie Reich erforscht hatte, erfolgte?

Und haben die „68er" zwar einerseits viel für den gesellschaftlichen Fortschritt erreicht, aber gehörte auch dies bereits zu einem Testfeld, mit dem durch extreme Interpretation und vor allem Umsetzung ungenauer Erkenntnisse sozialpolitische Konflikte initiiert und studiert wurden, radikale Ideen in ihrem Wechselspiel mit politischen Protesten kontrolliert forciert wurden, und damit leider das eigentliche Potential für einen grundlegenden gesellschaftlichen Wandel verpasst wurde und nicht ausgschöpft werden konnte?

Und warum etablierte sich dann, zufälligerweise, zehn Jahre nach dem Tod von Wilhelm Reich das *American College of Orgonomy,* nun allerdings im Zusammenhang mit dem Aufkommen einer esoterischen New-Age-Bewegung?

Und warum ging ein Patient Reichs, Alexander Lowen[154], der vorher seine Vorlesungen 1940 in New York gehört hatte, nach Genf, um ein Medizinstudium „nachzuholen", welches ihm dann ermöglichte, selbst ein *Institute for Bioenergetic Analysis* zu gründen und in etwas modifizierter Form genau das zu tun, woran Reich sein Leben lang gearbeitet hatte? Warum wurde Lowen mit der *Bioenergetischen Analyse* zu einem der bekanntesten Körperpsychotherapeuten, aber nicht Reich? Warum verbot man dieses Institut nicht? Warum verdiente Lowen viel Geld mit „diesem" Prinzip und seiner Gründung die zeitgleich im Jahr 1957 erfolgte, als Reich an „plötzlichem" Herzversagen im Gefängnis verstarb?

Katharina, ich sage dir, ein Polit- und Wirtschafts-Thriller ohnegleichen. Unser Zeitalter wird beherrscht von Mord, Todschlag, Lug und Trug. Und so, wie auch viele Erfinder oder Vordenker neuer Gesellschaftsmodelle, wurde er eiskalt umgebracht. Ich sage nur: Das System wehrt sich."

„Aber das hatten wir ja auch schon bei Marx, richtig? Und auch die vielen anderen Erfinder, die auf eigenartige Weise ums Leben kamen, nicht nur Ingenieure und Wissenschaftler sondern auch Politiker oder Theologen. Eben unabhängig von Rasse und Berufszugehörigkeit fortschrittlich denken-

---

[154] Alexander Lowen (geb. 1910 in New York, gestorb. 2008 Conneticut), US-amerikanischer Arzt und Psychotherapeut, gilt als Begründer der Bioenergetischen Analyse, Kind jüdischer Immigranten, aus Russland in die USA, absolvierte eine dreijährige Lehrtherapie bei Reich, studierte Medizin in der Schweiz, gründete mit John Pierrakos, der auch bei Reich in die Lehre ging das International Institute for Bioenergetic Analysis (IIBA), Alexander Lowen Foundation (www.lowenfoundation.org.

de Menschen. Romy, wenn ich das höre, wird mir wirklich schlecht."

„Weißt du, wie ich emotional jeden Tag leide, wenn ich mich mit diesen Fragen auseinandersetzen muss? Es ist deprimierend und sehr traurig zu erkennen, dass sich zwar alle auf die Schultern klopfen, wie erfolgreich doch angeblich alles läuft und dabei hast du nur noch das Gefühl, dass wir in einer total kaputten Welt leben."

„Das kann ich gut nachvollziehen. Und nun ziehst du mich auch noch runter." Katharina schaute Romy herausfordernd an, obwohl sie ja wusste, worauf sie sich eingelassen hatte und auch, dass Romy häufig sowieso das schlechte Gewissen plagte, sie dort mit eingebunden zu haben.

„Katharina, das will ich natürlich nicht", reagierte diese auch sofort emotional betroffen.

„Ich wusste doch, worauf ich mich einlasse. Lass dich nicht von mir ärgern. Und mittlerweile habe ich begriffen, dass dein „Mobbingfall" sozusagen nur ein kleiner Stein in diesem riesigen Haufen von Findlingen ist und du dabei den Drahtziehern verteufelt nahe gekommen bist."

„Ja und das ist natürlich erschreckend und beängstigend. Manchmal komme ich mir wie ein Sklave oder Versuchskaninchen vor, getarnt als Leistungsträger. Und wie man früher Sklavenaufstände durch öffentliche zelebrierte blutige Hinrichtungen beendet hat, zeigt man heute auf andere Weise, über welche Macht man verfügt, um Rebellionen zu verhindern. Allerdings natürlich nur Proteste, wenn sie sich gegen die „Manager" und „Strategen" aus den eigenen Reihen richten, denn ansonsten sind „Konflikte" ja höchst willkommen und auch gewollt."

„Aber jetzt sind wir wieder vollkommen vom roten Faden unseres eigentlichen Gespräches abgekommen. Historische „Einschübe" dieser Art gibt es wohl reichlich. Ich kann auch verstehen, dass dich Reich irgendwie beeindruckt und gleichzeitig sein Lebensweg verwundert. Ich kann auch verstehen, dass du hier den Ursachen auf den Grund gehen möchtest, aber m.E. kommen wir immer weiter von der Telekom weg, oder?"

„Eigentlich nicht. Denn die technologischen Wurzeln sind ja anscheinend immer wieder gleich motiviert."

„Das Frequenzen oder andere wissenschaftliche Ergebnisse Einsatz finden habe ich ja mittlerweile irgendwie verstanden, allerdings nicht, inwieweit dies auch mit den Konflikten um das Judentum zu tun hat. Reich war jüdischer Abstammung und Alexander Lowen auch. Reich war Europäer, Lowen ursprünglich auch, früh nach Amerika ausgewandert. Hat das also etwas damit zu tun? Mit der Sozialisation und dem prägenden bildungspolititischen Einfluss? Gibt es hier, wie bei allem eben zwei Seiten? Und der Kampf um die kreativsten Köpfe und deren Ergebnisse setzte bereits viel früher an? Und Wirtschaftsspionage gehörte somit auch als Geschäftsfeld zu dem „Spiel" dazu? Wurden sozusagen Erfinder gegen Erfinder, Forscher gegen Forscher über die Jahrhunderte gegeneinander ausgespielt? Und im Zuge der geo- und wirtschaftspolitischen Entwicklungen war es von zentraler Bedeutung, welche Köpfe man in seine Wirtschaftskreisläufe, an welche Ideologie oder welches Gesellschaftssystem binden konnte?" Katharina merkte, wie sie sich immer mehr in diesen Fragezyklus von Romy hineinziehen ließ.

„Und was hat das dann mit dir zu tun?", setzte sie nach.

„Das führt jetzt wieder zu einer neuen Geschichte, die ich besser ein anderes Mal beginne. Wir sind ja noch nicht einmal mit Eduard „durch"."

„Ehrlich gesagt, hatte ich den jetzt mittlerweile vollkommen vergessen. Aber bei den historischen Einschüben, wird es immer schwerer dir zu folgen. Warum sind wir denn jetzt eigentlich auf Reich gekommen?"

„Ganz einfach. Der Bogen spannte sich über die psychologische Manipulation von Eduard als Thronfolger von Victoria, der als Lebemann und Dandy, seine erfolgreichen Verbindungen zu amerikanischen Milliardären pflegte und sich zu einer zweifelhaften europäischen Außenpolitik „motivieren" ließ, die zukünftigte millitärische Konflikte in den Fokus stellte, um Verteidigungsbündnisse zu begründen. Dann hatte ich erwähnt, dass er bei den Freimaurern aufgenommen wurde, was als künftiger Thronfolger auch wiederum nicht unproblematisch gewesen sein durfte und mit den damit im Zusammenhang stehenden vielen Geschichten, die Geheimiskrämereien, Verschwörungstheorien und *Alternative Fakten* erst möglich machten. Diese wurden anscheinend von Einflussgrößen, unter anderem im direkten Umfeld des Britisch Empires oder seiner Forschungsinstitutionen erdacht und durch Medien verbreitet. Wobei wir dann bei der BBC und Icke landete, der als symbolische Machtfigur sich für Transparenz und Aufklärung in dieser Institution einsetzte, wodurch es mit seinem Arbeitgeber zu Konflikten kam und er damit in den Genuss von „Geistheilung" und im Ergebnis zu seinen „rechtsverschwörischen" Büchern, die wiederum in Potsdam verlegt werden und in dem ein Zitat von Wilhelm Reich uns zu wieder zu einer sehr ominösen transatlantischen Brücke führte.

Bist du jetzt wieder im Film?"

„Ist das ein riesiger Bogen. Aber ich verstehe schon. Allerdings weiß ich jetzt nicht mehr, wie wir überhaupt zu Eduard gekommen sind, wenn du mir doch etwas über die Online-Sprechstunde in deinem Job mit den israelischen Geschäftspartner erzählen wolltest."

Romy überlegte. Hatte sie den Faden jetzt auch verloren?

*****

Als Eduard, der Sohn von Victoria 1901 den Thron bestieg,

zeigte er sich bereits als perfekte Marionette des „Systems".
Er erwies sich marketingmäßig als nützlich, indem er die populären und prunkvollen öffentlichen Auftritte eines Monarchen wiederbelebte und damit die symbolische Machtposition der Royals erneut stärkte.

Eduard pflegte in den Augen der Medien eine geschickte und diplomatische Außenpolitik und war, dank der Heiratspolitik seiner Mutter, mit fast allen europäischen Adelshäusern verwandt. Und das Netzwerken ist bis heute Dreh und Angelpunkt, um Meinungen, Ideen, Haltungen, Entwicklungen voranzutreiben. Er galt als „Onkel Europas".

Allerdings lebte er eben auch als ein „Bonvivant" und exzessiver Kettenraucher, wodurch er zunehmend an Bronchitis erkrankte. Er erlitt mehrere Herzinfarkte, und verstarb dann an deren Folgen.

Dass er überhaupt so alt wurde, ist wohl vor allem dem geschuldet, dass er so lange auf seine Thronbesteigung warten musste und erst dann wirklich nützlich in seiner Rolle „eingesetzt" werden konnte. Als geopolitisch wirkender Monarch konnte man diese ja auch nicht einfach umbesetzen.

In die Ära von Eduard fiel auch die Entstehung einer neuen Art von Science-Fiction-Literatur, wie z.B. der „Der Krieg der Welten", bei der Marsianer mit dreibeinigen Kampfmaschinen das Vereinigte Königreich angreifen, um die rohstoff- und wasserstoffreiche Erde zu erobern. Das irdische Militär ist den außerirdischen Invasoren ausgeliefert und erst die irdischen Bakterien können die Marsianer durch deren nicht angepasstes Immunsystem besiegen. Das Buch war als Satire auf die Kolonialpolitik des Empires angelegt, vertauschte dabei die Rollen von Eroberern und Opfern zu Ungunsten der Briten. Ein Seitenhieb bestand darin, dass die primitivsten damals bekannten Lebensformen das britische Weltreich retteten.[155] Wenn ich an die natürlichen medizinischen Tode

---

[155] vgl. https://de.wikipedia.org/wiki/Der_Krieg_der_Welten.

denke, in denen häufig Bakterien Ursache sind, dann scheint es hierzu direkte Parallelen zu geben.

Andererseits kann man davon ausgehen, dass die massive Entwicklung von „außerirdischer" PR in Film, Fernsehen und Funk auch noch andere Ziele als die Aufklärung verfolgte.

1938 wurde „Krieg der Welten" als Hörspiel umgesetzt, das dann in den USA spielte und in der Form einer fiktiven Reportage inszeniert wurde. Das Hörspiel führte dabei zu heftigen Irritationen bei der Bevölkerung in New York, weil die Dokumentation so authentisch wirkte, dass ein Angriff Außerirdischer als glaubwürdig erachtet wurde. Ob es wirklich zu einer Massenpanik kam, darüber streiten sich die Gelehrten. Die Einschaltquote betrug allerdings 2,6 Millionen Hörer. Hitler nahm dieses „mediale Ereignis" in seiner Reichstagsrede am 28. April 1939 allerdings sogar zum Anlass, von verlogener Pressehetze zu sprechen, die soweit führte, selbst Angriffe von anderen Planeten als heillose Schreckensszenarien zu inszenieren.

Und seitdem wird die Welt mit Science Fiction Dramen förmlich „bombardiert", in denen aber immer weniger Aufklärung, Sensibilisierung für technische Neuerungen oder Toleranz für „Aliens" im Mittelpunkt stehen, in denen kaum gesellschaftspolitische Diskurse stattfinden, sondern zunehmend Mystifizierung, Verklärung und militärische Konflikte im Vordergrund stehen. Aus politisch und sozialkritischen visionären Serien wie Raumschiff Enterprise, die dem Kalten Krieg eine positive Zukunftsvision entgegenstellen wollten, entwickelten sich vor allem  kriegesverherrlichende Versionen oder Schreckensszenarien, die neben Inhaltsleere und Affekthascherei, zunehmend auf visionär ausgeklügelte Effekte bauten und sichbar die Interessen des Kommerz als auch medialer Beeinflussung in den Fokus stellten. Einen Höhepunkt bildete dabei wohl der erste Aufschrei, den Star Wars

Episode VIII „Die letzten Jedi"[156] hervorrief. Uber 100.000 Menschen unterschrieben eine Petition, die das Erbe und die Werte von Luke Skywalker erhalten wissen wollten. Den kommerziellen Erfolg schmälert dies aber kaum.

Aber auch Ansätze von nachdenkenswerten Zusammenhängen, wie sie in den X-Akten zu finden sind, werden in taktisch kluger Manier durch absurde Handlungen überlagert, möglich erscheinende, realistische und wissenschaftlich nachvollziehbare Aussagen und mögliche Zukunftsszenarien werden mit märchenhaften Phantasien vermischt."

Jedenfalls war das für Romy ein klares Indiz, wie die psychologische Kriegsführung in der Zeit von Eduard seinen Anfang nahm, die Rolle der Monarchie als „Glamour"-Klasse der Medien und neue Glaubenskonzepte als Marketinginstrumente positionierte und  damit eine symbolische Scheinwelt begründete, die auf einer Vermischung von Entertainment, Kriegstreiberei, Expansionsbestrebungen und Macht zwischen amerikanischen Millionären und der traditionellen Monarchie orientierte.

Dass Queen Elisabeth II, als oberste Repräsentantin des Commonwealth dabei darauf getrimmt wurde, als „ausführende" Repräsentantin im Sinne der Strategien „anderer" Kreise aus dem Umfeld der Regierung, den Geheimdiensten und anderer Politstrategen, die für Rollback-Entwicklungen stehen, zu agieren, liegt nahe. Und dass diese Entwicklungen nicht mehr einfach eingefangen werden können, erscheint Romy hypothetisch auch klar.

Der heftige Kampf um die Vomachtstellungen in der Welt zwischen Europa und Arabien wird dabei täglich deutlich. Auch hier fließen politische Vernetzungen und wirtschaft-

---

[156] Petition. Fans wollen „Die letzten Jedi" aus dem „Star Wars" Kanon verbannen. - https://www.stern.de/kultur/film/star-wars-fans-wollen-den-die-letzten-jedi--aus-der-serie-verbannen-7794846 - siehe auch: https://www.change.org/p/the-walt-disney-company-have-disney-strike-star-wars-episode-viii-from-the official canon.

liche Verflechtungen zusammen.

Und dass der Tod von Prinzessin Diana, die sich mit einem ägyptischen Filmproduzenten und Geschäftsmann, Dodi, einließ, der aus der Familie des Waffenhändlers Adnan Chaschuqdschi[157] stammte, beendet werden musste, gehört sicherlich auch zu diesen  bitteren Mordszenarien. Während Diana eine klare Rolle im Königshaus zugewiesen worden war, drohte die symbolische Macht ihrer Person aus dem britischen Empire herauszuwandern.

Romy war keine Favoritin von Königshäusern und deren Geschichten, aber anscheinend konnte man ansonsten weder die Gegenwart noch die Zukunft richtig verstehen.

*****

Die Vermischung zwischen „Entertainment und Monar-

---

[157] Adnan Kashoggi - geb. 1935 in Mekka, Saudi-Arabien, gestorben 2017 in London, in den 1970er Jahren als Waffenhändler bekannt, ca. 4-10 Mrd. US-Dollar Vermögen, verschwenderischer Lebensstil, wurde beschuldigt, in der Iran-Contra-Affäre vermittelt zu haben, auch als Irangate, im Sinne Watergate,bekannt, Skandal in der Amtszeit von Ronald Reagan. Dabei standen aber nicht nur illegale Waffenexporte im Vordergrund sondern Kokain-Geschäfte, professioneller Schmuggel von den Contras in die USA unter Wissen des CIA (vgl. https://de.wikipedia.org/wiki/Iran-Contra-Affäre. Das der königliche Hof vorher Diana als „geeignete zukünftige Königin" mit hoher emotionaler Intelligenz ausgewählt hatte, war kein Zufall, Vater stammt von *Baron Fermoy* ab, der Titel wurde extra für ihn 1856 als *Edmund Roche*, einem liberalen Unterhausabgeordneten (1815-1874) geschaffen, Infiltration der Monarchie durch Liberale, Diana hatte die Aufgabe eigentlich als Medienstar auf Grund ihrer Sympathiewerte republikanisch gesinnte „Zielgruppen" vom Wert der britischen Monarchie zu überzeugen, trat dann aber „anders" auf. Schwere Kindeheit, zahlreiche negative emotionale Erlebnisse, Depressionen, Bulimie, Selbstmordversuche identifizieren auch Diana als Mitglied einer „Target group". Die Rolle in der Königsfamilie erforderte ein Ignorieren des ehebrecherischen Verhaltens, Liebe zu pakistanischem Herzchirurgen, passte nicht ins Bild, durch Dodi Gefahr, kein Zurückfallen in schüchterne Persönlichkeit.

chie" zur Nutzung symbolischer Macht wurde bei Diana, wie bei zahlreichen anderen Kindern deutlich, die sicher auf Grund einer Anhäufung emotionaler Ereignisse sehr früh in ihrem Leben auf Resilienz optimiert wurden und sich so für die eine oder andere Rolle in der Gesellschaft qualifizierten.

Bereits mit den 1940er Jahren begann die Invitro-Fertilization gerade für Frauen aus der Mittel- und Oberschicht eine geeignete Möglichkeit zu bieten, an den erforderlichen Nachwuchs zu gelangen, sofern die Ehemänner unfruchtbar waren.

Oder eben, wie im Fall von Frances Ruth Spencer, spätere Shand Kidd, die Mutter von Diana, die nur Mädchen bekam, endlich den männlichen Stammhalter zu erhalten. Ihrem Mann, John Spencer und ihr „versprach" man wohl die „Kreation" eines Jungen.

In London wurde besonders eine Fruchtbarkeitsklinik unter Wiesners[158] wissensschaflicher Expertise bekannt."

„Hatte sich denn die Mutter von Diana dort befruchten lassen?"

„Das weiß ich nicht genau. Überliefert wurde aber, dass ihr Mann auf eine solche Behandlung drängte, weil sie nur Mädchen bekam. Und in historische Betrachtungen floss die Klinik von Wiesner[159] ein, die allerdings offiziell seine Partnerin Mary Barton betrieb, wo in den Jahren 1940 -1960 solche Befruchtungen durchgeführt wurden.

Geht man davon aus, und vergleicht es mit anderen innovativen Entwicklungen, die erst in der Öffentlichkeit bekannt

---

[158] Auf Grund fehlenden Spermas hat Wiesner wohl 600 eigene biologische Nachfahren, sicher für Studien ein vergleichbares Cluster von Personen mit gleicher väterlicher genetischer Abstammung.

[159] Berthold Paul Wiesner (1901-1972) - österreichisch-jüdischer Biologe, Physiologe und Sexualforscher, als Samenspender für seine Klinik wohl der kinderreichste Mann der Welt mit ca. 600 Nachkommen. Er prägte auch den Begriff Psi-Phänomen, ein Begriff aus der Parapsychologie, die Geschichte begann 1862 mit der Gründung des Ghost Club in England, der es sich zur Aufgabe machte, Geistererscheinungen zu untersuchen, die Anfänge hier wiederum liegen in Cambridge, 1855.

waren und dann „im Untergrund" verschwanden, dass man innerhalb dieser zwanzig Jahre wertvolle wissenschaftliche Erkenntnisse sammelte, die nun zu ganz anderen Zwecken einsetzbar waren und sind. Diana wurde 1961 geboren, damit wäre sie das letzte Kind einer offiziellen Periode oder dass erste Kind als Ergebnis stattgefundener militär-medizinischer Forschungen.

Die Enttäuschung nach der Geburt von Diana spricht in jeden Fall sehr dafür, dass die Eltern Spencer nicht das erhielten, was sie sich eigentlich gewünscht oder „bestellt" hatten. Erst eine Woche nach Dianas Geburt haben sie dann ihren Namen angemeldet."

„Wie kommst du denn darauf?"

„Weil meine Mutter damals auch meinte: „Ich dachte, du wärst ein Junge. Ich hatte mir nur Jungsnamen parat gelegt."

„Aber diese Assoziation ist doch schon sehr weit hergeholt." Katharina begann sich nun doch über die Assoziationen ihrer Freundin zu wundern.

„Ja, aber vielleicht gibt es da ja irgendeinen Zusammenhang, der sich mir bisher nur noch nicht erschlossen hat."

„Dass Diana aber die perfekte Besetzung für eine Prinzessin war, gebe ich gerne zu. Und da sehe ich wirklich keine Gemeinsamkeiten mit dir." Katharina lachte herzlich.

„Na hör mal. Was willst du damit sagen? Meinst du, ich könnte mich nicht auch als Prinzessin pimpen? Jetzt enttäuschst du mich aber." Auch Romy machten diese Frotzeleien Spaß, unterbrachen sie doch das zu ernste Thema und lockerten die trübselige Stimmung wieder etwas auf.

„Aber trotzdem weiter." Romy nahm einen Schluck Wasser und setzte ihre Ausführungen fort.

„Wie heute in Computerspielen „nachempfunden" schien und scheint es generell darum zu gehen, das auch in der Realität „Zielpersonen", als eine Art „Bioroboter", Level durchlaufen, immer wieder neuen Herausforderungen und verschiedenen psychischen Beeinflussungen ausgesetzt werden. Und je nach Entscheidungsverhalten winken Boni oder Mali. Ziel der Wissenschaftler besteht nun vor allem darin, möglichst viele Boni verteilen zu können, um somit zuverlässige Steuerungsanreize setzen zu können, um ihre „Bioroboter" effizient, vor allem aber im Sinne ihrer geplanten Strategie einsetzen zu können. Negativ wird es, wenn, so wie mir ja die Führungskraft „International" bestätigte, diese Bioroboter dann außer Kontrolle geraten und man die Steuerungshoheit verliert. Irgendwie werde ich immer mehr in meiner Hypothese bestärkt, selbst solch ein Bioroboter zu sein.

Und weißt du, Katharina, was mich noch mehr erschreckt, dass davon auszugehen ist, dass auch Diana bereits einer solchen Art von Testkohorte von humanen AI[160]-Versuchen angehörte.

Ihre Mutter stand unter dem gesellschaftlichen Druck, einen männlichen Erbfolgen „produzieren" zu müssen. Und als dann Diana nach einer „Fruchtbarkeitsbehandlung" geboren wurde, war die Enttäuschung groß.

Anscheinend setzte man aber alle anderen wissenschaftlich bereits existierenden Kenntnisse über Technologien und Methoden ein, um Diana wirksam als „Bioroboter" steuern zu können und sie zu einer symbolischen Macht aufzubauen, um letztendlich das britische Imperium, inklusive der ökonomischen, kulturellen und sozialen Macht zurückzuerlangen."

„Diana - ein Bioroboter?" Katharina verdrehte die Augen. „Das ist nun aber nicht wirklich dein Ernst, oder? Und du auch?"

„Doch. Es wurden bereits seit Jahrzehnten so viele Versuche mit Menschen unternommen und die Strategie der Wissenschaft existiert schon lange, dass es einfacher ist „Biologische Roboter" einzusetzen, die auf der Grundlage der Systembiologie geschaffen werden, die komplexen Schaltpläne des Le-

---

[160] AI = Artificial Insemination, künstliche Befruchtung - Sperma wird von männlichen Zuchttieren gewonnen.

bens nutzend mit Unterstützung der synthetischen Biologie, anstelle Roboter aus Metall zu entwickeln.

Bereits 1912 sprach Jacques Loeb davon, dass künstliche lebende Systeme generierbar seien, 1974 gab es bereits die Diskussionen zu neuen biologischen Kontrolleinheiten und selbstreplizierenden Nanosystemen und Biobricks[161][162]. Bioroboter sind pflegeleichter, gegenwärtig als „Arbeitssklaven" für ein breiteres Spektrum von Tätigkeiten einsetzbar und bezüglich einsetzbarer Lernmethoden bereits langjährig getestet. Einzig muss es gelingen, sie zum einen fit und gesund zu erhalten, Emotionen unter Kontrolle zu bekommen und natürlich zielgerichtetes Handeln zu steuern.

Aber darüber wollte ich jetzt eigentlich wiederum nicht reden."

„Das ist ja ein Horrorthema." Katharina schaute Romy mit weit geöffneten Augen an. „Wie kann das sein, wenn immer nur erzählt wird, dass wir technologisch noch so weit weg von allen solchen Entwicklungen stehen?"

„Das ist Politik Katharina. Wissen ist Macht. In der Vergangenheit ging man davon aus, dass die breite Masse gelenkt und geführt werden müsste und nicht jede Entscheidung, die von vielen, also der „Masse" getroffen würde, wäre die beste. Das hing vor allem natürlich mit dem Bildungsniveau zusammen. Vor allem wollte man natürlich unkontrollierte emotionale Ausbrüche verhindern, die sich zu Revolutionen oder Aufständen ausbreiteten und ggf. einen nicht gesteuerten oder strategisch geplanten Systemsturz herbeiführten.

Durch das Internet änderte sich dies alles. Plötzlich musste man den Fakt akzeptieren, dass es eine Art Schwarmintelligenz schon gibt. Nutzer technologischer Netzwerke können nun als ein Superorganismus betrachtet werden. Insofern

---

[161] https://en.wikipedia.org/wiki/Biobrick.

[162] vgl. auch Mainzer, Klaus: Leben als Maschine? Von der Systembiologie zur Robotik und Künstlichen Intelligenz. - Paderborn: mentis, 2010. S.86 ff.

sind die Bedenken nicht unbegründet, dass plötzlich mit kollektiver Intelligenz Gesellschaften und Märkte transformiert werden können.

Und das sehr schnell.

Anscheind kommt auch aus Preußen ein großes gesellschafts- und wirtschaftspolitisches Erneuerungsbedürfnis, revolutionär oder evolutionär sei einmal dahin gestellt. Die Monarchie endete in Deutschland immerhin bereits 1918 und es wurde eine Deutsche Republik unter sozialistischem Vorzeichen ausgerufen. Genau vor 100 Jahren. Eine katastrophale Entwicklung für die herrschenden Klassen.

Und dem gegenüber stehen Andorra, Belgien, Dänemark, Liechtenstein, Luxemburg, Monaco, Niederlande, Norwegen, Schweden, Spanien, Vatikanstadt, Vereinigtes Königreich. Alles Monarchien, die um ihre Existenz fürchten müssen. Nur so kann ich mir erklären, dass man vor allem solche Gegenden, die früher auch einen Attentäter[163] auf das Königshaus hervorgebracht hatten und generell viele Kommunisten, Marxisten, Sozialisten „beherbergten", unbedingt vom technologischen Fortschritt fernhalten wollte und existenzsichernd musste. Dies ist sicher auch der Grund dafür, dass preußische Patente wie selbstverständlich in den letzten Jahrzehnten nach Bayern „auswanderten". Gerade in ein Bundesland, das heute wieder die Kreuzpflicht in allen Amtsstuben einführt und ganz offen seine rückwärtsgewandte Ideologie öffentlich zur Schau stellt, oder direkt weiter in die Niederlande oder in die USA. Bereits in den Jahren 1850 - 1891 wanderten über 5000[164] Adlige dorthin aus, pflegen natürlich ihre Netzwerke weiter, bauten Familien auf und Unternehmen aus. Und auch der Jüdische Adel zeigt eine bemerkenswerte Organisiertheit,

---

[163] Heinrich Ludwich Tschech - Attentat 1844 auf König Friedrich Wilhelm IV. - legte sich mit den preußischen Behörden an, Bürgermeister im brandenburgischen Storkow.

[164] home.foni.net/~adelsforschung1/auswand.htm.

Struktur und Aufgeräumtheit[165].

Dem Begründer des politischen Judenstaates und Vordenker des jüdischen Staates, der Massenbewegungen organisierte, Theodor Herzl, hatte eigentlich eine aristokratische Republik vor Augen. „Übrigens, wenn ich etwas sein möchte, wär's nur ein preußischer Altadliger.[166]"

Insofern mussten jedem Adligen und den Monarchien alle Menschen verhasst sein, die dem alten System an den Kragen wollten.

Denn dass moderne Technologie bei uns nicht im Alltag bisher ankommen ist, ist eine rein geo- und gesellschaftspolitische Entscheidung und hat nichs mit vermeintlichen Verschwörungstheorien gemein.

Oder eben doch.

Allerdings aus einer begründeten Sorge der Herrschenden heraus, aus der Angst, wie ihr Leben weiter gehen wird, wenn erst der „Pöbel", das einfache Volk an der Macht sein wird. Die Angst vor Kontrollverlust, vor einer wirklichen Gleichheit aller Menschen musste diese vollkommen um den Schlaf und auch den Verstand gebracht haben, dass sie sich auf solche technologischen Kamikaze-Entwicklungen und Projekte einließen und dabei vor allem wirklich menschliche Werte vollkommen negierten. Wenn Alice Weidel nicht bei Goldman Sachs in die Lehre gegangen wäre, vollkommen in einer neoliberalen Blase schwimmen würde, wäre ihr Spruch mit der „Political correctness und dem Müllhaufen der Geschichte" sogar in einer Assoziation mit einer mehr als kritischen Schweigekultur für die Demokratien nachvollziehbar. Allerdings passen ihr Lebenslauf und ihre Statements eben auch nur wieder teilweise zusammen. Als intelligente Frau wird sie

---

[165] www.jüdischer-adel.de/familien-personen.

[166] Held, Ludger: Adel. Hunger nach Titeln und Orden. Kai Drewes erforscht die jüdisch-europäische Nobilitierungspraxis im 19. Jahrhundert. - www.jüdische-allgemeine.de/article/view/id/18553 - Theodor Herzl (1860 - 1904).

sicher auch noch die notwendige Selbstreflexion entwickeln können, um zu sehen, dass vieles eben nicht zusammenpasst.

Vielleicht waren sich deshalb die anderen Länder einig, Deutschland nur noch als Reallabor zu betrachten: für Sozialstudien, für Konfliktbewältigungsszenarien, für die Marktforschung, als Lab für ein neoliberales oder eben nationalsozialistisches Rollback? Auf der Grundlage immer schlechter werdender sozialer Bedingungen für die Bevölkerung, zunehmender Angst, Unsicherheiten sowie einem kontrollierten Abbau qualifizierter Bildung plus gezielter globalpolitischer Einwanderungspolitik stellte dies ja auch kein Problem dar. Mit der Aufweichung eines demokratischen Sozialstaates zugunsten eines neoliberalen Rollbacks konnte dies als Leuchtturmprojekt auch anderen Weltregionen dienen.

Ganz einfach.

Die Bankgeschäfte, finanzielle Ströme und „Verteidigung" wurden aus Europa zentral geregelt, allerdings nicht im Rahmen einer europäischen Union, sondern wiederum parallel in einem finanzstarken Netzwerk der Monarchien. Die europäische Union wurde als bürokratisches Monstrum durch Juristen mit vielen unsinnigen Gesetzen, Regeln und Normen aufgebläht, bis hin zur Unfähigkeit, schlanke Institutionen wurden privatwirtschaftlich daneben entwickelt. Insofern gehe ich davon aus, dass auch die Europäische Union letztendlich nur als ein Gebilde entwickelt wurde, um Einfluss auf politische Entscheidungen nehmen zu können und dabei den Parlamentarismus als reines Alibigebilde verkommen zu lassen. Bereits das Konstrukt, das das Europäische Parlament in „allgemeinen, unmittelbaren, freien, geheimen, aber nicht gleichen Europawahlen von den Bürgern der EU gewählt wird, demonstriert eher das Spaltende als das Vereinende. Durch die immer wieder prägenden negativen Konnotationen von Nationalsozialismus, Kommunismus, Sozialismus gelang es in den letzten Jahrzehnten vor allem gesellschaftspolitische Wandlungsideen bereits im Vorfeld im Keim zu ersticken."

„Aber solche negativen Emotionen wirst du nicht mehr ändern können. Und das eigentlich positive Gesellschaftsmodelle plötzlich durch negative „Realexperimente" verbrannt werden, ist natürlich schlimm."

„Richtig. Denn niemand hat mehr die Zeit, sich mit den Originaltheorien auseinanderzusetzen. Und immer wenn ich bei der Telekom ein Beispiel als Best case anbrachte, hieß es: „Das haben wir schon probiert, hat nichts gebracht, hat nicht funktioniert, ist gescheitert." Ob das dann wirklich so war, kann ich natürlich nicht in jedem Fall beweisen, aber auch hier sind natürlich vor allem „Pseudoprojekte" umgesetzt worden, schlecht gemacht, bewusst an die Wand gefahren, um sich dann auf deren Misserfolge beziehen zu können."

„Was du erzählt hast mit dem Fontane-Projekt, richtig?"

„Zum Beispiel. Mit öffentlichen Geldern wurde erst ein Flop-Projekt aufgesetzt, parallel gab es schon die privatwirtschaftlichen Initiativen und nach Ablauf des öffentlich-geförderten Projektes kommen dann plötzlich neue fnanzstarke Partner wie das HPI mit an Bord und die städtische Klinik ist raus. Ganz einfach."

„Du sagst immer ganz einfach. Aber ist es denn wirklich so einfach?"

„Du siehst doch, wenn man etwas strategisch vordenkt, kann man es auch langfristig umsetzen. Und für den Erhalt eines Gesellschaftssystems und natürlich die wirtschaftlichen Strukturen ihrer Eliten lohnt es sich schon, auch etwas mehr Zeit und geistige Ressourcen in solche Konzepte zu stecken."

„Also gibt es doch den großen Plan?"

„In jedem Fall. Aber eben ganz simpel gestrickt. Ohne jegliche Glorifizierung oder Mystifizierung. Öffentlich-rechtliche und demokratische Strukturen ausbluten lassen, Steuermittel in private Kassen pumpen, soziale Gefüge durcheinanderbringen, Grund und Boden wieder erlangen, Einrichtungen der Daseinsvorsorge, die noch in öffentlicher Hand sind systematisch privatisieren, vor allem Infrastrukturen erwerben und je nach dem erst verrotten lassen, dann günstig übernehmen, dann sanieren, dann Mehrwert generieren. Es ist das immerwährende und alte Prinzip des Kapitalismus."

„Da hätte ich wohl früher mal etwas mehr in der Schule aufpassen sollen." Katharina blickte betrübt. Wenn Romy diese Schlussfolgerungen zog, klang es alles wirklich so einfach und logisch. Als wenn es gar keine Alternative zur Beschreibung der gegenwärtigen Situation geben würde."

„Und um das zu verhindern, muss man genau diesen Prozess stoppen und wieder umdrehen. Eigentlich auch ganz einfach. Vor allem, wenn die Mehrheit der Erdenbürger erkennt, dass nun wirklich die Möglichkeit besteht und die Zeit gekommen ist, sich von dem menschenunwürdigen System des Kapitalismus zu befreien."

„Und das hast du alles in deinem „online-Projekt" gelernt?"

„Irgendwie schon. Das „Umkrempeln" eines solchen zentralen Players wie der AOK, der der Bevölkerung gleichberechtigt viele Jahre Gesundheit gewährte und bereits 1883 als gesetztliche Ortskrankenkasse mit hervorragenden Konzepten zur Versorgung aller gestartet war, wird nun durch Personen wie Johann-Magnus Freiherr von Stackelberg[167] im Sinne alter monarchischer Tradition und neoliberaler Interessen wieder unter die „Machtkontrolle" priviligierter und elitärer Kreise gebracht. was dabei wohl gegenwärtig zum allgemeinen g „Spiel" gehört und traurig anzusehen ist. Und

[167] „Jetzt muss es vorbei sein mit der Mär, Ärzte verdienten zu wenig." https://www.aerzteblatt.de/archiv/62323/Interview-mit-Dr-Johann-Magnus-von-Stackelberg-stellvertretender-Vorsitzender-des-GKV-Spitzenverbandes-jetzt-muss-es-vorbei-sein-mit-der-Maer-die-Aerzte-verdienten-zu-wenig. , Wettbewerb ankurbeln, „Inhabergeführte Apotheke oder Kette? „Das ist nachrangig". - https://www.deutsche-apotheker-zeitung.de/news/artikel/2017/08/24/inhabergefuehrte-apotheke-oder-kette-das-ist-nachrangig.

auch hier schreitet der Prozess der Ökonomisierung der Gesundheit des Menschen mit straffen Schritten voran.

Wenn du dich erinnern kannst, ging es darum, dass die AOK sich überhaupt nicht äußerte, als ich um ihre Mithilfe bat, vor allem als es darum ging zu vermitteln, inwieweit das eigene Servicecenter, die Clarimedis, aktiv in dieses Konzept aus Israel eingebunden werden sollte und könnte. Hier wurde nur darauf verwiesen, dass die AOKn nicht mehr zusammenarbeiten. Vielleicht bestand allerdings bereits die Logik darin, über zukünftige Dienstleistungen als IGEL-Angebote nachzudenken, die dann selbst über eine AOK-Systems-IT-Gesellschaft ausgerollt werden sollen, die übrigens auch nie in einem Gespräch erwähnt wurde. Internet-sei-dank half bei all diesen Schlussfolgerungen vor allem die Netzgemeinschaft. Denn von der Industrie und den vermeindlichen Partnern kamen keine Informationen."

*****

Warum war die Krankenkasse überhaupt 1999 auf die Idee gekommen, eine eigene IT-Gesellschaft parallel zur T-Systems aufzubauen, wo doch eigentlich beide gleichermaßen die Interessen aller Bürger vertreten sollten?`War dies bereits „Notwehr" oder wusste man längst von den Plänen, dass es bald keine Deutsche Telekom für deutsche Bürger als Telekommunikations- und IT-Universaldienstleister mehr geben würde?

Es war schwer verständlich, warum Steuergelder für den Aufbau doppelter Strukturen, die Bereitstellung doppelter Ressourcen, der Erstellung doppelter Leistungsangebote verschwendet wurden. Oder stand auch hier längst fest, wer wann von wem übernommen werden würde, wenn die ökonomischen Zeichen wiedereinmal auf „Schlechtwetter" standen?

Sah Romy, wie ihr Konzern wirkte, bekam dies alles eine Logik und langsam konnte sie auch eine vermeintliche Gesamtstrategie erkennen.

Die Vertreter der AOK hörten den israelischen Gästen aufmerksam zu. Doch augenscheinlich nicht im Sinne einer perspektivisch kooperativen Zusammenarbeit unter Leitung der Telekom, was Romy natürlich beim Wissen um die Strukturen gut nachvollziehen konnte. Romy verstand allerdings auch überhaupt nicht, welche Leistungen sie nun im Konzerninteresse „verkaufen" sollte, wenn es kein Gesundheitsmarkplatz sein sollte?

Oder welche Planungen man anstrebte, wenn man ein KGF, eine Konzerneinheit  strategisch auf Gesundheit ausrichtete oder sogar eine eigenständige Gesellschaft, die DTHS als Deutsche Telekom Healthcare & Security[168] aufbauen wollte?

Hatten ihr Chef, Dr. Ahngeier und der Vorstand keine Vorstellungen davon, welche Geschäftsmöglichkeiten die Telekom im deutschen Gesundheitsmarkt hatte?

Sicher nicht.

Beide waren ja in diesem Geschäftsfeld nur seit Jahren „zu Hause".

Oder ging es vor allem um die Entwicklung eines „Pseudo-Projektes", auf das man dann immer wieder verweisen konnte, gescheitert auf Grund einer unfähigen Mitarbeiterin?

Was sollte Romy in diesem Zusammenhang also für die DTHS verkaufen oder leisten? Patente oder Lizenzen in diesem Bereich besaß die Telekom ihres Wissens nicht. Mit Unternehmen wie Bravis[169] wollten sie nicht zusammenarbeiten, obwohl dieses Unternehmen de facto um die Ecke in Cottbus

---

[168] A.d.A. Mittlerweile wurde aus dem Namen das „Deutsche" gestrichen und diese firmiert nur noch unter Telekom Healtcare Solution.

[169] Bravis International GmbH - Videokonferenzsysteme für sichere Kommunikation, Präsentationen, Schulungen, Verhandlungen mit zahlreichen Referenzen im klinischen und medizinischen Bereich, vgl. auch http://www.bravis.eu.

seinen Standort hatte.

Die Telekommunikationsnetze zur Datenübertragung gehörten zur Basisversorgung der Telekom, die diese per sé zur Verfügung zu stellen hatte. Außerdem sollte Romy mit den „Grunddienstleistern" des Konzerns nicht kooperieren und für diese auch keine Geschäfte generieren. „Wir sind doch kein Durchlauferhitzer für den Konzern!", wetterte immer wieder Romys Chef, wenn sie solche Vorschläge unterbreitete. Außerdem hatten die Basisdienste ja auch einen eigenen Vertrieb. Und auch diesbezüglich gab es viele Ungereimtheiten. Viele Parallelstrukturen im Konzern, unkoordinierte Zuständigkeiten sollten wohl bewusst für Verwirrung sorgen, die nur einer ganz „besonderen" Geschäftsidee entspringen konnten.

Die DTHS war kein medizinischer Versorger, sie konnte weder Ärzte „verleihen" oder Krankenkassenleistungen erbringen, sie konnte auch für medizinische Angebote nicht werben. Also fiel auch dieser gegenwärtig wohl am intensivsten betriebene Fokus weg, mit dem die Telekom weiter ihr Image hätte aufpolieren können - Medien, PR, Werbung. Allerdings störte es den Konzern eher weniger, für Sea Hero Quest[170] eine App zu generieren, um Demenz so früh wie möglich zu erkennen, vielleicht sogar ein bisschen nachzuhelfen, die Krankheit etwas populärer für andere „Geschäftsmodelle" weiterzuentwickeln, und somit neben der unendlichen Möglichkeit des Datensammelns zu Analyse- und BigData-Zwecken auch die psychologische Beeinflussung der Patienten auf spielerische Art und Weise auszuweiten. Den Kenntnissen über den Einfluss auf Alpha-Wellen mittels Frequenzen sei Dank.

Romy machte das Angst.

MedTrix gab kein Angebot für den Kauf oder die Lizensie-

---

[170] vgl. Sea Hero Quest: Spielend Demenz besiegen. Konzern | 11.01.2917 - Quelle: https://www.telekom.com/de/konzern/digitale-verantwortung/details/spielend-demenz-besiegen-480408.

rung der technologischen Lösung an T-Systems heraus. Damit fiel auch die Option aus, das Projekt so zugestalten, dass die DTHS als ein neutraler „Enabler" eHealth-Lösungen, wie die online-Sprechstunde der Gesellschaft anbieten konnte, z.B. im Rahmen von Daseinsvorsorgeleistungen und als Universalanbieter für alle Bürger, gleichermaßen gerecht und generell im Auftrag des Gesundheitswesens, ggf. mit einer zeitlich begrenzten Exklusivität für die AOK, sofern diese mit in die Umsetzung der Lösung investierten.

Die Vertreter der AOK hatten aber anscheinend kein Interesse an diesem Projekt mitzuwirken. Vielleicht deshalb, da sie den gesamten Service sowieso alleine vornehmen konnten. Ihr Dienstleistungsangebot der Clarimedis war so leicht um dieses zusätzliche Angebot selbst erweiterbar. Natürlich konnten sie auch selbst mit der israelischen Firma in Verhandlungen über Technologielizenzen oder Beratungsleistungen treten.

In jedem Fall war die Telekom bei diesem „Deal" vollkommen überflüssig, sofern sie nicht wirklich eine zentrale technische „Enabler-Funktion" für Gesundheitsleistungen und zur Unterstützung des Gesundheitsmanagements im Gesundheitswesen übernahm und somit auch die Digitalisierungsoptionen ernsthaft in Agriff nahm. Dann benötigte sie aber wiederum den Technologiepartner aus Israel nicht. Denn sofern dies überhaupt notwendig war, gab es auch in Deutschland ausreichendd Erfahrungswissen über die Gestaltung und Sicherung individueller virtueller Räume, vor allem aus dem e-Learning-Bereich.

NOCH.

Also - so what?

Welches Ziel sollte Romy in dieser Gemengelage als Projektmanagerin anpeilen?

Vielleicht ihre Kündigung, da nicht geplant war, dasss sie irgendwie aktiv wurde?

Ein alternatives Konzept erstellen, damit dieses in die parallelen privatwirtschaftlichen Innovationskreisläufe, natürlich ohne Romy zur umfassenden Verwertung „eingepflegt" werden konnten?

Hatten das die Führungskräfte unter Leitung des Unternehmensgründergenies René Obermann so gelernt?

Etwas anderes wäre es gewesen, wenn von Anfang an die Telekom mit dem Ziel gestartet wäre, als wirklicher Enabler eine „neutrale" gesundheitsbezogene Dienstleistungsplattform für online-Sprechstunden aber auch für andere gesundheitsbezogene Dienstleistungen in Deutschland zu etablieren. Aber davon wollte niemand etwas im Konzern wissen.

Ansonsten wären die Aufgaben für Romy klar gewesen: Konzeption eines Frontends, eigene Entwicklung, Beauftragung, Lizensierung oder Kauf einer oder mehrere spezieller Apps, Sicherung der Qualitätsstandards durch Fachverbände, zielgruppengerecht für Deutschland oder Europa, Aufbau eines medizinisch sicheren „Skypes" mit entsprechenden Zusatzfunktionen, Entwicklung eines Angebotsportfolios für sichere Arztsprechräume, Terminmanagement- und auch Abrechnungstools für die jeweiligen Akteure entweder mit deutschen KMUs, Zukauf oder Eigenentwicklungen je nach Ressourcenverfügbarkeit. Die Entwicklung eines „neutralen digitalen Sprechstundenportal" als Service für Ärzte, Krankenkassen und Patienten gleichermaßen, wäre ein sinnvolles Projekt und Konzept. Kostengünstig, einfach gestaltbar, gerecht, modern und nachhaltig, auch im Sinne einer künftigen Bürgerversicherung.

Technische Komponenten kämen von deutschen Medizinprodukteherstellern, fachliche Ärztenetzwerke stellte die medizinische Betreuung versicherungsübergreifend sicher und die Abrechnungen erfolgte über die gesetztlichen Krankenkassen oder solange noch verhanden auch über die Privaten Versicherungen, allerdings ohne Unterschiede hinsichtlich des Gebührensystems.

Das System wäre gesetzlich geregelt und in allen Facetten mit seinen medizinischen Leistungen transparent für jeden Bürger.

Fertig. So einfach.

Damit wäre auch die Rolle der Telekom als Universaldienstleister für Leistungen der Daseinsvorsorge für jeden Bürger wieder klar umrissen, zur Sicherstellung der technischen Zuverlässigkeit, Verfügbarkeit und Garantie und Einhaltung aller Datenschutzbestimmungen. Und natürlich auch Romys Rolle als Projektmanagerin. Ein solches Projekt als Zielvorgabe hätte für Romy eine interessante und anspruchsvolle Aufgabe dargestellt, die sie mit Freude angegangen wäre.

Aber so?

Warum kam ein solches Konzept nicht vom Vorstand, der Führungsebene?

Warum elaborierten diese in verwirrenden und unsinnigen, zeit- und anderen ressourcenverschlingenden Konstellationen und verschlossen sich dabei vernünftigen Argumenten?

Werner Rastig, ihr Chef, wollte Romys Beobachtungen, Hinweise, Kommentare oder Fragen nicht hören. Und natürlich Dr. Ahngeier schon gar nicht.

Romy vermutete mittlerweile, dass es vor allem bei dem Projekt darum ging, die Beraterleistungen von Levin zu begründen und verrechnen zu können und einen offiziellen Grund zu schaffen, um die israelische Delegation nach Deutschland einzuladen.

Vielleicht handelte es sich dabei aber auch nur um eine Art „Tarnprojekt"? Mittlerweile hielt Romy selbst dies für wahrscheinlicher als von ernsthaften „Gewinnabsichten" der Telekom auszugehen. Wenigstens in dem ihr präsentierten Geschäftsfeld.

Wahrscheinlicher war, dass entsprechend einer „hidden agenda" an vollkommen anderen Projekten gearbeitet wurde.

Romy schätze sowohl René Obermann als auch die Israelis als so geschäftstüchtig ein, dass sie keine Zeit in „Online-Sprechstunden" für das Gemeinwohl investierten, wenn sie sich davon nicht exorbitante Umsätze in anderer Hinsicht versprachen. Selbst als Charity-Projekt oder sogenanntes „Leuchtturmprojekt", was sich ja gut in der Öffentlichkeit zur Senkung der allgemeinen Gesundheitskosten vermarkten ließe, bestand kein Interesse.

Vielleicht fanden ja bereits parallele Besprechungen bei der AOK-Systems statt?

Wer wusste das schon?

Oder die Idee befand sich auf dem direkten Transferweg von der AOK Nordost zur AOK Nordwest und von der Telekom zu Vodafone?

Warum auch nicht?

So lief es eben gegenwärtig am Markt. Und von einer erfolgreichen Umsetzung würde man dann in einigen Monaten in der Presse aus den USA, Bayern oder auch Nordrhein-Westfalen als Erfolgsmodell lesen können.

So wie über die elektronische Visite, die dann als Videosprechstunde plötzlich „auftauchte", verbunden mit „vielseitig einsetzbarerer Telemedizinsoftware, die im Jahr 2014 erfolgreich getestet wurde"[171]. Es war schon mehr als erstaunlich, wie viele kleine private Firmen plötzlich solche komplexen Ideen umsetzten, während die Telekom dies nicht zustandebrachte.

Romy staunte nicht schlecht über so viel Dreistigkeit, aber natürlich auch darüber, dass es bisher niemand wagte, dafür dem Vorstand des Konzerns einmal fest auf die Finger zu klopfen.

In Romys Gedanken sah ein solches Projekt angemessen der Bedeutung und der Leistungsfähigkeit einer Telekom aus - erst deutschlandweit, dann europäisch, Standards und

---

[171] vgl. https://www.elvi.de/ueber-uns/#geschichte.

Interfaces nutzend, Interoperabilität lebend, skalierbar, ohne Zugangsbarrieren, transnational, grenzüberschreitend, verbunden mit dem Austausch von weiteren digitalen Gesundheitsanwendungen auf einem Portal von gesetzlich versicherten freien europäischen Bürgern!

Wie konnte es sein, dass eine Videosprechstunde sich nun, zwei Jahre später, nach Romys Aufschlag im Konzern, so professionell privat präsentierte, während René Obermann, der Unternehmer, hier noch nicht einmal in Richtung Umsetzung „zuckte"?

Auf diese Art und Weise hätte er sicherlich keine Empfehlung von Blackstone[172] als Vorstandsvorsitzender erhalten.

Romy hätte gern gewusst, wie er in einer solchen Situation, in der sich Romy jetzt befand, reagiert hätte?

Bestimmt cleverer.

Also generell war dies aber schon eine mehr als fragwürdige Geschichte. Für Romy gab es dementsprechend zusammenfassend wieder einmal mehrere Hypothesen:

1. Die israelische Delegation plante andere Projekte und benötigte nur einen „offiziellen" Projektanlass, da sich zum Beispiel militärische Fragestellungen als Anlass als nicht günstig für die öffentliche Kommunikation erwiesen.

2. Das Projekt sollte mit „„„Macht" durchgesetzt werden, um israelische IT-Strukturen nachhaltig in das deutsche Gesundheitssystem zu „integrieren" und damit perspektivisch BigData-Deals informationstechnisch einfacher gestalten zu können.

3. Das Projekt hatte nur den Anspruch als weiterer „Zeitfresser" von wirklich sinnvollen und realistischen Umset-

---

[172] Blackstone Group - US-amerikanische Investmentgesellschaft mit Hauptsitz in New York, Wert 2014 284 Milliarden, Niederlassungen auch in London. https://de.wikipedia.org/wiki/Blackstone_Group. - Gründer Stephen Allen Schwarzman, entstammt einem jüdischen Elternhaus, Mitglied bei Skull & Bones, mit Georg W. Bush vgl. https://de.wikipedia.org/wiki/Stephen_A_Schwarzman..

zungsmöglichkeiten für die Akteure des Gesundheitswesens abzulenken, um währenddesssen andere wirtschaftspolitische Ziele zu verfolgen.

In jedem Fall fiel dabei die weitere Schwächung des deutschen Gesundheitswesens ab.

Und eine noch viel schrägere These: Mit diesem Projekt oder besser in Verbindung mit den Israelis sollte Romy emotional negativ hinsichtlich der Geschäftsgebahren „der" Juden aufgeladen werden, um damit auch ihren Beitrag zum wachsenden Antisemitismus in Deutschland beitragen zu können. Was gab es sinnvolleres, noch jemanden mehr in eine emotionale Schlacht, ggf. als „Multiplikator" einzutakten? Und eigentlich lag diese Hypothese auch nicht so fern, denn Romy wurde bereits mit vielen weiteren Hinweisen konfrontiert oder mental „gefüttert": um auf „die" geschäftstüchtigen Niederländer wütend zu sein, um auf die „überheblichen und falsch spielenden" Amerikaner wütend zu werden, auf „den" Staat und „die" Bürokratie zu schimpfen und natürlich über die Misswirtschaft in „dem" Telekom-Konzern generell zu klagen.

Aber es gab weder „die" oder „den". Immer waren es einzelne handelnde Menschen mit ihren persönlichen Interessen, Werten, Haltungen, ihrem Verhalten und ihren Zukunftsplänen in gesteuerten Netzwerken.

Und Romy hatte dazu ihre ganz eigenen Hypothesen.

*****

„Katharina, ich weiß, dass dies jetzt eigentlich nicht direkt zur Online-Sprechstunde gehört, aber irgendwie werden an dem Workshop und dem Projektansatz mit den Isralis bei uns im Konzern die gesamten wirtschaftspolitischen Abhängigkeiten sichtbar, die im Moment zu all den Verwerfungen führen." Romy wusste, dass Katharina es nicht mochte, wenn sie das eigentliche Thema, „die" Wirtschaftskriminalität im Konzern unterbrach und sich wieder in irgendwelchen weiten philosophischen Abhandlungen über gesellschaftspolitische Konflikte verlor. Aber mittlerweile hatte Romy schon so große Bögen gespannt, dass es auf einen mehr oder weniger nun auch nicht mehr ankam.

„Du weißt, dass ich es nicht so toll finde, denn ich verliere immer mehr den Faden und muss sehen, wie ich dann deine Story wieder zusammenbekomme. Aber wenn es dir jetzt so wichtig ist und du meinst, damit nicht auch bis später warten zu können, dann erzähl eben. Ich schalte derweil aber das Aufnahmegerät ab. Einverstanden?"

Romy nickte und Katharina lehnte sich zurück.

„Ich fasse mich auch kurz, versprochen. Aber ich habe Angst, dass ich ansonsten diese Gedanken verliere und ich denke, sie sollten in diesem Zusammenhang einfach dazugedacht werden. Und vielleicht komme ich ja an einer anderen Stelle dann auch noch einmal ausführlicher darauf zurück."

„Na, nun fang schon an."

„Also, die Veranstaltungen, die ich im Konzern erlebte, erschienen mir alle durchweg inszeniert, da sie irgendwie nicht wirklich einer Projektumsetzung dienten. Vielmehr hatte ich den Eindruck, dass es vor allem darum ging, herauszufinden, welche politischen Schlussfolgerungen ich wohl aus dem Erlebten ziehen würde. Ich hatte mich im Vorfeld zwar nur sekundär mit Politik beschäftigt, war eher auf wissenschaftliche Erkenntnisse orientiert und weniger darauf, was „die" Politik letztendlich mit den Ergebnissen anfing. Aber natürlich sind für die Weiterentwicklung einer Gesellschaft und den wissenschaftlich-technischen Fortschritt vor allem die Prozesse entscheidend, die auch zu einem Transfer der Innovation in die Gesellschaft führen. Aber irgendwie erschien es mir nicht wirklich naheliegend, mich permanent mit politischen Zusammenhängen zu beschäftigen.

Natürlich war mir schon klar, dass ein so großer Konzern wie die Deutsche Telekom nicht im rechtsfreien Raum und damit in einem politisch neutralen Umfeld schwebt. Und gerade was seine zentrale Rolle bei der Wahrnehmung von Daseinsvorsorgeleistungen spielte und noch spielt.

Oder eben seine „Nichtwahrnahme".

Und die Entwicklungen der Digitalisierung durchdringen nun einmal alle Bereiche - Versorgungsleistungen im Energie-, Wasser-, Gesundheits-, Verwaltungs-, Bildungsbereich. Eben die gesamte Gesellschaft. Damit stellt die Telekom das zentrale „Nervensystem" der deutschen Gesellschaft dar.

Und natürlich reichen seine Nervenenden weit nach Europa und die Welt. Geht man einmal von dem Netzgedanken und den damit zu versorgenden Bürgern als ein Superorganismus aus, dann entscheidet der Konzern über wirtschaftliche Erfolge und Misserfolge, über ein hohes oder eher mäßiges Bildungsniveau, über hochwertige Entertainmentprodukte, über Spionagemöglichkeiten, über die Manipulation der Gesellschaft gesamt, der Bevölkerung oder einzelner.

Ohne zuverlässig funktionierende, neutrale digitale Plattformen lässt sich ein solcher gesellschaftlicher Wandel weder gerecht noch klassenneutral zum Wohle aller umsetzen.

Vielmehr steht dagegen die Gefahr der Unterstützung militärischer Auseinandersetzung mit neuen Waffen, der Einsatz psycho-physischer Systeme, die Manipulation der Bevölkerung, die Unterstützung von Wirtschaftsspionage und -sabotage. Der Konzern kann in diesem Sinne als „Heilsbringer" zu einer neuen digitalen Gesellschaft mit Wohlstand für alle beitragen oder den Untergang demokratischer Strukturen beschleunigen, die Bevölkerung vom Fortschritt abhängen und schlimmer noch, ihnen auch gesundheitlichen Schaden zufügen, als Partner imperialistisch geprägter Industriekulturen, die dem Werteverfall auf Grund einer maßlosen Bereicherungsstrategie zum Opfer gefallen sind. Insofern hängen an solch einem Konzern, der als Anbieter von Telekommunikationsleistungen, die zunehmend mit dem Internet verschmelzen, auch die nachhaltige Entwicklung gesellschaftspolitischer Strukturen. Dafür ist es wichtig, auch die Beweggründe und Motive zu verstehen, warum die Führungsspitze so handelt, wie sie handelt, warum sie zukunftsfähige Produkte aus dem Portfolio nahm und nimmt warum sie lukrative Konzepte die der breiten Bevölkerung zugute kommen ablehnen und einstellen, warum sie sich vor allem auf die US mit ihren Aktivitäten konzentrieren und in Deutschland nur Scheinaktivitäten durchführen, ohne Substanz."

Romy hatte sich im Vorfeld nie so gründlich damit auseinandergesetzt, dass dieser Konzern eine so sensible Schaltzentrale der Macht darstellte, die über Krieg und Frieden, über Konflikte, Gewalt, gute Versorgung, Black out und welche Fragestellungen auch immer letztendlich entscheiden konnte.

Und insofern war auch klar, dass dieses Zentrum der Macht, Begehrlichkeiten bei vielen gesellschaftlichen Kräften hervorrief, die ihren Einfluss geltend machen wollten. Und andersherum, griff der Konzern so stark und tief in gesellschaftspolitische Prozesse ein, die über den Aufstieg oder Untergang einer ganzen Gesellschaft bestimmten.

Romy hatte mittlerweile verstanden, dass das kapitalistische System nur überleben konnte, wenn es Konflikte als „Futter" bekam. Nur Krieg, Aufrüstung, Ausweitung von gesellschaftlichen Gegensätzen, die Spaltung der Bürger konnte das System retten oder wieder in möglichst unbürokratische Strukturen „zurückbomben". Aufrüstung verhinderte sozialen Fortschritt, Krieg forderte Tote und erzeugte Angst, verhinderte Bildung, trug zu einer Umorganisation von infrastrukturellen Gegebenheiten bei, rief poltische Kräfte auf den Plan die weiter Hass schürten und das Begrüßen totalitärer Entwicklungen förderte.

Denn eigentlich gibt es, gäbe es keine existenziellen Kämpfe, weder natürliche Auseinandersetzungen zwischen den Nationalitäten, weder zwischen den unterschiedlichen Ethnien oder den Rassen. Selbst in Zeiten der Sklaverei feierten in Europa Schwarze und Weiße Machthaber gleichermaßen ihre „wirtschaftlichen Deals" mit den Verkauf von Menschen. Solange es darum ging, dass Menschen ums Überleben kämpfen mussten, da es keinen technologischen Fortschritt gab, der zum Beispiel natürliche Unterschiede ausgleichen konnte, waren auch „Ressourcenkämpfe" verständlich.

Heute, da jeder überall auf der Welt in der Lage wäre, sich zu nähren, zu kleinen, zu wohnen, sich sinnstiftend zu beschäftigen, zu bilden, durch die Möglichkeiten jede Region der Welt fortschrittlich zu entwickeln, gibt es eigentlich keinen fundamentalen Grund mehr für Konflikte, selbst keinen mehr für die Existenz von Parteien, die Bevölkerung nach links, rechts oder mittig clustert.

Wichtig sind demokratische soziale Strukturen um einen planvollen Umbau der Gesellschaft vorzunehmen, um Prioritäten im Sinne der regionalen Bevölkerung umzusetzen, um zu prüfen, welche Bedarfe in den einzelnen Kommunen existieren, Expertenwissen hinsichtlich neuer Technologien zur Unterstützung von Prozessen des Strukturwandels, aber nicht mehr.

Alle Menschen haben die gleichen Wurzeln, wollen glücklich leben und ihre Kinder in Frieden aufwachsen sehen. Da gibt es international im Volk wohl kaum unterschiedliche Auffassungen, wenn man mal die Mehrheit betrachtet.

Nicht umsonst müssen aktiv nun immer mehr psychisch Gestörte „produziert" werden, weil nur eine innere emotionale Zerrissenheit und Verzweiflung die Menschen dazu treibt, sich freiwillig in militärische oder Konflikte mit tödlichem Ausgang zu begeben.

Nur sozial Verzweifelte oder religiös Radikalisierte können noch in der Gesellschaft Unruhe stiften.

Dann gibt es aber, durch die Bildung traditionell bedingt, Gruppierungen, Klassen, die nicht nur ihre Macht in Zukunft erhalten, sondern diese erst wieder vollumfänglich zurückgewinnen wollen.

Insofern existieren natürlich gegenwärtig auch real Auseinandersetzungen, aber die zwischen den Klassen, dem „allgemeinen" Volk und den „Systembewahrern".

Die einen nennen das System Kapitalismus, die anderen Marktwirtschaft. Letztendlich läuft es aber auf das gleiche hinaus, es gibt eben nur dieses „Oben" und „Unten", was in der Vergangenheit noch viel krasser und sichtbarer in Erscheinung trat. Mittlerweile verschwimmen die Grenzen, Macht wird subtiler, als solche tabuisiert, also offiziell geleugnet. Aufgepimpt mit Glanzlichtern aus dem einfachen Volk als Paradebeispiele für eine transparente, offene und freiheitliche Gesellschaft.

Dabei basiert die Macht, wie auch in den Jahrhunderten zuvor, immer noch auf Kapitalbesitz. Durch die vier unterschiedlichen Kapitalformen sind diese Machtverhältnisse aber oft nicht mehr eindeutig zuzuordnen.

Nach Pierre Bourdieus[173] Klassentheorie kann man vier Kapitalformen unterscheiden: das ökonomische, das kulturelle, das soziale und das symbolische Kapital[174].

Dabei ist das ökonomische Kapital klar definierbar als materieller Reichtum, aber natürlich auch der Besitz an Produktionsmitteln, an Technologien. Das kulturelle Kapital gliedert sich in drei Arten, das inkorporierte Kulturkapital - Bildung,

---

[173] Pierre Bourdieu (1930 - 2002) - einflussreicher französischer Soziologe und Sozialphilosoph des 20. Jahrhunderts. neben zahlreichen Publikationen, Solidarisierung mit streikenden Bahnarbeitern, Unterstützer der Arbeitslosenbewegung, Mitbegründer von attac, für die Vernetzung sozialer Bewegungen in Europa und gegen Neoliberalismus, 1984 Studie zum Homo academicus, Hierarchien und Strukturen in den Universitäten, die bedroht werden durch neue Disziplinen - „Krieg der Fächer". htttps://de.wikipedia.org/wiki/Homo_academicus.

[174] Kapitalsorten. https://de.wikipedia.org/wiki/Kapitalsorten.

Wissen, Erziehung.

Dies ist zeitaufwändig und benötigt wiederum die Freiheit, ohne „unmittelbare gesellschaftliche Reproduktion" Universitäten oder Weiterbildungen besuchen zu können, zu reisen etc., aber auch angefangen bereits im Kindergarten, auf vorhandene Strukturen und Ressourcen zu stoßen. Und dann gibt es noch das objektivierte Kulturkapital, wie Bücher, Gemälde und das institutionalisierte Kulturkapital, wie schulische Titel.

Als dritte Kapitalform tritt das soziale Kapital in Erscheinung, der aus dem Reichtum an gesellschaftlichen und sozialen Netzen besteht, gut funktionierende Beziehungen. Und als vierte Form gibt es noch das symbolische Kapital, das sich mit allen drei Kapitalformen so verbindet, dass daraus ein Grad von Berühmtheit, Prestige entsteht, bei dem die Beherrschten, die Rolle der „Beherrscher" anerkennen, also diejenigen mit keinem oder geringem Kapital die gesellschaftlich existierenden Hierarchien akzeptieren, wie Theodor Herzl „den Adel" vergötterte. Du verstehst?"

„Ich habe zwar deine Worte gehört, aber ehrlich gesagt, verstehe ich jetzt wirklich nicht mehr den Zusammenhang mit deinem Workshop bei der Telekom." Katharina schaute etwas unglücklich.

„Wahrscheinlich habe ich mich auch wieder etwas zu kompliziert ausgedrückt. Im 19. Jahrhundert gab es noch eine klare Bündelung des Kapitals. Wer die ökonomische Macht besaß, hatte auch die kulturelle, die soziale und die symbolische Macht, wenigsten mehr oder weniger, oder eben das symbolische Kapital.

Mit den Revolutionen ging dann dieses symbolische Kapital verloren. Natürlich auch schon vorher. Immer wenn sich Sklaven, Arbeiter oder Bauern erhoben, um gegen die Lebensumstände zu protestieren. Die Arbeiter akzeptierten dann nicht mehr den Reichtum der herrschenden Schichten. Sie akzeptierten nicht, dass nur diese Zugang zu guter Bildung, zu Büchern, zur Kultur hatten und natürlich dadurch immer weiter ihre elitären Beziehungsnetzwerke ausbauen konnten, die noch mehr Macht bedeutete.

So entwickelten sich die Demokratien, aber auch die sozialistischen Systeme. Bildung sollte allen zuteil werden, Kultur, Wohlstand. Nicht umsonst gab es den Slogan: Proletarier aller Länder vereinigt euch. Man erkannte, dass Netzwerke per sé wertvoll waren, um sich für verbesserte Lebensbedingungen einzusetzen. Wenn sich alle unterstützten und jeder jedem half, hatte das die gleichen Effekte. Diese konfrontative Gegenüberstellung zwischen Geld oder keinem Geld, musste „aufgeweicht" werden. Langsam begann sich das Kapital über das Volk zu verteilen. Die Bildungschancen verbesserten sich plötzlich für einige, der Zugang zu Wissen wurde vermeintlich besser. Damit wurde aber auch sichtbar, dass man keine Klassen mehr benötigte.

Für was auch?

Die über die letzten Jahrhunderte daran gewöhnte Klasse des Adels wollte sich damit allerdings nicht abfinden.

Um die geschichtliche Entwicklung zurückzudrehen, wussten sie, dass sie ökonomisches Kapital benötigten. Dieses besaßen vor allem Industrielle und Banker, die wiederum an Titeln und Machtsymbolen interessiert waren. So entstand eine neue „Klasse" - der sogenannte Geldadel. Dem schnöden Geldbesitz konnte auf diese Weise noch etwas Renommé beifügt werden. Heute durchmischen sich „alter" Adel und Geldadel in einer High-Society, einer Gesellschaft der Schönen und Reichen, eben den V.I.P.s. Und bereits in Kindheit und Jugend wird die Sehnsucht bei vielen erzeugt, dazu gehören zu wollen. Mit einer ausgeklügelten Strategie rollen die ehemaligen Feudalisten nun das Feld sozusagen wieder von hinten auf - sie bauten zuerst die Möglichkeiten für den Erwerb des symbolischen Kapitals weiter aus, indem sie auch

Vertretern aller Schichten, symbolisch scheinbaren Zugang gewährten. Dies gelang ihnen unter anderen mit Slogan wie: „Vom Tellerwäscher zum Millionär".

Plötzlich wurde es quer durch das Volk akzeptabel „symbolisches Kapital" anzustreben. Dann wurden zahlreiche Spielsysteme eingeführt, die dem Glück einzelner nachhalfen und so Menschen aus der Masse heraushoben, wodurch eine Hoffung vieler erzeugt wurde, auch durch „Glück" und „Zufall" reich zu werden. Dann baute man die Talentshows und Castingformate aus, die die Menschen in speziellen Teilbereichen, zuerst nur im Gesang oder beim Modeln, in neueren Zeiten aber auch mit ihrer Kreativität gegeneinander antreten ließen. Auch diese versprechen den Gewinnern wiederum Aufstieg in die „Klasse" der Reichen. So kann man heute bei den Berufswünschen, vielfach bei bildungsfernen Schichten, aber natürlich nicht nur dort, die über die ersten Kapitalformen nicht verfügen lesen, dass sie berühmt und reich werden wollen. Ob mit Singen, als Modell, als Fußballer oder in sonst einer Nische. Allgemeinbildung wie Geschichte, Mathematik, Deutsch, Biologie spielen nur noch eine untergeordnete Rolle und treffen natürlich auf das emotionale Empfinden derjenigen, die per sé eher weniger in den Genuss einer umfassenden Bildung gelangt sind, deren Zugang erschwert war und denen lernen schwer fiel.

Die Clusterbildung nimmt somit an Fahrt auf.

Man nutzt damit die Entkopplung der Kapitalformen dazu, die vor allem auf die emotionale Manipulation der symbolischen Macht abzielt, wieder Einfluss über die anderen Formen zu erlangen. Wer berühmt ist, ist in der Regel auch reich. Wer reich ist, baut in der Regel Beziehungen in „standesgemäßen" Netzwerken auf, die dem eigenen ökonomischen Level entsprechen.

Und als Letztes, wenn es schlimm kommt, kauft sich das Kapital auch noch das instituionalisierte Kulturkapital, nämlich Titel und Abschlüsse. Systematisch kommt es sozusagen wieder zu einer Zusammenführung der verschiedenen Kapitalformen. Allerdings ist in der Öffentlichkeit nicht mehr transparent, welche Kapitalform die ursprüngliche und bestimmende war und ist. Karl-Theodor zu Guttenberg kann sicher hier als ein gutes Beispiel angeführt werden. Institutionalisiertes kulturelles Kapital zieht eine imaginäre Grenze, die „Autodidakten" ausschließt und nicht die Bildung ansich, sondern die formalisierte Bestätigung höher bewertet.

Für die herrschende Klasse gehört es aber nicht nur dazu, die Kapitalformen wieder ausreichend bei sich zu bündeln, durch positive Marketingbilder über die emotionale Seite Akzeptanz zu erzeugen, sondern das Ziel besteht natürlich darin, den Zugang für die unteren Klassen systematisch und langsam wieder einzuschränken, zu begrenzen. Dies wird dadurch erreicht, dass eben alle staatlichen und öffentlich-rechtlichen Entwicklungen und Institutionen langsam aber sicher wieder abgebaut werden oder sich nun, zunehmend rechtlich sanktioniert, durch eine Fülle verwirrender und sich gegenseitig bedingender EU-, Bundes- oder Landesgesetze einem „unlauteren" Wettbewerb unterziehen müssen, den diese auf Grund ihrer schwächeren ökonomischen Position einfach nicht mehr gewinnen können. Die erste Kapitalform, nämlich das Geld fehlt in ausreichendem Umfang. Weißt du jetzt was ich meine?"

„Ja ich denke schon. Die sozusagen unsichtbar Herrschenden, weil sie das Geld haben, führen die anderen Kapitalformen wieder in direkte Abhängigkeit zum ökonomischen Kapital zurück, wie zu Zeiten von Marx und nutzen ihre symbolische Macht um Stimmungen zu erzeugen?"

„Richtig. Natürlich mit „Scheinausnahmen". Aber eben nur so, dass letztendlich wieder nur das ökonomische Kapital darüber entscheidet, wer kulturelles, soziales und symbolisches Kapital erlangt."

„Und was hat das mit deinem Konzern zu tun?"

„Na ganz einfach. Die Telekom hat eigentlich die Aufgabe, als Universaldienstleister digitale Teilhabe gleichberechtigt für alle zu ermöglichen. Neben der Gefahr der Bildung eines Superorganismus aller demokratisch denkender Bürger bedeutet dies, dass jeder Mensch an Bildung teilhaben kann, z.B. über online-Universitäten, sich informieren und austauschen, soziale Beziehungen pflegen, Chancen ergreifen, ein sowohl kulturelles, soziales und auch symbolisches Kapital erwerben kann. Denke mal an die Youtube-Stars. Die Telekom hat bereits vor Jahren den Bereich der digitalen Lernplattformen eingestellt, die eine breite und gerechte Bildung gefördert und begünstigt hätten.

Auf den privaten Plattformen läuft dies natürlich nicht gerecht und demokratisch im Sinne eines allgemeinen Wissenstransfers sondern hier entscheidet letztendlich das ökonomische Kapital. Erst wählt das Volk „Weiterbilder, Informanten, Entertainer" durch Clicks, dann nehmen Industrie und Kapital Einfluss auf die weitere Karriere dieses Menschen. Sie „adeln" ihn zum „Influencer", binden ihn also umgekehrt an das ökonomische Kapital und schaffen zeitnah Abhängigkeiten, um zu verhindern, dass das ökonomische Kapital letztendlich ursächlich immer nebensächlicher wird und damit in seiner Bedeutung an die letzte Stelle rückt. Dieser Prozess muss wohldosiert und gesteuert werden. Allerdings wird dies immer schwieriger, je mehr Milliarden Menschen das Wissen und vor allem die Zeit haben, ihre Kreativität auszuleben, schöpferisch und selbstbestimmt zu wirken.

D.h. noch bevor also allen eine angeblich „freie" Nutzung der Technologien ermöglicht wird, müssen die Systeme so kontrolliert zusammengeführt worden sein, dass die notwendige Kontroll- und Steuerungsfunktion auch ausgeübt werden kann. Der Slogan „Vom Tellerwäscher zum Millionär" soll zwar exemplarisch motivieren, aber nicht inflationär plötzlich die Klassengegensätze aufweichen.

Während man im Entertainment eine gewisse Großzügigkeit walten lässt, da oft von den Künstlern weniger Protestpotential zu erwarten ist und auf Grund des „Nischentalentes" die Bündelung aller Kapitalarten seltener zu befürchten ist und das Manipulationspotential eher „pro System und Konflikte" genutzt werden kann, reguliert man die Startup-Szene bereits in den Anfängen sehr restriktiv. Ziel ist es, talentierte, ehrgeizige und kreative Gründer möglichst in den Anfängen an das ökonomische Kapital und somit an die eigenen Verwertungsprozesse der klassischen Macht zu binden.

Je mehr private Stifter, Förderer, Kapitalgeber Einfluss auf Erfindungen, Entwicklungen, Produkte nehmen, um so mehr gehen diese Entwicklungen natürlich der regionalen oder nationalen Gesellschaft als Gemeingut verloren. Die Globalisierung hat deshalb nicht umsonst „subtile" Netzwerke errichtet, die wiederum dem kreativen Potential symbolische Macht versprechen, um dieses auch geopolitisch zu lenken.

Deshalb ist es für das kapitalistische System enorm überlebenswichtig, dass nicht alle gleichermaßen am technologischen Fortschritt partizipieren und plötzlich Milliarden von Menschen, befreit von existenzieller Not, über Verbesserungen oder innovative Entwicklungen, nicht nur nachdenken, sondern diese im direkten regionalen Umfeld umsetzen, also handeln.

Das „alte" kapitalistische System würde innerhalb weniger Monate zusammenbrechen. Die Menschen würden, ausgerüstet mit den richtigen und wirkungsvollen Technologien, erkennen, dass sie sich in ihrem direkten Umfeld ein kleines Paradies erschaffen könnten und das sich dies mehr lohnt, als sich in den Dienst globaler Konzerne zu begeben, deren Entlohnung nicht für eine angemessene Lebensqualität reicht, das es keinen Sinn macht, sich in das System des „modernen Sklavenhandels" einzufügen, das Wirtschaftsflucht keine sinnvolle Alternative mehr darstellt, aber auch nicht Selbsttötung oder Terror aus Hass, Wut oder religiösen Gründen. Wenn plötzlich jeder zum eigenen Kreativen, zum Produzenten oder in seinem direkten Umfeld zum wertgeschätzten Dienstleister würde, könnte es weltweit ein entspannteres Leben geben. Hier bin ich wirklich ein Fan der Kibbuze, Kollektivsiedlungen, worin Menschen mit gemeinsamen Eigentum basisdemokratische Sturkturen errichtet haben. Die Konzentration von Menschen in Metropolen sind Ergebnis kapitalistischer Kontrollstrategien, nichts weiter. Gesellschaftliche und internationale Konflikte sind kapitalistisch erzeugte Konstrukte, denn ansonsten wäre es längst zum gesellschaftlichen Wandel gekommen."

„Und bleibt dieser Wandel nun aus?"

„Muss nicht. Es hängt etwas davon ab, inwieweit die Aufklärung und Transparenzoffensiven greifen. Dazu gehören allerdings auch digitale Strukturen in die Hände von Basisdemokratien, damit sie allen gehören und somit nicht steuernd, kontrollierend und manipulierend einzelnen Machtinteressen untergeordnet sind."

„Und das macht jetzt die Telekom?"

„Indirekt schon. Indem sie nämlich nichts unternimmt, um diese neuen digitalen Möglichkeiten jedem zuteilwerden zu lassen, sondern diese Strukturen strategisch systematisch in die private Hand verschiebt. So einfach."

„Wie verschiebt?"

„Na die Telekom, oder besser gesagt einige führende Manager, denn die Mitarbeiter haben in der Regel damit ja weniger zu tun, haben in den letzten Jahrzehnten alle innovativen Projekte entweder eingestellt oder privatwirtschaftlich veräußert, am Konzern vorbei, so dass sie nicht mehr der Allgemeinheit zur Verfügung stehen.

Sie überlassen Unternehmen wie google und amazon bereitwillig das Spielfeld, verschieben Technologien in amerikanische Monopolstrukturen, um damit dann wieder einen kontrollierten Einfluss ausüben zu können. Nicht umsonst wurden alle Entwicklungen wie die e-Learning-Plattformen aber auch smarte Entwicklungen bei T-Systems abgemanaged. Über einige Zeit wird jetzt noch eine „Marketingfassade" aufrecht erhalten und dann die digitalen Infrastrukturen an private Investmentfonds verramscht, die dann wieder „ehrenwerten Personen" aus der Bilderberg-Konferenzen zufälligerweise zufallen oder vertrauenvoll an Bürgerstiftungen gehen, die zufälligerweise zum Beispiel der katholischen Kirche gehören. Bereits hört man es immer Blätterwald vom Sorgenkind T-Systems wispern, den großen Knall vorbereitend."

„Aber ist das nicht voll die Verschwörungstheorie von einer geheimen Weltregierung?"

„Aber Katharina, hatte ich es nicht schon erklärt, angebliche Verschwörungstheoretiker sind nichts anderes als Menschen, die versuchen Machtverhältnisse offenzulegen. Dabei fehlen meisten aber immer einige Bausteine um es nachvollziehbar zu machen oder es werden Halbwahrheiten untergemischt.Diese Begrifflichkeit fällt sozusagen unter die sogenannte Mystifizierung der Macht, die angeblich ja auch nicht existiert."

„Und warum redet dann keiner darüber?"

„Weil es ja wiederum genau zum Prinzip gehört, dass jemand, der Machtstrukturen offenlegt, diffamiert wird und diesem Menschen dann entweder Neid, Machthunger oder paranoide Motive unterstellt werden. Aber das hatten wir ja schon an anderer Stelle. In der Regel kannst du dir sicher sein, dass es nach einer solchen Offenlegung mit deinen normlen Leben vorbei ist. Was glaubst du, warum ich mich so damit quäle, dir jetzt alles zu erzählen und auch mit der Entscheidung, ob ich an die Öffentlichkeit gehen sollte oder nicht? Die Macht dieses Konzerns, oder wieder präziser der Führungskräfte als

Gegenwind zu spüren ist wahrlich kein Spaß. Und in Ansätzen durfte ich dies ja auch schon schmecken.

Meinst du es ist einfach, ständig mit dem Gedanken zu leben, dass man entweder fertig gemacht, als verrückt erklärt oder vielleicht letztendlich sogar umgebracht wird, damit man genau diese Machtkreise nicht stört? Aber Deals, wie nun der zwischen T-Mobile und Sprint sind ja keine Hirngespinste sondern Realität[175] und belegen diesen strategischen Plan. Denn wie erfolgt der Deal mit dem US-Rivalen? Nicht aus vorhandenen Mitteln  sondern per Aktientausch. Und was passiert, wenn nun plötzlich doch „zufälligerweise" diese Mega-Fusion nicht so klappt wie erwartet? Erst müssen dann Arbeitsplätze in Deutschland abgebaut werden und dann übernimmt eben der Amerikaner die deutschen Infrastrukturen.

Kein Problem.

Mit einer Wieder-Verstaatlichung der wertvollen Infrastrukturen, einer Re-Demokratisierung als notwendige Grundlage für die Versorgung mit Leistungen der Daseinsvorsorge ist es dann allerdings vorbei. Leitungen, Netze, Hardware, Software, Big-Data-Prozesse und Server inklusive aller Anschlüsse deutscher Haushalte wandern nach Amerika und werden von dort gemanaged. So ist das."

„Aber die Bevölkerung wird sich doch dagegen auflehnen, protestieren, oder?"

„Wie denn? Zum einen wird als positives Argument angeführt werden, das es nun einmal in einer globalisierten Welt so zugeht und man doch wohl eine offene und freiheitliche Marktwirtschaft wolle, und zum anderen, werden in dieser Zeit die emotionalen Konflikte zwischen Juden und Nationalsozialisten angefacht und psychisch gestörte Terrorattentäter lenken die Bevölkerung ab. Da interessiert sich doch wohl

---

[175] https://www.heise.de/newsticker/meldung/T-Mobile-und-Sprint-Telekom-Chef-feiert-Mega-Deal-in-den-USA-4038036.html.

niemand mehr für einen Wechsel der Mehrheitsverhältnisse in der Telekom. Mittlerweile ist ja sowieso schon so viel Streubesitz im Umlauf und nun werden sozusagen die letzten staatlichen Anteile in den „Pokertopf" geworfen. Die Deutschen haben dann erst einmal ganz andere Probleme."

„Ich verstehe schon. Ein ziemlich dickes Brett, was es hier zu bohren gilt. Aber wie wollen wir jetzt weiter machen? Wir können ja nicht aus deinem Wohnzimmer heraus die Weltpolitik plötzlich in eine andere Richtung drehen. Und anscheinend geht es ja nicht um weniger." Katharina spürte, dass Romy eigentlich wieder an einem Punkt angelangt war, an dem sie eine Pause gebrauchen konnte. Aber auch sie selbst merkte, wie die Last der Verantwortung ihr zunehmend den Hals zuschnürte.

„Wollen wir nicht erst einmal etwas essen oder an die frische Luft gehen?", fragte sie Romy.

„Nein, lass mal. Ehrlich gesagt, ist mir der Appetit vollkommen vergangen.", womit sie auch Katharinas Empfinden bestätigte.

„Können wir nicht noch das sogenannte Israel-Projekt beenden?"

„Wenn du meinst, dass du noch die Kraft hast, weiter zu machen, gern." Katharina stockte.

„Eine Frage habe ich aber doch noch gleich. Gibt es denn eine Lösung, um dieser Konzentration des ökonomischen Kapitals auf die Monopole entgegenzuwirken? Soweit ich verstanden habe, setzt die Telekom ihre Strategie gegen die Demokratie gerade wirkungsvoll um, wirkt also aktiv an der Rollbackstrategie mit. Wenn sie diese nicht sogar steuert?"

„Irgendwie schon. Gebraucht wird jetzt eben das Rollback vom Rollback." Romy musste grinsen.

„So genau wollte ich es jetzt auch nicht wissen." Auch Katharina lachte. „Ist mir schon klar, aber was bedeutet das?"

„Na eben so schnell wie möglich die Welt wieder in die

richtige Richtung drehen, auch wenn einem die Politrethoriker immer einreden wollen, dass man nichts mehr rückgängig machen kann: Nicht die Globalisierung, nicht das Zuviel an Massenproduktion, nicht das Zuviel an Mobilität, nicht das Zuviel an Ausbeutung und auch nicht die Privatisierungstendenzen oder den Rück-Trend zur Feudalisierung.

Aber natürlich kann man das alles.

Es gibt doch wohl Millionen vernunftbegabter Menschen auf der Erde, die sehen, was alles schief läuft. Warum sollten die sich nicht zusammenschließen können und falsche Entwicklungen stoppen, einfach ihr Mittun, ihre Gefolgschaft verweigern und dafür wieder das Richtige vorantreiben. Wer A gesagt hat, muss nicht B sagen, wenn er erkannt hat, dass A irgendwie keine gute Entscheidung war. Oder diese vor allem getroffen wurde, weil man Angst hatte oder den emotionalen persönlichen Druck nicht ausgehalten hat.

Wichtig wäre natürlich, so schnell wie möglich viele Formen der Daseinsvorsorge, Institutionen, Einrichtungen aber auch die dazu notwendigen Produktionsmittel und Arbeitsinstrumente wieder zu rekommunalisieren und starke kommunale Strukturen zu errichten.

Und mittelfristig sollte man dann die ökonomische Macht des Kapitals aus der Gestaltung einer neuen Gesellschaftsordnung herausnehmen."

„Wie meinst du das?"

„Da sind wir wieder bei der ursprünglichen Clalit als non-profit-Organisation, die gezeigt hat, dass es nicht des Profitgedankens bedurfte, um ein funktionierendes Gesundheitssystem aufzubauen.

Die Kommerzialisierung der Gesundheit und des menschlichen Körpers ist sowieso der schrecklichste Trend unter dem wir gegenwärtig leiden." Romy unterbrach und nahm einen Schluck Wasser. Das Gesundheitssystem sollte ja eigentlich jetzt nicht ihr Hauptanliegen sein.

„Man schafft einfach das ökonomische Kapital ab, dass als Geldbetrag Mehrwert generiert, also Profit. Dann löst man das gesamte ökonomische klassische System auf, Zinsen, Zinseszinsen, Bonds, Fonds, Aktien und all diese Formate, die sich die Ökonomen in den letzten Jahrhunderten ausgedacht haben, um die Menschen und deren Leben zu beherrschen. Denn eigentlich sind diese weder sinnstiftend noch existenziell für die Mehrheit der Bevölkerung notwendig. Gegenwärtig verstehen sowieso nur die wenigsten Menschen diese Konzepte, zumal der Mensch im Sinne der Digitalisierung und der eingesetzten Algorithmen sowieso gegen diese finanziellen Instrumente und deren Eigentümer immer nur verlieren kann. Diese würden perspektivisch zu einer vollkommenen Entrechtung und Entmachtung des Volkes führen.

Dafür setzt man dann die Schwerpunkte beim kulturellen Kapital: Bildung, Kompetenzen, Wissen, Kreativität und Talent. Dieses soziale Kapital lebt dann von der regionalen Wertschätzung, was sich auch in symbolischem Kapital niederschlägt. Am Ende dieser gesamten Kette kann natürlich auch Geld stehen, aber in einem vernünftigen Rahmen, der auch das kulturelle Kapital des Menschen adäquat widerspiegelt. Dies macht erforderlich, dass auch die finanzielle Bewertung der symbolischen Macht begrenzt wird. Das Gehalt eines Fußballers oder Sängers drückt dann nicht mehr durch einen unverhältnismäßig hohen Betrag, eine größere gesellschaftliche Wertschätzung aus, als die Tätigkeit eines Erziehers oder Lehrers. Damit könnte man mit einem Federstrich die jetzigen Machtverhältnisse, den Irrsinn von Entertainment und biologischem Testfeld auflösen, Strukturen wieder demokratisieren und das System auf die Füße stellen. Erst Bildung, dann Leistung, dann Wertschätzung, dann gerechte und im gesellschaftlichen Kontext angemessene Entlohnung. Wobei viele regionale Leistungen kostenlos für die Bürger angeboten werden könnten. Das Geschrei um die Kosten, die niemand tragen kann sind ja auch alles Scheindiskussionen. Aber ohne Transparenz und natürlich ohne die Produktionsmittel hat das Volk wirklich schlechte Karten.

Insofern müssen die in den letzten Jahrzehnten „irrtümlich" privatisierten Technologien, Strukturen und Einrichtungen der Daseinsvorsorge wieder in öffentlich-rechtliche Verhältnisse überführt werden, um die Grundbedürfnisse jedes Menschen befriedigen zu können. Der zentrale Vorteil dabei ist der positive emotionale Wandel, der dadurch sichtbar werden wird."

„Meinst du wirklich? Irgendwie kann ich mir das nicht vorstellen."

„Ich denke schon. Wenn es kein diskriminierendes Hartz IV mehr gibt oder unbezahlt schuftende Ehrenämtler, wo eigentlich niemand mehr begreift, warum das Ausgeben von Essen oder das Mähen von Rasen eine Ehre sein soll und wo die Menschen weniger oder keine Angst mehr haben müssen, ob sie überleben oder inwieweit sie sorgenfrei ihr Alter gestalten können, wo sie keine Angst haben müssen, dass es keinen bezahlbaren Wohnraum mehr gibt, keine Arbeit, dann gibt es auch mehr positive und produktive Kreativität und vor allem würde die Welt automatisch friedlicher. Denn die größten Gewalttaten dieser Welt werden im Zusammenhang mit Kapitalverbrechen begannen. Ob Raub bei Kleinkriminellen, Wohnungseinbrüche aber auch Unterschlagungen, Erpressungen oder Wirtschaftsspionage, Wirtschaftskriminalität bis hin zu geopolitischen Intrigen, Kologialisierungsabsichten, modernem Sklavenhandel, Morden und Kriegen, alles steht in direktem Zusammenhang mit dem Ziel, finanziell ausbeutbare Ressourcen zu erlangen. Diese Teufelsspirale muss einfach aufhören."

Romy spürte, wie schwer es ihr fiel, sich auf einen roten Faden zu konzentrieren, denn zu viele Informationen fluteten ihr Gehirn, zu viele Zusammenhänge wurden ihr plötzlich klar, aber sie hatte das Gefühl, einfach nicht ausreichend Zeit zu besitzen, um all das aufzuschreiben, was ihr wichtig war und was sie meinte, dass es auch für andere wichtig wäre, um bei gegenwärtigen und zukünftigen Entwicklungen kluge Entscheidungen zu treffen. Sie wollte nicht, dass es ihr so erging, wie vielen Denkern vor ihr, immer das Gefühl haben zu müssen, nicht zum Abschluss gekommen zu sein. Und ihr war bewusst, dass sie bereits viele Monate „verloren" hatte, indem sie sich als Person, ihre Emotionen, die eigenen Befindlichkeiten viel zu ernst nahm.

„Wichtig ist meines Erachtens", setzte Romy fort, „dass man versucht, sich gedanklich vom Stigma des „homo oecononmicus" zu lösen, hin zum „homo cultus", weißt du was ich meine?"

„Nein. Aber kommen wir jetzt nicht wirklich viel zu weit weg vom eigentlichen Thema?"

„Du hast recht, aber nur noch diesen Gedanken." Romy wollte einfach nicht versäumen, den gesellschaftspolitischen Kontext ihres „Telekom-Mobbingskandals" in den Vordergrund zu rücken.

„Wenn wir die Arbeit nicht mehr als Pflichtaufgabe ansehen müssen, sondern als gestalterische Betätigung, die Arbeit 2.0 nicht als moderne digitale Lohnarbeit, sondern als Chance für eigenständige regionale kreative Entwicklung verstehen, dann kann wirklich alles besser werden. Und meines Erachtens sind wir da doch schon auf einem sehr guten Weg. Sobald die Bedeutung des Geldes als wichtigster Indikator für den Wohlstand, den Wert des Menschen, also als wichtiger Bestandteil des symbolischen Kapitals, als notwendige Bedingung für Wertschätzung „verschwindet", dann können wir den Systemwandel schaffen.

Unsinnige Massenproduktionen, Handel als wichtigster Lebensinhalt - alles wird damit obsolet. Wenn es letztendlich eher darum geht, glücklich zu leben, mit Familien, Freunden,

Hobbys zu pflegen und sich das Leben gemeinsam schöner zu gestalten, wenn Wissen und Bildung höher wertgeschätzt werden als Geld und Reichtum, Universitätsprofessoren mehr „verdienen", als Konzernvorstände oder Marketingleiter, wenn bei Wiki-Einträgen über Personen nicht erst deren Funktionen in der Industrie und dann erst deren Rolle im Staat oder der Wissenschaft auflisten, dann steht auch der kulturelle Wandel bevor."

„Ist das denn so?"

„Ja, in der Regel schon. Die Funktion eines Vorstandes in der Industrie steht irrigerweise vor der als Staatssekretärin oder Universitätsprofessorin, sofern man natürlich die Chance hatte, in alle diese Bereiche hineinzuriechen. Endlich verstehe ich aber, was Lenin mit der Kulturrevolution meinte. Als Jugendliche fand ich das einfach nur furchtbar. Aber in meiner jugendlichen Naivität habe ich es einfach nicht besser verstanden.

Wenn dieser Wertewandel voranschreitet, wird auch der Missbrauch von Technologien wieder zurückgedrängt, hoffentlich, und die „regionale" Sinnhaftigkeit für lebenswerte Entwicklungen wird im Vordergrund stehen und der Wohlstand für alle. Damit werden gegenwärtig als gefährlich zu bewertende Big-Data-Strategien oder FinTech-Unternehmungen auch obsolet. Die Propagierung von BlockChain zum Beispiel ist einfach nur fahrlässig.

Generell sollte man auf die flächendeckende Einführung von virtueller Währung gänzlich verzichten, wenn man noch nicht einmal die gesellschaftspolitischen Strukturen im „analogen" Leben in den Griff bekommt. Die Bürger mit einem normalen Einkommen sollten generell die Finger von solchen Zockertechnologien lassen, auf die sie keinen Einfluss nehmen können und die einfach nur eine Blackbox darstellen. Schafft man dieses ganze finanzielle Machtimperium ab, besteht ja auch kein Bedarf mehr an virtuellen Währungen,

Gott-sei-Dank!

Sozusagen kann dann ein evolutionärer Systemwandel ge-lingen."

„Das hört sich spannend an. Und so einfach, wenn du darüber sprichst. Aber sicherlich ist es das nicht, oder? Ich glaube, dazu sollten wir einmal einen gesonderten Abend einplanen. Sei nicht böse, aber ich würde gern noch die Konzernge-schichte zu Ende hören."

„Du hast recht. Es tut mir leid, dass ich immer wieder so abschweife. Lass uns jetzt besser wirklich den Punkt mit dem Workshop abschließen. Aber du hattest gefragt. Und wenn ich erst mal im Flow bin..." Romy ließ den Satz unbeendet und schaute Katharina um Verständnis bittend an. Den Be-griff Flow[176] hatte Romy erst kennengelernt, als sie ihre Neu-rologin-Kollegin darauf ansprach. Romy befand sich oft in einem mentalen glücklichen Zustand der völligen Vertiefung in eine Tätigkeit und im restlosen Aufgehen darin. Allerdings hatte Romy bisher nicht das Gefühl, dass ihr konzentriertes Arbeiten etwas mit einem Trance-Zustand zu tun hätte, wie es nun die Psychologen definierten.

„Aber einen kleinen allgemeinen Zusatz möchte ich noch anschließen, einfach, damit ich es nicht vergesse."

„Klappe die Dritte? Wie oft hast du nun schon den wirklich letzten Einschub angekündigt? Aber auch egal." Katharina rollte symbolisch die Augen, als wenn sie sagen wollte: „Ich glaube nicht mehr, dass du heute noch mit dem Thema fertig wirst", schaute dann aber wieder gespannt auf Romy.

*****

„Weißt du, dass ich bis vor Kurzem nicht wusste, dass die Monarchie den Zyonismus[177] als Projekt zur geopolitischen

---

[176] https://de.wikipedia.org/wiki/Flow_(Psychologie)

[177] vgl. https://de.wikipedia.org/wiki/Zionismus

Einflussnahme entwickelt hat? Und damit natürlich auch den Antisemitismus? Judentum und Christentum haben eigentlich den gleichen Ursprung. An dieser Stelle wurden extreme Konflikte geschürt, um das Prinzip „teile und herrsche" umzusetzen. Und diese beginnen ja bereits heute, uns wieder auf die Füße zu fallen.

Aber das führt jetzt wirklich zu weit.

Jedenfalls hat man erst Religionen als Gegensätze thematisiert, um damit eine Konfrontation zu erzeugen. Die Mystifizierung von Geschehenem trug dazu bei, die Menschen gegeneinander aufzuhetzen. Christen stammen ursprünglich auch nur aus den jüdischen Wurzeln ab. Die Geschichten von Auferstehung, ewigem Leben, Himmelsmächten hat man erst erfunden, als nach Machtinstrumentarien suchte, Menschen in eine gewisse Abhängigkeit zu bringen. Letztendlich fürchtete man wohl generell die Überlegenheit eines geeinten Volkes. Insofern liegt es jetzt auch wieder nahe Christen und Israelis gegeneinander zu hetzen."

Romy überlegte. Sie musste an ihre Kindheit denken, wusste aber nicht, ob sie Katharina erzählen sollte, was sie bewegte und warum sie tief überzeugt davon war, dass Juden und Christen eigentlich zusammengehörten. Aber wahrscheinlich würde Katharina das im  Moment nicht verstehen und Romy würde auch nicht mehr die Zeit haben, hier noch weiter auszuholen. Also beschloss sie, dies auf einen späteren Zeitpunkt zu verschieben.

„Die Idee vom israelischen Staat wurde allerdings bereits 1833 in britischen Regierungskreisen erwogen", setzte sie fort.

„Schon wieder die Briten?", fragte Romy entgeistert dazwischen.

„Ja. Im Osmanischen Großreich begannen sich Reformen durchzusetzen, es gab fortschrittliche Annährungen an Westeuropa und das Reich drohte zu zerfallen. Vor allem Ägypten in den Gebieten Syriens und Palästinas strebte nach Unabhängigkeit. Und das wollten die Briten verhindern. Deshalb ersannen sie die geniale Idee, Juden ohne autonomen Staat in einem selbstverwalteten Palästina anzusiedeln, um das Osmanische Großreich zu erhalten. Im Jahr 1838 beschrieb der *Globe*, Organ des Außenmisteriums, diese Idee erstmals[178]. Und dafür gab es eben wieder nur einen Grund, die Regionen unter dem Einfluss der Monarchie zu halten.

Mit der 1809 gegründeten *London Society of Promoting Christianity Amongst Jews*, dem ersten Judenmissions-Verein, beeinflusst unter Lord Anthony Ashley Cooper, 7. Earl of Sheftesbury (1801-1885) wurde die britische Nahostpolitik gezielt mit neopuritanischen Bekehrungs- und Ansiedlungsplänen für Juden beeinflusst.[179] Und wie bereits erwähnt, träumte Theodor Herzl von einer aristokratischen Verfassung. Die London Society agierte in Ländern Nordafrikas, in Äthiopien, in Palästina, im Iran. 1842 gründeten sie die British Jews Society mit anderen Länderschwerpunkten des damaligen Empire, darunter Australien, Südafrika, Lateinamerika.

Im Jahre 1822 wurde auf Anregung des britischen Botschafters Sir George Rose die Gesellschaft zur Beförderung des Christentums unter den Juden (Berliner Israelmission) gegründet, zu denen dann preußische Adlige wie von Witzleben, zu Stolberg-Wernigerode, von Kottwitz gehörten[180]. Und der Erweckungstheologe August Tholuck[181]."

---

[178]  dito

[179] Schäfer, Barbara: Zionismus. In: Theologische Realenzyklopädie Band 36, Walter de Gruyter, Berlin/New York 2004, S.700

[180] vgl. https://de.wikipedia.org/wiki/Judenmission

[181] August Tholuk - protestantischer Gelehrter und Theologe, Sprachgenie, litt unter starken Stimmungsschwankungen und Suizidgedanken, verarbeitete sein Erweckungserlebnis 1823 in einem anonym veröffentlichten Roman *Guido und Julius*, https://de.wikipedia.org/wiki/August_Tholuck, gehörte 1846 in London zur den Mitbegründern der Evangelischen Allianz und wurden zum Ehrenphilister der christlichen Studentenverbindung Hallenser Wingolf..

„Das sind dann sozusagen schon die Urspünge für die Roll-back-Pläne oder Systembewahrungs-Konzepte, wo religiöse Spannungen, neue mystische Konzepte und psychologische Beeinflussungen zunehmend vermischt wurden, richtig?", fragte Katharina dazwischen.

„Ja. Und auf so viel strategischen Einfallsreichtum musst du natürlich erst einmal kommen. Aber dazu gab es ja im Vereinigten Königreich eine lange wissenschaftliche Tradition. Und dann relativiert sich natürlich die eingesetzte Kreativität wieder, wenn man um die historischen Rahmenbedingungen weiß."

„Du meinst, die antisemitischen Konflikte basieren auf wissenschaftlich-theoretischen Modellen, die aus den Eliteeinrichtungen Londons stammen? Das hätte ich nicht gedacht. Bist du dir da sicher?", bezweifelte Katharina.

„Also wenn man sich in der Geschichte die Handelnden anschaut, dann bleibt kaum eine andere Hypothese. Allerdings habe ich besonders für die Queen ein gewisses Verständnis. Welche Alternative hatte sie denn? Sie wurde dazu erzogen, mit eiserner Disziplin das British Empire und natürlich alle in diesem Zusammenhang existierenden Adelsgeschlechter und Netzwerke zu verteidigen. Das war und ist ihr Schicksal. Man darf nicht vergessen, dass sie aus dem Hause Windsor stammte, das wiederum in der Zeit über die wir hier reden, eigentlich das Herzogtum Sachsen-Coburg und Gotha von 1826 - 1918 war, welches heute die Territorien Bayern und Thüringen umfasst. Somit  liegen ihre Wurzeln wiederum in einem alten deutsches Adelsgeschlecht. Durch geschickte Heiratspolitik gelangte diese, damals eher unbedeutende Fürstenfamilie auf eine Reihe europäischer Throne. Und dass es der Queen gelang, natürlich im Rahmen eines politisch machtvollen Netzwerkes indirekt auch Vertreter der UN mit zu steuern, die dann solche strategischen Ziele mittragen, ist erstaunlich aber anscheinend eben auch nur menschlich.

Konflikte, Krieg und auch Teilungen wurden durch Vertreter der UN politisierend gesellschaftsfähig gemacht. Aber die „rote Gefahr" des Kommunismus vor Augen, schmiedete plötzlich ganz neue Allianzen.

Man kann nur hoffen, dass die Commonwealth-Staaten[182] im Moment nicht so naiv sind, auf die Vorschläge und die versprochenen „goldenen Berge" des Vereinigten Königreiches einzugehen und sich damit wieder einem britischen Empire unterzuordnen[183], denn auch hier geht es letztendlich nur um ein „weiterso" an Ausbeutung und die Sicherung der Einflusssphären zum Erhalt sich gegensätzlich gegenüberstehender Klassen, wenn natürlich auch in einem komfortableren, schickeren, moderneren Gewand. Eben Kolonialismus 2.0." Romy unterbrach selbst ihren Gedankengang. Irgendwie hatte sie den Eindruck, Katharina interessierte das nicht mehr wirklich.

„Übrigens wüsstest du, dass die Briten selbst in Kenia nun schon ein Royal College errichtet haben? Und dass die gute digitale Ausstattung der katholischen Kliniken im Verhältnis zu den schlimmen Zuständen in den öffentlichen Krankenhäusern bereits die strategischen Richtungen offenbahren, so wie offensichtlich die Standleitung nach Stanford, die Superrechner[184] und die hochmodernen Konsumtempel im Wider-

---

[182] Commonwealth of Nations (bis 1947 British Commonwealth of Nations, Vereinigtes Königreich, Nordirland und die ehemaligen Kolonien (52), ggr. 1931, wird heute als Nachfolger des British Empire gesehen, 29,4% der Weltbevölkerung, rund 2 Mrd. Menschen leben in Mitgliedsstaaten des Commonwealth, Commonwealth Office in London. Treue zur Krone, Reaktion auf die Autonomiebestrebungen der Dominions Kanada, Südafrika, Australien und Neuseeland. Bis 1962 Commonwealth-Bürger als British-Subject, Zusammenschluss: „to promote prosperity, democracy and peace." vgl. https://www.chogm2018.org.uk.

183 Towards a common future. Commonwealth Heads of Government Meeting London, 16th-20th April 2018. vgl. dito.

[184] Supercomputer = schnellster Rechner seiner Zeit, essentielle Rolle beim wissenschaftlichen Rechnen - Simulationen in der Quantenmechanik, Wettervorhersagen, Klimatologie, Kosmologie etc. Wegen ihrer

spruch zu den Slums? Einfach Imperialismus auf dem Weg in den modernen High-Tech-Feudalismus. Hättest du das erwartet?"

Romy musste sich eingestehen, dass sie zwar immer aufmerksam Eindrücke „gesammelt", nie aber konsequenterweise den letzten logischen Schritt vollzogen hatte, zu begreifen und zu verstehen, warum sie sah, was sie sah.

„Ich will jetzt gar nicht mehr von den Intrigen und psychologischen Manipulationssystemen sprechen, die zu den Weltkriegen geführt haben. Das können wir ja später einmal an anderer Stelle intensivieren. Jedenfalls lassen sich damit die gegenwärtigen Weltkonflikte formal auf einen Verursacher zurückführen. Verkürzt kann man gegenwärtige Spannungen zwischen Israel und Palästina, aber auch die Auseinandersetzungen in Syrien mit dem Motiv umreißen: „System- und Machterhaltungsstrategie".

Eigentlich ist es doch einfach.

Schau dir Verbrechen und Missstände an und frage dich dann immer, wer ein Motiv dafür hat. Und letztendlich haben nur die letzten „Übriggebliebenen" ein Interesse daran, Royalisten, Adlige und natürlich auch Industrieelle, die durch die Möglichkeiten verteilter regionaler Produktionen um ihre Umsätze und Profite fürchten müssen. Letztendlich sind auf Grund der Digitalisierungsmöglichkeiten monopolitistische Strukturen fast überflüssig und Machtkonzentrationen überhaupt. Nun fürchten sich natürlich mittlerweile alle, die in die sozialen Besserverdiener-Kreise auf- und eingestiegen sind, die die familiären und finanziellen Netzwerke, ob in Europa oder auch in Amerika genießen.

Das symbolische Kapital könnte in Gefahr geraten. Aber dann der medialen Frequenzen, gelingt es schleichend zunehmend wieder immer mehr, Anhänger zu finden, die von Prinzessinnen und Prinzen träumen, von Ballkleidern, Schlös-

Einsatzmöglichkeiten fallen sie unter deutsche Gesetze zur Waffenexportkontrolle.

sern, Klöstern und Burgen.

Aber eine solche „Kulisse" gibt es eben nicht ohne arbeitendes Volk.

Natürlich benötigt man durch die Digitalisierung, Automatisierung, Roboterisierung und Technologisierung davon immer weniger. Das ist das Gute. Wenn man die Quantität der Weltbevölkerung ausreichend reduziert, lässt es sich mit dem Rest williger Leistungsträger natürlich gut leben. Die Industriellen sorgen mit Industrie 4.0, Automation und KI, dass der Laden läuft, die Bioroboter planen keinen Revolten und Aufstände mehr, fühlen sich als Diener, Leistungsträger und Dienstleister im System, denn sie fühlen sich, wie auch die ersten Sklaven in der Geschichte positiv sozialisiert und angemessen entlohnt. Was erwartet man mehr von einer sorglosen Zukunft? Und natürlich werden wissenschaftlich-technisches Potential und kreative Leistungen weiter aus abhängigen Ländern „bezogen", sozusagen per Flatrate und auf Knopfdruck.

Ideenwettbewerbe, Gründerzentren helfen gegenwärtig noch dabei, schnell Kreativität in privates Marktpotential zu wandeln. Während noch vor dreißig Jahren die Royalisten fürchten mussten, dass die Digitalisierung ihrer Macht gefährlich werden könnte, haben sie es in den letzten Jahren anscheinend perfekt verstanden, diese „Gefahr" zunehmend zu bannen und für ihre Zwecke umzulenken.

Der gleichberechtigte Einsatz digitaler Technik in Deutschland, könnte ansonsten flächendeckend sehr schnell zu einem Obergau und Paradigmenwechsel führen. Eine schnelle Demokratisierung von Bildung, Wissen, Technologien, Rechten würde zu den längst versprochenen blühenden Landschaften und einem allgemeinen Wohlstand führen.

Ganz schlecht für die strategischen Pläne, die auf der Emotion Angst und Konflikten aufbauen. Und durch den Anschein, dieser perfekten bürgerlich zivilisierten Fassade einer

Welt, haben wohl die wenigstens angenommen, dass so viel kriminelle Energie hinter den geschlossenen Türen von hochdekorierten Verbünden und Institutionen, wie den Vereinten Nationen, der Atlantik-Brücke[185], dem American Council on Germany[186], der Bilderberg-Konferenz[187], dem Royal College[188] aber auch der Deutschen Telekom stecken. Und natürlich damit auch in den „oberen" Klassen, in sozialen Gesellschaftsgruppierungen[189], die eigentlich längst der Vergangenheit angehören sollten und die sich nun wieder anschicken, ihre vermeindlich angestammten traditionellen Rechte zurückerobern zu wollen und die Welt nach ihrem Gusto neu zu ordnen.

Aber leider war und ist das wohl so.

Dass bei solchen Plänen Menschen wie René Obermann, aber auch Jens Spahn[190] oder Olaf Scholz zentrale Rollen ein-

[185] Atlantik-Brücke ggr. 1952 als private, überparteiliche udn gemeinnützige Organisation mit dem Ziel, eine wirtschafts-, finanz-, bildungs-und militärpolitische Brücke zwischen den USA und Deutschland zu schlagen. https://de.wikipedia.org/wiki/Atlantik-Brücke.

[186] American Council **on** Germany - ggr. 1952, NGO- Amerikanischer Rat **für** Deutschland - Gründer John Jay McCloy - „einflussreichste Privatperson Amerikas" und Eric M. Warburg - deutsch-amerikanischer Bankier und Politikberater.

[187] Bilderberg-Konferenz - informelle, nicht-offizielle Treffen von einflussreichen Personen aus Wirtschaft, Politik, Militär, Medien, Hochschulen, Hochadel und Geheimdiensten vgl. https://de.wikipedia.org/wiki/ Bilderberg-Konferenz.  Interesse an der Re-Feudalisierung und Privatisierung der Macht? - Deutschlandfunk, 02.06.2010.

[188] Royal College = Anzahl von Einrichtungen im Vereinigten Königreich

[189] Soziale Klasse - Gruppierung von Menschen mit gemeinsamen sozialen Merkmalen, vor allem wirtschaftlicher Art, Begriffsschöpfung von Karl Marx im Sinne einer Differenzierung der Gesellschaft, dichotome Struktur - zwei Teile, die sich gegenüberstehen. Machtbezogene Ansätze - ökonomische, politische, geistig-moralische Macht - immer Klassenkampf. Gegenwärtig nicht nur Merkmal Besitz von Produktionsmitteln sondern Machtmitteln, Tabuisierung von Macht - Verleugnung, Naturalisierung, Charismatisierung, Mythologisierung, Verschleierung.

[190] Jens Spahn (geb. 1980, Ahaus-Ottenstein), deutscher Politiker (CDU), Bankkaufmann, Politikwissenschaften Fernuniversität Hagen, Young Lea-

nehmen ist verständlich, auch wenn man es kaum glauben mag. Mir ging es jedenfalls so.

René fragte mich einmal, als wir einen kurzen Moment im Fahrstuhl zusammen von einer Etage in die nächste fuhren, wie es mir denn so in meinem Bereich ginge., denn unser Büro befand sich zufälligerweise auch auf der Vorstandsetage des Konzerns. Und anstatt ihm klar ein: „beschissen" entgegen zu schleudern, habe ich nur ein nettes Gesicht aufgesetzt. Aber vielleicht war das ja auch gut so. Wer weiß, wo ich mich ansonsten jetzt befände. Vielleicht schon mit Blei an den Füßen in der Spree.

Und als Partner in „Partnerprojekte" müssen diese „Auserwählten" eben mit den bereits genannten strategischen Verbünden, die auf Grund von Wissen, Macht und Technologien strategisch die Weltpolitik bestimmen auch systematisch ihre Einflusssphären ausbauen. Ich habe mich immer gewundert, woher diese Personen alle ihr Selbstbewusstsein nehmen. Aber starke Netzwerke machen anscheinend eben stark."

„Ok, Romy. Jetzt hast du aber genug philosophiert. Wolltest du nicht noch etwas zum Projekt der online-Sprechstunde sagen? Und vor allem zu deiner Hypothese, dass man dich irgendwie antisemitisch aufziegeln wollte?"

„Na ja, dass ist natürlich nur eine Hypothese. Aber gerade wenn ich an den smarten und cleveren René denke, kann ich mir nicht vorstellen, dass er ernsthaft an die Umsetzung eines solchen Projektes in der mir durch den Konzern vorgegebenen Weise ins Auge gefasst hatte. Und als ich es hinschmiss, lachte auch Levin durchs Telefon mit den Worten: „Na, wohl die Schnauze voll gehabt?"

Unkonzentriert habe ich daraufhin einen Unfall gebaut. Ich

der Programm American Council on Germany, 2017 Teilnehmer Bilderberg-Konferenz in Chantilly (National Air and Space Museum (Nurflügler, Mondlandefähre etc.), angegliedert an die Smithsonian Institution, bedeutende Forschungs- und Bildungseinrichtung ggr. 1846, verwaltet 142 Mio. Objekte menschlichen oder natürlichen Ursprungs.

musste an die Nerven denken, die ich im Rahmen dieses Projektes gelassen hatte. Insofern hätte eine normale und spontane emotionale Reaktion wohl darin gelegen, nur „Scheiß Juden" zu denken.

Aber das ist eben nur ein konstruiertes Märchen. Man sollte besser nicht über jedes Stöckchen hüpfen, was einem vorgehalten wird.

Bei einem kurzen Blick ins Internet und auf die Geschichte konnte ich gut erkennen, dass man sich nicht allgemein über geldgierige Juden aufregen sollte, sondern eben einfach nur über eine kleine Gruppe, die man vielleicht auch besser als jüdisch neoliberaler Wirtschaftskriminelle bezeichnet. Das können aber auch Deutsche, Amerikaner, Briten oder Russen sein. Vollkommen egal. Denen geht es nur um das Rollback des Fortschritts und ihren Profit.

Vielleicht haben sie ja ernsthaft Angst vor dem Kommunismus.

Ich glaube, wenn ich so erzogen worden wäre, vor einer Religion oder Ideologie Angst zu haben, dann könnte ich das auch nicht plötzlich ablegen. Das wäre dann latent sicher immer vorhanden. Ich kann noch nicht einmal sagen, ob mir René Obermann leid tut. Weil er dem schnöden Mammon des Geldes verfallen ist, weil er anscheinend keine sozialen Werte mehr kennt, weil er seine Intelligenz für wirtschaftspolitische Spiele missbrauchen lässt oder selbst missbraucht. Das ist doch eher bedauerlich, oder? Ich weiß nicht, ob man auf Dauer an solch einem Leben wirklich aufrichtige Freude empfinden kann."

„Fang jetzt bloß nicht an zu heulen."

„Natürlich nicht. Aber irgendwie denke ich, dass ja jeder Mensch auch zum großen Teil ein Produkt seiner Umstände ist, wie eben auch der Erziehung, der Einflüsse, woraus dann Verhalten und Haltungen entstehen. Und als Kind in Krefeld war er vielleicht einfach nur ein netter Junge. Weißt du was ich meine?"

„Hör bloß auf, immer alle Verbrecher dieser Welt zu verteidigen. Meinst du, dass die sich um dich sorgen?"

„Natürlich nicht. Aber auch deshalb können sie einem ja nur leid tun. Ich war früher auch weniger rührseelig. Das gebe ich gern zu. Aber ich glaube, dass ich mich immer bemüht habe, die Sicht des anderen zu verstehen. Allerdings rein rational. Für die emotionale Seite brauchte es dann auch bei mir so etwas wie einen Schlag auf den Hinterkopf, um mich irgendwie zu fangen. Insofern verdient aber glaube ich jeder Mensch die gleiche Chance."

„Einen Schlag auf den Hinterkopf? Von mir aus gerne. Aber wieso auch?" Katharina fand die Unterhaltung plötzlich wieder interessant. Sie stellte sich vor, wie die Monarchen und Royalisten sich in einer Reihe aufstellten und anstelle standesrechtlich wegen Hochverrrates an der Demokratie erschossen zu werden, ging ein Frau einfach nur an ihnen vorbei und gab ihnen einen Schlag auf den Hinterkopf, so, wie zu Zeiten, wo Mütter noch so ihre Kinder straften. Irgendwie lustig. Allerdings konnte sie sich nicht vorstellen, dass die Herren daraus wirklich nachhaltig ihre Lehren ziehen würden. Da bedurfte es wohl schon anderer Sanktionsmechanismen.

„Joseph Beuys sprach einmal davon, dass es eines Flugzeugabsturzes bedurfte, um sein Denken etwas gerade zu rütteln. Aber das ist wieder etwas ganz anderes."

Romy wusste nicht mehr, wieviele Male sie immer wieder neue Themen angeschnitten hatte.

„Jedenfalls den erfahrenen israelischen Arzt Yves kann ich in keinem Fall als Feind des deutschen Volkes betrachten", setzte Romy fort. Meines Erachtens hat er sich für das Wohl der Bürger Israels eingesetzt, hat viele Jahre an einem fortschrittlichen, modernen israelischen Gesundheitssystem mitgewirkt, unabhängig unter welcher „Krone" oder welchen Machtverhältnissen. Und hat geholfen, dass Clalit nachweisen konnte, dass es möglich war, über 90 Jahre Familien in Israel ohne staatliche Abhängigkeiten und ohne Profitabsichten zu versorgen. Der Clalit Health Services wurde 1911 mit einer Gruppe von 150 Immigranten aufgebaut, um die Versorgung der ersten Einwanderer zu sichern, die sich als Pioniere auf dem Territorium von Israel niederließen, natürlich „inspiriert" durch eine zionistische Idee, die mit Methode umgesetzt wurde, der aber Bürger in friedlicher Absicht folgten. Und dass die Geschichte Israels dann zuerst mit einer starken und vorbildhaften Kibbuzbewegung[191] begann, mit sozialistischen Strömungen und einer Unabhängigkeitserklärung von David Grün (David Ben Gurion)[192] als ersten Ministerpräsidenten des Staates, war vom britischen Empire vielleicht auch anders ersonnen worden, hatten sie doch die aristokratische Vorherrschaft im Blick.

Die Lawon-Affäre[193] zeigte sehr deutlich, dass die Entwicklungen in der Region von da ab nur darauf ausgerichtet waren, durch Intrigen, Spionage, Geheimdienstaktionen immer wieder friedliche Menschen gegeneinander aufzuhetzen und vom Aufbau fortschrittlicher Staaten in dieser Region abzuhalten, was ihnen bis heute gut gelungen ist.

Besonders hilfreich waren dabei sicherlich auch emotionale Tricks, die die „internationale Opferrolle" fokussierten, die Schuld und Sühne[194] in einen realen Kontext übersetzten, der aber vorher als solcher inszeniert werden musste. Man kann sich nur wundern, wie zynisch und grausam die Monarchie hier vorgegangen ist.

Erschreckend ist dabei nur, dass sich das Britische Empire mit königlicher Vornehmheit zurücklehnen kann und den Konflikten dieser Welt dabei genussvoll zuschaut.

---

[191] vgl. auch www.judentum-projekt.de/geschichte/staatisrael/kibbuz/
[192] https://de.wikipedia.org/wiki/David_Ben-Gurion.
[193] https://de.wikipedia.org/wiki/Lawon-Affäre.
[194] Dostojewski, Fjodor: Schuld und Sühne. Romy, geschrieben 1866 als Feuilletonroman.

So wurde nicht nur in Israel sondern in allen Ländern der Welt, die von gerechten und von kommunistischen Verhältnissen träumten und an ein friedvolles Miteinander der Menschen glaubten, durch den Einsatz wissenschaftlich-technischer Ergebnisse in den falschen Händen systematisch wieder der Boden entzogen.

Hinsichtlich Clalit, deren vorbildhafte Aufbauarbeit, trotz des sinnbildlichen Überflutens kommunistischer Ideen mit amerikanischen Exilanten 90 Jahre gut gelang ist eine Anerkennung wert. Immerhin standen das Gesundheitssystem vor der riesigen Aufgabe, mit der Gründung des Staates Israel im Jahr 1948 die Gesundheitsversorgung der unzähligen, neu dazukommenden jüdischen Einwanderer sicherstellen zu müssen. Immerhin musste der junge Staat eine unverhältnismäßig hohe wirtschaftliche Belastung stemmen. In kürzester Zeit stieg die Zahl der Bewohner von 800.000 auf 2 Millionen. Die Idee des Kibbuzims konnte natürlich auf die Schnelle mit den „Neuen" nicht einfach umgesetzt werden, kamen doch viele aus den USA und dachten in Kategorien von Privatisierung, kapitalistischer Profitmaximierung und brachten das Feindbild des Kommunismus von „zu Hause" aus mit. Die Belastung der Sozialsysteme tat ihr übriges.

Insofern hat dieses „Flüchtlingskonzept" bereits an Israel gezeigt, wie es funktionieren kann, basisdemokratische oder sozialistische Strukturen ins Wanken zu bringen, moderne gesellschaftspoltische Konzepte zu verhindern oder wieder zu zerstören.

Insofern sind die gegenwärtigen Rufe der AfD bezüglich der Gefahr einer „Umvolkung" nicht ganz unberechtigt, da unterschiedliche Bildung, unterschiedliche Verhalten und Haltungen automatisch zu Konflikten führen und stabile soziale Strukturen damit angegriffen werden. Zumal im Fernsehen sich auch Vertreter plötzlich zu einem „großen Sozialexperiment" in Deutschland äußern.

Allerdings sind daran weder die Juden, die Moslems oder die Araber schuld, sondern schlicht und ergreifen die aristokratischen, monarchischen, industriellen oder militärischen Eliten des Vereinigten Königreiches und natürlich auf gleicher Ebene auch die Strukturen in anderen europäischen Ländern, die sich diese, für sie wichtige Überlebensstrategie als „Gesamtkonzept" Ende des 19. Jahrhunders „ausgedacht" haben und nun mit großer Akribie und Perfektion bis in die heutige Zeit fortsetzen und gegenwärtig wieder zur Höchstform hinsichtlich ihrer Manipulationsspiele auflaufen.

Sicherlich ist dies keine einfache Erkenntnis und eine bittere Pille.

Irgendwie fühlte sich Romy „geflashed", als ihr dies alles so klar wurde.

Vielleicht gab es ja eine Chance, dass sich die Brexitiers oder die Nationalisten in Amerika, vor allem aber das amerikanische und britische Volk intensiver mit ihrer Geschichte auseinandersetzten und auch sie überlegten, wie sie zukünftig leben wollten.

Vielleicht ermöglichte es ja dem Rest der Welt, dadurch endlich zur Ruhe zu kommen und sich von den Intrigen, den transatlantischen Geheimdienstspielen zu erholen und sich auch darüber klar zu werden, dass viele Länder bereits vor Jahren mit dem Aufbau von sozialistischen Staaten den richtigen Weg in die Zukunft eingeschlagen hatten und das dieser Weg durch den technologischen Fortschritt nun auch für die Mehrheit der Menschen weltweit zu einem Erfolgskonzept werden kann.

Romy war jedenfalls voller Zuversicht, dass der Großteil der Weltbevölkerung auf die künstlich erzeugten Konflikte zur Aufrechterhaltung von Klassenhierarchien und einer „Krone" als Symbol für Macht verzichten konnte.

Zweihundert Jahre Klassenkampf sollten diesbezüglich wohl genug sein.

Am Beispiel Clalit wird aber deutlich wie dieses Rollback wirtschaftlich und sozial seine Opfer forderte. Das Gesundheitssystem musste expandieren und expandieren. Schnell gehörten Clalit-Kliniken zur Versorgung der Bevölkerung in jeder Region.

Das schnelle Wachstum mit 14 Krankenhäusern und über 1.200 Spezialkliniken musste erst einmal sichergestellt werden. Clalit versorgte damit die Mehrheit der israelischen Bevölkerung mit allen medizinischen Leistungen, mit Zahnkliniken, Apotheken, Laboren, medizinischen Spezialeinrichtungen, als nichtstaatliche und Non-Profit-Organisation ohne wirtschaftliche Gewinnabsichten, wobei sie keine ethnische Gruppe ausschloss.

90 Jahre setzte sie weltweite Standards in der Gesundheitsversorgung.

Während zu Beginn die Clalit als älteste Krankenkasse und medizinische Einrichtung alle Bürger gut versorgte, brachten deutsche Ärzte 1941 plötzlich die Idee mit, dort eine eigene Versicherung aufzubauen, die Maccabi Gesundheitsdienste. Dann kamen die Meuchedet („Vereinigt") dazu, die Leumit („National") und noch mehr. Plötzlich entstand ein Wettbewerb, der eigentlich gerade für die Gesundheitsversorgung der Menschen als vollkommen überflüssig bezeichnet werden konnte. Und was war nun besser - vereinigt, national, Clalit? Wie und nach welchen Kriterien sollten sich die Bürger entscheiden. Die Spaltung der Bevölkerung begann.

Und endlich gab es auch einen Bedarf für Juristen in einem israelischen Staat. Es musste geschlichtet werden, ausgeglichen. Es mussten unterschiedliche Interessenlagen berücksichtigen werden, es mussten Gelder und Zuschüsse entzogen oder neu verteilt werden. Und mit einem „Gesetz über die Nationale Gesundheitsversicherung"[195] konnten die Juristen

---

[195] Interessant auch die Parallelität und Neujustierung des Abkommens zwischen dem Staat Israel und der Bundesrepublik Deutschland über soziale Sicherheit, erstmals unterschrieben 1975, dann angepasst 1995,

diesem Ansinnen plötzlich auch die notwendige Rechtsstaatlichkeit verleihen und die Krankenkassen, Gesundheitseinrichtungen motivieren, endlich gewinnorientiert zu arbeiten, Investoren ins Boot zu nehmen, effizienzsteigernde Digitalisierungstechnologien einzusetzen. Im Gesetz werden die Bürger verpflichtet, sich bei einem der vier Anbieter zu versichern, obwohl bereits vor diesem Gesetz eine flächendeckende Versicherung aller bestand. Es wurde ein „regulierter Wettbewerb" der vier Gesundheitsdienste als positive Errungenschaft begründet, ein Wettbewerb, den eigentlich kein Versicherter wirklich benötigte, der das System nur aufblähte und langsam zu den Erosionen führt, die nun auch Israel ereilt.

Und an dieser Stelle musste Romy von der Hypothese ausgehen, dass, so wie die Wiedervereinigung Deutschlands auf dem strategischen „Weltgesamtplan" stand, auch diese Re-Privatisierung und Gewinnorientierung der Clalit längst zum geplanten „Rollback" basisdemokratischer Strukturen als „Projekt-Milestone" dazugehörte.

So konnten die Schneiders[196] aus den USA, die aus „rein humanitären" Gründen und ganz „zufällig" 1991 beschlossen hatten, eine Kinderklinik in Israel zu gründen, die jahrelange Aufbauarbeit von Yves, den online-Services der Clalit, gleich mit übernehmen. Noch war ja alles „non-profit" ausgerichtet. Aber natürlich schadete es auch nicht, dass zufälligerweise nur vier Jahre später, 1995, durch das Nationale Gesetz, sich doch interessante Geschäftsmodelle abzuzeichnen schienen, die neue Einnahmequellen eröffneten und vor allem erlaubten, von goldenen BigData-Deals zu träumen.

---

das u.a. Regelungen zum Fremdrentengesetz, zur Hinterbliebenenrente, Nachentrichtungen knappschaftlicher Rentenversicherungen etc. enthält. vgl. https://www.btl.gov.il/Laws1/13_0011_000000.pdf.
[196] Geschichte des Schneider Children's Medical Center of Israel, eingeweiht 1991. https://www.schneider.org.il/?CategoryID=1018&ArticleID=3204

So begann sich das Rad der Geschichte wohl wieder weg von den fortschrittlichen Ideen und zurück in die Vergangenheit zu drehen.

Und dazu fielen den amerikanischen Militärpsychologen anscheinend auch wieder ihre Methoden ein, die sie bereits in den letzten Jahrzehnten als Auslöser für den ersten und den zweiten Weltkrieg eingesetzt hatten. Intrigen, Kriegslist, Geheimdienste, psycho-physische Waffensysteme.

Nachdem sie nun fünfzig Jahre Zeit hatten, weiter an ihrer Strategie zu „basteln", die Technologien dafür zu verfeinern und zu präzisieren, sollte nun endlich der Plan aufgehen und in einem dritten Weltkrieg, kurz, heftig, trotzdem fast unsichtbar, vielleicht mit einigen kleineren atomaren Katastrophen, das weltweite entgültige Rollback gelingen, weg von demokratischen Strukturen und dies nachhaltig. Auch wenn auf der Hülle der Gesellschaft immer noch Demokratie drauf stehen würde, auch wenn schon längst nichts mehr in der gesellschaftlichen Verpackung davon drin war.

Die Menschen würden auf Grund eines ausgeklügelten Zeitmanagement-Systems nie wieder über politisch motivierte Umstürze oder solch abwegige Ideen, wie eine klassenlose Gesellschaft nachdenken. Die Bildungselite und die Leistungsträger würden wie im Schlaraffenland leben, Bioroboter würden fleißig ihre Aufgaben erfüllen und das „einfache" Volk würde die technologischen, politischen und sozialen Zusammenhänge kaum bewusst begreifen, weil sie entweder auf Teilintelligenz getrimmt wurden, in Clustern einkategorisiert, tagsüber drei Jobs ausübten, um sich abends erschöpft die Simsons und dazu einige Flaschen Bier zu gönnen.

Viele würden sich die Köpfe aus religiösen Gründen einschlagen, andere aus Neid, Hunger oder Geldgier. Die Strategie „teile und herrsche" würde aufgehen. Die Machtelite bräuchte sich keine Sorgen mehr um Überbevölkerung zu machen oder dass die Gefahr bestehen würde, ihr Eigentum

„abzugeben". Niemand würde sich mehr wagen, die Stimme gegen ein so augenscheinlich liberales und gut funktionierendes System zu erheben. Und das Elend würde zunehmend aus dem Blick und damit auch aus den Gedanken der Menschen verschwinden. Die Erinnerung an Warungen über totalitäre Regime würde vollkommen aus dem Gedächtnis verdrängt werden.

Aber anscheinend hatten die Strategen ihre Rechnung doch ohne verantwortungsbewusste, kluge und strategisch vorausschauende Wissenschaftler und Denker gemacht.

Romy würde in jedem Fall nicht in das antisemitische Horn stoßen, wohl aber sich gegen geschäftstüchtige Netzwerke wenden, die sich gegen die Interessen des eigenen Volkes versündigten.

Insofern konnte Romy dieses unsinnige Geschäftskonzept, das man ihr präsentiert hatte, nur noch weiter und klarer die Augen öffnen und Profiteure wie René Obermann auch als solche erkennen lassen.

Vielleicht war der Workshop unter Beteiligung von Yves aber auch nur ein Hinweis auf die entstehende globale Solidarität. Auch wenn Israel gegenwärtig kapitalistischer, imperialistischer wurde und Unternehmer wie Schneiders, die aus New York heraus eine Kinderklinik dort gründeten gegenwärtig noch von den „geplanten" Entwicklungen profitierten, konnten sie sich nicht sicher sein, dass sich in Kürze nicht alles ganz anders entwickeln würde.

In jedem Fall musste Romy davon auszugehen, das das Treffen in Deutschland zwischen dem Gesundheitsbereich der Telekom und der israelischen Firma einem ganz anderen Zweck diente.

Das schien Romy schon viel einleuchtender.

Wie sollte sonst die Umsetzung eines so verrückten und unlogischen Plans gelingen? Romy war gerne innovativ und auch auf „ungewöhnlichen" Wegen unterwegs, aber als weltfremd konnte man sie wirklich nicht bezeichnen.

Sie hatte zwar den Auftrag von Werner erhalten, inklusive der Einbindung in ihre Zielvorgaben, ein Geschäftsmodell zu entwickeln. Aber wie sah nun der „Stand" aus: ein Konsortium aus drei Parteien, bei dem nicht eine einzige entsprechende Geschäftsdaten bereitstellte oder offiziell irgendwelche Vorstellungen verlauten ließ, inwieweit sie wirklich zusammenarbeiten würden wollen, wie, warum, mit welchen Perspektiven, ohne Netzwerke, ohne Einbindung in die ärztliche Community.

Oder war Romy hier in ein Irrenhaus geraten?

Ihre Kollegen schienen es allerdings als vollkommen normal zu empfinden mit welchen Aufgaben Romy beschäftigt wurde.

Als Romy Beate fragte: „Sag mal, habt ihr hier eigentlich immer so komische Projektideen umsetzen sollen?", antwortete Beate traurig: „Nein, früher war das anders. Da gab es realistische Planungen, gute Projekte, übergreifende Zusammenarbeit und vor allem Wertschätzung. Dieses „Gemobbe", die „Schikanen" und das permanente „Rausekeln" von Mitarbeitern, kannte ich nicht, bis Ahngeier den Bereich übernahm.

Allerdings glaube ich, dass auch Obermann als Vorstand in keinem Fall sauber unterwegs war."

„Ich kann überhaupt nicht verstehen, wie er den Konzern verlassen konnte, ohne eine Sperrfrist, um dann direkt bei einem niederländischen Wettbewerber anzufangen, der fast identisch die gleichen Marktansätze verfolgt und der schon geplant von einem Amerikaner übernommen wird. Das ist doch selbst bei Managern auf der unteren und mittleren Ebene ein Gebot der Stunde. Und einen Vorstand betrifft dies nicht?

Da kann er doch alle Geschäftsstrukturen, Strategien, Projektideen ohne Unterbrechung gleich 1:1 weiterführen, nur eben unter anderen Konstellationen. Er nimmt doch alle seine Kontakte und Netzwerke logischerweise mit?"

„Drecksbären, sage ich nur. Da darf man nicht wirklich hinterhaken." Beate zeigte ihre Ablehnung und ihren Zorn gegen die Führungsriege vollkommen unverhohlen.

„Darf denn eigentlich ein Konzern mit dem Hinweis auf „unternehmerische Freiheit" einfach so heruntergewirtschaftet und gegen die Wand gefahren werden? Auch wenn es sich um einen privatwirtschaftlich aufgestellten Konzern handelt? Und bei der Deutschen Telekom ist ja sogar noch eine Beteiligung von 17,5% durch den Bund und 14,5% der KfW mit drin. Die restlichen 68% halten ja sowieso schon sehr undurchsichtig „Steubesitzer".

Wohin auch immer die streuen.

Was ist da mit den Steuerzahlern, die irgendwann einmal den Aufbau dieser Strukturen finanziert haben? Und bei den Beschäftigten wird auch nur noch ausgewiesen, dass es weltweit über 200.000 Mitarbeiter gibt, aber wo und wieviele, gehört beim Konzern schon nicht mehr zu den Fakten, die den einfachen Bürger mal auf die Schnelle interessieren sollten." Romy schaute verzweifelt und frustriert zugleich.

„Gibt es da keine Möglichkeiten, einzugreifen? Vielleicht über die Aktionäre?" Romys Stimme kratzte und überschlug sich fast. Sie konnte es nicht glauben.

„Leider bin ich kein Aktionär", setzte sie traurig nach, als wenn sie sonst die Gelegenheit genutzt hätte, über diesen Weg Möglichkeiten der Einflussnahme wahrzunehmen, auch wenn dies sicherlich auch nur von geringem Erfolg gekrönt sein würde und nicht weniger gefährlich war.

„Vielleicht sollte ich noch Anteile erwerben?" Es war keine ernsthafte Frage sondern nur ein optionales Gedankenspiel, ob diese Art des Widerstandes sein Ziel erreichen konnte.

„Du, mit solchen Fragen habe ich mich nie beschäftigt. Mittlerweile haben sich auch bei mir Mobbingattacken so verschärft, dass ich den Vertrag für Altersteilzeit unterschreiben und zum nächstmöglichen Termin den Konzern verlassen werde. Darauf bereite ich mich jetzt vor. Alles andere hat hier, glaube ich, keinen Sinn mehr. Abflug heißt der nächste Schritt. Das gegen die Wand fahren ist doch vorprogrammiert. Schau dir die Strukturen doch an."

„Aber dann habe ich ja gar keinen mehr, mit dem ich mich wenigstens ab und zu mal austauschen kann, wenn die anderen sich weiterhin so eklig und unfair mir gegenüber verhalten. Was ist mit denen nur los?"

„Du weißt, der Fisch stinkt vom Kopf. Mehr will ich gar nicht sagen."

„Den Spruch habe ich jetzt schon öfter und von vielen Seiten gehört. Aber warum sagt denn keiner etwas? Und das Projekt mit den Israelis und Jeremy findest du doch auch Blödsinn, oder?"

Romy wusste, dass diese Frage eine rein rhetorische war. Sie hatte lange genug ihre eigene Angst und die negativen Emotionen gespürt, als dass sie fragen konnte, warum nicht andere endlich den Schritt aus der Masse wagten. Und das das Projekt eigentlich sichtbar keinen Sinn erfüllte, hatte ihr Beate ja bereits bestätigt.

„Was willst du machen. Obermann will seinem Liebling hier ein nettes Nest bereiten. Sind eben Seilschaften. Auch dagegen kannst du nichts unternehmen, sonst musst du gehen."

Romy wollte den Konzern nicht verlassen. Noch nicht.

Irgendwie hatte sie sich doch hier eine Zukunft vorgestellt. Allerdings natürlich unter ganz anderen Bedingungen und Annahmen.

Leider fing auch ihr Glauben, an ein längerfristiges Weiterbestehen der Institution Telekom, T-Systems, aber auch der DTHS, zu bröckeln. Wenigsten unter der traditionellen Flagge und als deutsches Unternehmen.

Oder gab es bereits einen Plan C?

An einen Plan B wollte sich Romy lieber nicht klammern,

denn unter diesem Dach hatte sie bisher auch eher negative Erfahrungen gesammelt, da sie ja nur einen anderen Weg mit dem gleichen Ziel beschrieben und das konnte nicht die beste Lösung bedeuten.

Einer der Führungskräfte hatte einmal wie nebenbei die Bemerkung fallen lassen: „Die Telekom braucht kein Schwein."

Romy wusste damals nicht, ob das als Scherz gemeint sein sollte, oder ernst gemeint war. Aber vielleicht hatte er ja Recht.

In jedem Fall bedeutete das Unternehmen gegenwärtig und in seinem jetzigen Zustand für die wenigsten Mitarbeiter und generell für die Bevölkerung nichts wirklich Gutes. Dagegen sollte, musste man vorgehen, mit welchen persönlichen Konsequenzen das auch immer verbunden sein würde.

Wie sollten sich denn sonst fortschrittliche Konzepte am Markt durchsetzen, wenn sie mit solchen kriminellen Strategien verbunden wurden?

So würde sich nie ein gesunder und vertrauensvoller e-Health-Markt entwickeln. Würde man den Boden bei gesetzlichen Versicherungen für lange Zeit verbrennen, wenn man sie mit so komischen Vorschlägen nervte oder hatten diese auch schon längst alternative Pläne im Rucksack?

Bestand vielleicht auch die generelle Absicht, potentielle Player im Gesundheitswesen bewusst abzuschrecken, um dann perspektivisch wirklich kein Geschäft entwickeln zu „müssen"? Aber so naiv erschienen ihr die Vertreter der Krankenversicherungen nicht. Und auch Romy war nicht so blauäugig an ein „Tal der Ahnungslosen" zu glauben.

Allerdings hatte sie die Erfahrung gemacht, dass der Konzern bei Partnerschaften mauerte, wenn diese zu viel über Technologien Auskunft geben sollten. Der Austausch von Experte zu Experte war anscheinend verpönt und wurde ängstlich verhindert.

Romys Beobachtungen schienen absurd, theoretisch. Aber

sie konnte nur verarbeiten, was sie täglich im Unternehmen erlebte.

Leider sprachen alle praktischen Handlungen dafür.

Zwar gehörte etwas Phantasie dazu oder ein sehr analytisch assoziatives Geschick, um taktische Spiel als solche zu erkennen und diese auch ernsthaft mit wissenschaflichen Hypothesen zu verbinden. Wenn man bedachte, dass in Romys Bereich vor allem nach dem Prinzip agiert wurde: „Überhöre permanent die elementarsten Wünsche der Kunden, kooperiere mit niemandem, gibt keine Informationen heraus, vermeide jede schriftliche Kommunikation, dann wird es schon schief gehen.", dann würden ihre Führungskräfte schnell ihr geplantes Ziel erreichen.

Zu dem „symptomatischen" Überhören gehörte zum Beispiel auch der Wunsch der Versicherung, eigentlich mit der Charité kooperieren zu wollen und nicht mit einer israelischen Firma.

Aber auch auf diesem Ohr schien Werner taub.

Als Romy irgendwann, als der Zeitpunkt gekommen war und definitiv der Abbruch des Projektes drohte, weil die Versicherung nicht bereit war, der Telekom einen sechsstelligen Betrag für die Umsetzung des von Werner entwickelten Konzeptes bereitzustellen, schlug Romy alternativ vor, doch von dem israelischen Benchmark zu lernen und neben der Charité ein Netzwerk von Kinderärzten einzubeziehen, die sich dann, je nach Zeit und Interesse für solche Online-Dienstleistungen interessieren und aktiv in einem solchen engagieren konnten. Damit wären fachkompetente Experten einbezogen, regionale Nähe hergestellt. Ähnlich wie bei den Wochenend-Notdiensten wären die rechtlichen Rahmenbedingungen vorgedacht und auch die Diskussion um das umstrittene Fernbehandlungsverbot wäre vom Tisch, da die Ärzte nur Empfehlungen geben würden oder generell ihre Patienten kannten, da ja das Regionalprinzip im Vordergrund stand.

Finanziell bräuchte nur pro Konsultation bezahlt zu werden, und eine Software inklusive Webcam für die Mitarbeiter wäre nicht teuer. Das Problem der sicheren und zuverlässigen Datenübertragung würde natürlich in jedem Fall bestehen bleiben.

Allerdings gab es ja eine deutsche Softwarefirma, die diese Regularien bereits einhielt und die Romy direkt ihren Führungskräften empfohlen hatte. Wie immer natürlich ohne Reaktion.

Die Israelis arbeiteten einfach nur übers Internet, zwar mit geschützten Videokonferenzräumen, aber, ob sie damit die strengen deutschen rechtlichen Rahmenbedingungen erfüllten, wäre sowieso mehr als ungewiss und in jedem Fall würde sich die Genehmigung dieser Prozesse hinziehen.

Warum konnten die Deutsche Telekom oder die Versicherung nicht einfach das Konzept von den Israelis abkaufen, sofern es dort etwas gab, was nicht bereits in Deutschland im Rahmen irgendeines Förderprojektes, und davon ging Romy aus, wie ja auch die Fa. Bravis bewies, um dann einfach und schnell in den Markt zu kommen? Dann könnte in Deutschland dieser Benchmark mit Ärzten aus Deutschland, interessierten Kinderärzten auf deutsche Verhältnisse angepasst entwickelt werden und fertig.

Aber diesbezüglich wurde Romy sogar verboten, allein nur eine Anfrage im Sinne der Klärung von Marktbedingungen an die regionalen Kinderärzte zu richten.

„Verboten?“, Katharina musste noch einmal nachfragen, weil sie sich nicht vorstellen konnte, dass es so in deutschen Konzernen und schon gar nicht in der Telekom zuging.

„Ja. Wie fast in jedem Projekt. Zunehmend wurde mir dann ja sogar eher Außenkontakt untersagt, mit niemandem aus der deutschen Fachcommunity sollte ich Kontakt aufnehmen. Aber wie soll man ein Projekt entwickeln oder umsetzen, wenn man im Unternehmen keine Partner findet und außerhalb keine Partner finden darf? Doch darüber habe ich ja nun schon oft genug berichtet. Aber in diesem Fall waren die mir avisierten Partner eben nicht die passenden. Es musste doch möglich sein, den Beteiligten in diesem Prozess zu erklären, dass eine israelische und obwohl in Deutschland medizinisch zugelassene Servicegesellschaft vor allem auch aus Patientensicht, wenigsten kurzfristig, auf kein Interesse stieß."

Romy dachte daran, wie sie empfand, als sie ein Hotel in Deutschland buchen wollte und es dafür kein deutsches Portal für die App-Installation gab, sondern nur ein israelisches.

Warum weigerte sich ihr Konzern hartnäckig einen App-Shop á la iTunes oder dem google-Android Store für deutsche oder europäische Firmen zu errichten? Für spezielle Anwendungen, die vor allem stärker den regionalen Aspekt im Vordergrund hatten. Der Bedarf schaute doch aus jedem Knopfloch? Es konnte keine Fehlinvestition sein. Warum sollte sich sich ein deutscher Patient ein Rezept in England oder den Niederlanden verschreiben lassen? Warum sollte man Gesundheitsartikel über google beziehen? Und wenn schon nicht aus der Apotheke vor Ort dann wenigsten über eine europäische oder besser noch deutsche Plattform die diese mit lokalen Services verbinden konnte?

Warum schienen sich plötzlich alle Datenströme nach Israel, die Niederlande oder in die USA zu bewegen?

Warum tauchten innovative Entwicklungen, die eigentlich in der T-Systems diskutiert und dort für die gesetzlichen Kassenpatienten abgelehnt wurden, plötzlich in privatwirtschaftlichen Servicegesellschaften in Bayern oder Baden-Württemberg wieder auf?[197] Warum partnerte T-Systems nun

---

[197] A.d.A. Fünf Jahre nach dem Konzept für einer Videosprechstunde wurde im Januar 2018 ein Pilotprojekt zur Fernbehandlung von Patienten ins Leben gerufen - in Baden-Württemberg. Gut in Deutschland, schlecht zuerst als Konzept für Privatpatientienten, dass später dann auf Kassenpatienten ausgeweitet werden soll. Die Münchner Fürma Teleclinic, Partner hier T-Systems, ARAG, Debeka, Concordia, SWICA, eine Schweizer

mit privaten Versicherungen und einer privaten „Teleclinic", ohne die Telekom auch nur im Entferntesten zu berücksichtigen, ohne anscheinend selbst die technischen Grundlagen mit einzubringen, das Potential der Skaliserung durch den Großkonzern oder eine breite Anwendung in den AOKn?

Der Satz auf der Homepage der Teleclinic klang in Romys Ohren dabei wie Spott und Hohn: „Reinhard hat bereits seit Jahren mit dem Gedanken gespielt, diese telemedizinische Innovation nach Deutschland zu bringen."

Anscheinend hatten die T-Systems und ihre Führungskräfte dieses Projekt vollkommen verkannt, übersehen, vergessen? Oder hatten sie Reinhard bei seiner PR-Kampagne doch die Feder gehalten? Denn das die Entwicklungen aus Deutschland nach Amerika und nun wieder zurück  kamen, war ja wohl offensichtlich.

Wie konnte René Obermann nur ein solcher Lapsus pas-

---

Holding und Aktiengesellschaft, aber keine AOK. In Baden-Württemberg hatte „plötzlich" die Landesärztkammer die Einschränkungen des Fernbehandlungsverbotes aufgehoben und Bayerns Kammerpräsident erläuterte, dass auch sie sich nicht mehr der Fernbehandlung in den Weg stellen würden, da dies „der Realität und der Erwartungshaltung junger Patienten geschuldet sei." Romy durfte in der Telekom nicht einmal den Versuch unternehmen, dieses Projekt in Berlin/Brandenburg aufzusetzen, vor allem mit einem Konzept, welches gerade auf eine anonyme Behandlung verzichtete und weiterhin den persönlichen Kontakt als notwendig ansah. Sollten die jungen Patienten entgültig die Flucht aus den neuen Bundesländern antreten, da man dort nicht in der Lage war,  sinnvolle und moderne Versorgungskonzepte anzubieten? Bereitete man sich bereits mit diesem Service darauf vor, eine Versorgung auch in den neuen Bundesländern von Baden-Württemberg und München aus zu initiieren, nachdem dort, vor allem in den ländlichen Regionen, die Ärzte Mangelware sein würden? vgl. https://www.heise.de/newsticker/meldung/Video-Sprechstunde-Pilotprojekt-zur-Fernbehandlung-von-Patienten-3940570.html. Gründer und medizinischer Direktor war Prof. Reinhard Meier, davor Oberarzt am Klinikum rechts der Isar und Oberarzt der Radiologie am Universitätsklinikum Ulm, Medizinstudium und Forschungsaufenthalt in Kalifornien „Brutstätte für zukunftsweisende digitale Innovationen". vgl. https://www.teleclinic.com/uber-uns.

sieren?

Sicherlich erinnerte es sich auch nicht mehr an die Bildtelefonie im Konzern.

Warum wurde dieses Projekt nun mit zwei Millionen Wagniskapital durch eine kleine Firma, die Digital Health Ventures (DHV)[198] finanziert?

Und war es Zufall, dass der Geschäftsführer dieser DHV, Ulli Jendrik Koop, der für die CompuServe Medical arbeitete, gleichfalls dort tätig war, als René Obermann dort im Aufsichtsrat wirkte[199]?

Schloss sich an dieser Stelle der Kreis wieder?

Denn woher hatte ein Herr Koop so viel Wagniskapital?

Und warum finanzierte er just ein Projekt der T-Systems, deren ehemaliger Vorstandsvorsitzender nun der Compugroup sein KnowHow zur Verfügung stellte?

Woher kam das Geld und wer war somit wieder an dem Deal beteiligt?

Zumal die CompuCroup als weltweit führender Konzern wiederum mit amerikanischer Beteiligung die telemedizinischen Leistungen anbot, die eigentlich von der Telekom hätten ausgerollt werden sollen?

Versuchte man auf dem Weg des Entzugs innovativer digitaler Anwendungen den Konzern so zu schwächen, dass er damit auch seine Infrastrukturen dem freien Markt opfern musste?

Romy fragte sich, welche wirtschaftlichen Vorteile der T-Systems oder den Führungskräften in diesem nun neuen „Pilotprojekt" mit dem Slogan „TeleClinic - Ihr Arzt sofort" zukamen? Gab es eine Provision für die „Konzeptbereitstellung" und den „Innovationstransfer", weg von demokratischen Strukturen hin zu privatwirtschaftlichen? Gab es einen

---

[198] [Vertical Media GmbH] | https://www.gruenderszene.de/allgemein/zwei-millionen-fuer-teleclinic..

[199] www.handelsblatt.com/unternehmen/management/rene-obermann-compugroup-medical-holt-ex-telekom-chef/11242876.html.

Sonderbonus im Spiel, wieder ein Stückchen mehr das Volk enteignet zu haben?

Und wie und warum verdiente die Schweiz hier mit?

Mit der Firma „Medgate"[200] wurde mit dem Slogan „Doc around the clock" auf den Markführer verwiesen, der mit 2.000 Anrufen pro Tag einem Call-Center gleicht.

Und für die Israelis sollte doch ein Businessmodell, bei dem sie ihre ohnehin entstandenen Software-Entwicklungskosten und ihre Serviceerfahrungen in einem Lizenz-, Verkaufs- oder Beratungsmodell weitergaben, als letztendlich vielleicht gar kein Geschäft zu generieren, bevorzugt werden?

Aber Werner verschloss sich vollkommen diesen Argumenten von Romy. Er schien noch nicht einmal darüber nachzudenken. Immerhin wäre es eine Alternative. Und in diesem Fall kostete ja das Anbieten nichts.

Wenn Romy hätte allein entscheiden können, dann hätte sie längst das Projekt mit einem deutschen oder europäischen Unternehmen, das bereits in Deutschland Referenzmodelle

---

[200] medgate_Ready for your digital doctor's visit. - We'll bring the doctor to where you need him. And give you ease and fast access to high-quality medical treatment. - Und auch in Deutsch verfügbar: Bereit für den digitalen Arztbesuch? Wir bringen den Arzt dahin, wo Sie ihn brauchen. Und bieten Ihnen damit einen einfachen und schnellen Zugang zu medizinischer Qualität. https://www.medgate.ch/de-ch/medgate. Tele-clinic.- - Der richtige Arzt. Überall und jederzeit. Tag und Nacht, das ganze Jahr über sind wir für Sie da. Egal, wo sie gerade sind - unsere 70 erfahrenen Ärzte kümmern uns um Sie. Per Telefon oder Video. - Videokonsultationen über die Medgate App buchen. Schon sitzen Sie Ihrem Arzt live gegenüber. Wir kümmern uns um Sie. Wir schicken ihnen den Behandlungsplan direkt auf die Medgate-App. Rezept, Arztzeugnis (zur Bescheinigung der Arbeitsunfähigkeit), Überweisung, Bildbefundung, Impf- und Reiseberatung. - Im Auftrag des Bundesamtes für Gesundheit. Prämienrabatt und Mitgliedschaft. Jahresmitgliedschaft CHF 100.-, Medgate Family. - CHF 150.- Weitere Angebote Poly Clinic - Ärztezentren, Mini Clinik - Apotheke mit integrierter Mini Clinic. Betreuung bei allgemeinmedizinischen Themen und Spezialistenthemen. www.medgate.ch/de-ch/unser-angebot/mini-clinic.

aufweisen konnte, umgesetzt. Es gab genügend Unternehmen mit Videokonferenzsystemen inklusive Referenzen im Gesundheitsmarkt. Das im heimischen Brandenburg agierende erfahrene Unternehmen, mit dem Romy schon über lange Zeit im lockeren Kontakt stand, bot sich dabei besonders an. Die Kooperation mit einer, auch in der Region agierenden Krankenkasse, wäre perfekt. Kurze Wege und direkter technischer Service, vor Ort und mit einer positiven Kommunikation zur Bevölkerung.

Auch deshalb hielt Romy ein Partnering mit diesem regionalen Unternehmen für viel sinnvoller und natürlich auch für emotional sympatischer, als sich bei diesem Thema der Grundversorgung so global aufzustellen.

Das wäre in jedem Fall auch für den Fortgang des Projektes zuträglicher gewesen - Vertrauen in die Leistungen der Partner, regionaler Bezug, bereits bei deutschen Versicherungen gelistet und eine Kooperation mit der Charité und deutschen Kinderärzten organisierbar. Vor allem konnten die Techniker direkt vor Ort unterstützen.

Aber Romy wurde, wie immer, trotz ihres insistieren, verboten, ihren Ansatz alternativ zu verfolgen.

Bei der Einbindung der Israelis sollte der technische Support aus Israel erfolgen. Was für ein Irrsinn.

Als sie dann aber keinen weiteren Termin mit den Vertretern der Krankenkasse erhielt, da diese sich irgendwie verschaukelt fühlten, oder bereits sowieso klar war, dass daraus niemals ein ernstshaftes Projekt entstehen würde und Romy zum Rapport bei Werner antreten musste, eskalierte der Fall.

„Ich mach das nicht mehr mit. Die AOK muss mich doch für total bekloppt halten. Mehrmals haben sie jetzt erstens darauf hingewiesen, mit wem sie partnern möchten, dann, dass sie ihrem eigenen Servicecenter keine Konkurrenz machen können und dass ein sechsstelliges Angebot sowieso nicht akzeptabel ist. Kannst du mir mal erklären, wie ich dieses

Projekt jetzt erfolgreich umsetzen soll?

Dazu kommt, dass Levin überhaupt keine Zahlen darüber liefert, wie sich die israelischen Partner den Betrieb in Deutschland vorstellen und auch wie sie israelische Handbücher für den Triagefall in eine deutsche leitliniengerechte Versorgung überführen wollen. Letztendlich müssten sie ja doch mit Experten der Charité zusammenarbeiten, um wenigsten so etwas wie ein vertrauenswürdiges Zertifikat zu erhalten? Ich sehe nicht, wenn ich nicht ganz schnell andere Rahmenbedingungen einsteuere, dass wir überhaupt noch eine Chance haben, den bisher halbwegs guten Kontakt mit der Versicherung weiter aufrechtzuerhalten." Romys Tonfall schwanke zwischen Wut und Verzweiflung. Werner hatte Romy in sein Büro bestellt, dass nun eine Etage unter der ihren lag, es war das Büro, das er ursprünglich für Romy vorgesehen hatte. Die Wände waren dünn und es war immer noch so überfüllt mit Möbeln, dass es unglaublich eng wirkte. Da hier nun sogar zwei Mitarbeiter saßen, hätte Romy längst für etwas mehr Freiraum gesorgt.

Aber das war ja nicht ihr Problem.

Werner hatte Romy vor diesem Gespräch, wie immer, fast eine Stunde warten lassen.

Erst stand sie, wie ein Schulmädchen eine Viertelstunde auf der Empore vor seinem Büro und symbolisch auch für die anderen Mitarbeiter, die von Zeit zu Zeit vorbeipilgerten: „Na, lässt er dich wieder warten? Mach dir nichts draus."

Als es Romy reichte, ging sie wieder an ihren Arbeitsplatz zurück. Werner konnte sie ja anrufen, wenn er meinte, dass er nun zu seiner Audienz empfangen würde. Das Muster dieser Zermürbungsstrategie und des Mobbings kannte sie bereits. Trotzdem spürte Romy immer noch, wie die Nervosität aber auch die Wut in ihr aufstieg.

Sie wollte nicht mehr verbrannt werden.

„Soll ich mich nicht doch mal in Gespräche begeben, um

zu klären, unter welchen Bedingungen wir auf die Gründung eines medizinischen israelischen Zentrums verzichten könnten und besser die bereits vorhandenen Kinderarztpraxen einbeziehen?"

Werner lief rot an.

Immer wenn ein cholerischer Anfall kurz vor seinem Ausbruch stand, veränderte sich seine Hautfarbe, seine Augen schauten unruhig, und wie immer, fuhr er sich mit den Händen durch die Haare, im Sinne des klassischen „Sich-die-Haare-Raufens", bis diese wild in alle Richtungen zeigten. Dann holte er zum verbalen Schlag aus:

„Das verbiete ich dir. Warum du immer mit solchen blöden Ideen kommst. Du hast ein Ziel und daran hast du dich zu halten. Wenn du nicht in der Lage bist mit den Partnern vernünftig zu arbeiten, dann bist du hier falsch. Ehrlich gesagt, habe ich generell nicht den Eindruck, dass du hier richtig bist. Irgendwie bekommst du nie etwas auf die Reihe. Ein Manager muss die Partner steuern. Es ist deine Aufgabe, die Versicherung davon zu überzeugen, dass das Konzept sinnvoll ist. Und du nimmst keinen Kontakt mit den Kinderärzten auf. Haben wir uns verstanden? Wir haben ein Konzept und dabei bleibt es."

Romy spürte, dass sie mittlerweile auch bei diesem Projekt an ihre Grenzen gekommen war. Sie wollte nicht weiter ihren Ruf und ihre Fachexpertisebei den Partnern aufs Spiel setzen. Alles, was sie hier tat, war Irrsinn.

Sie wusste natürlich, dass sie Ideen „verkaufen" konnte. Grundvoraussetzung allerdings dafür war, dass sie selbst davon überzeugt war. Und davon konnte bei den Projekten von Werner überhaupt keine Rede sein.

„Werner, dass mache ich nicht mehr mit. Dann entbinde mich bitte von dem Projekt. Ich sehe mich nicht in der Lage, dass unter den von euch festgelegten Rahmenbedingungen zum Erfolg zu führen."

Romys Chef reagierte nicht. Wie ein Stier der unter Dampf stand, starrte er vor sich hin. Was mochte er wohl denken?

„Du kannst doch jemand anderem das Projekt übertragen. Sorry, ich mache mich nicht mehr zum Hampel. Selbst Levin ist mittlerweile schon so einsichtig zu erkennen, dass es keinen Sinn macht, etwas übers Knie zu brechen. Und kannst du mir eigentlich sagen, was aus den Projekten bei uns geworden ist, die sich mit Videotelefonie beschäftigt haben? Das gab es doch bereits schon Ende des letzten Jahrhunderts. Sozusagen State of the Art-Technologie? Bereits 1936 wurde zwischen Berlin, Nürnberg und München Bildtelefonie eingeführt und 1985 gab es das Projekt BIGFON von der Post. Jetzt sind wir zu den Anfängen der Telekommunikation fast ein Jahrhundert weiter. Kannst du mir mal sagen, was der Konzern mit all diesen Technologien gemacht hat?"

Romy sagte dies in einem ruhigen, eher flüsternden Ton, wobei sehr wohl aus ihrer Stimme die innere Involviertheit deutlich wurde. Einerseits wollte sie ihren Chef in keinem Fall weiter aufregen, andererseits machte es sie immer nervöser, wenn sie sah, dass sich das Hochtechnologieland Deutschland immer weiter rückentwickelte und wertvolle Erfindungen anscheinend vollkommen aus dem Gedächtnis verschwanden und es noch nicht einmal gelang, uralte Prinzipien umzusetzen. Aber anscheinend war es dafür zu spät.

Nachdem Werner vielleicht noch dreißig Sekunden innerlich seine Betriebstemperatur auf Ausrasten hochgefahren hatte, legte er los:

„Spinnst du jetzt total? Mit deinen Zweifeln kannst du gleich einpacken. Das ist jetzt scheiß egal, wo die alten Technologien hin sind. Ob Videotelefonie oder Onlinesprechstunde, dein Gefrage nervt einfach. Außerdem sage ich, wenn das Projekt zu Ende ist, und nicht du. Haben wir uns verstanden?"

„Ich habe im Moment ja noch das Projekt mit dem EBM, wo ich Tanja und auch Walter unterstützen soll. Außerdem muss ich noch das Rettungswesen-Projekt abschließen, da klemmt es auch und auch das Projekt mit den Datenbanken für die seltenen Erkrankungen läuft überhaupt nicht rund. Und die Industriepartnerschaft mit der Charité ist auch noch offen. Es macht doch keinen Sinn, an Stellen herum-zu-elaborieren, die keinerlei Aussicht auf Erfolg haben. Insgesamt hast du mir eh bereits schon wieder über zehn Projekte zugewiesen. Für ein normales Arbeiten sollten es höchsten drei sein, und dann in unterschiedlichen Projektgraden."

Romy hatte nun auch ihre Stimme etwas hochgefahren, auch wenn sie niemals so laut wie Werner wurde. Dafür kullerten aus ihren Augen aber leise Tränen. Sie ärgerte sich, dass sie sich emotional hatte wieder von Werner anstecken und in die Ecken treiben lassen. Aber nun war es zu spät. Sicherlich würden die Kollegen aus den anliegenden Büros dieses Geschrei von ihm nun wieder zum Tagesklatsch der Firma machen können.

„Du tust mir leid", kam neulich schon einmal eine Kollegin aus einem Nachbarsegment auf sie zu.

„Das ist ja furchtbar mit Werner. Wie hältst du das nur aus? Ich könnte das nicht ertragen. Er ist wirklich in unserem Bereich die schrecklichste Führungskraft, ohne Empathie, ohne Menschengespür. Irgendwie ein richtiger Psychopath."

Aber auch das war Romy mittlerweile egal. Mit einem lauten Türschlag verließ sie das Büro. Diesmal war es ihr gleichgültig, mit welchen Konsequenzen Werner drohte. In keinem Fall konnte dies alles noch irgendwie erfolgreich ausgehen. Anscheinend war Werner zu feige, sowohl seinem Chef, Walter Ahngeier, als auch dem Vorstandsvorsitzenden, René Obermann zu berichten, dass sie sich mit diesem Projekt verzockt hatten und es weder Projektmittel, noch einen Auftrag, noch eine strategische Partnerschaft, wenigstens in diesem Projekt geben würde.

Aber vielleicht war das ja auch gar nicht geplant.

Diese Idee kam Romy allerdings erst viel später.

Romy wusste wirklich nicht, was in den Führungskräften vorging. Es war vollkommen sinnlos anzunehmen, dass ein solches Konzept erfolgreich umgesetzt werden konnte. Und auf die „zig" Entscheidungsvorlagen, die Romy auch für Walter diesbezüglich vorbereitet hatte, gab es nicht eine einzige Rückmeldung oder eine strategische Erläuterung.

Am Abend telefonierte sie auf ihrem Rückweg nach Hause mit Levin aus dem Auto. Das langsame „Stopp and Go" des abendlichen Berufsverkehrs nervte. Es war nach achtzehn Uhr und die Berliner Magistralen waren wie immer dicht.

„Levin, ich wollte dir nur sagen, ich habe hingeschmissen."

„Ich weiß, Werner hat mich nachmittags schon angerufen. Da hattest du wohl jetzt die Nase voll." Seine Stimme klang durchs Telefon fast leicht amüsiert, als wenn er längst damit gerechnet hatte und sich irgendwie auch darüber freute.

„Ja. Es macht einfach keinen Sinn mehr, wir drehen uns im Kreis. Eure Lösung und auch der Benchmark sind vielleicht nicht schlecht, aber das Geschäftsmodell dahinter passt einfach nicht auf das deutsche Gesundheitswesen. Außerdem haben wir mit der Versicherung einen ganz anderen Fall. Sie wollen damit die ländlichen Regionen besser versorgen. Aber das habe ich dir ja auch schon alles hundertmal erklärt."

Romy bemerkte dabei gar nicht, wie sie sich nun auch mit Levin in einen heftigen Wortwechsel hochschaukelte.

Plötzlich rummste es furchtbar. Dieser heftige Ruck durchfuhr auch Romys Körper.

Sie war so in Gedanken bei dem Projekt und Levin gewesen, dass sie vollkommen übersah, wie sich zwischen ihr Auto und das vor ihr fahrende, ein roter Motorroller geschoben hatte. Dieser kleine Moment der Unaufmerksamkeit hatte nun zur Folge, dass sie das Fahrzeug und die darauf sitzende Frau angefahren hatte, so dass beide umkippten. Romy fuhr die ganze Zeit eigentlich Stoßstange an Stoßstange. Sie konnte sich beim besten Willen, auch im Nachhinein, nicht erklären, woher plötzlich diese Zweiradfahrerin aufgetaucht war und wie sie in diese kleine Lücke geraten sein sollte. Aber Motoradfahrer sind natürlich auch in Berlin bei solchem Verkehr kamikazemäßig unterwegs.

Romy erschrak mächtig. Sie hatte das Gefühl, das aus ihrem Kopf alles Blut entwichen war. Aus der Soundbox tönte weiter die Stimme von Levin. Sie hörte nicht mehr, was er sagte, ließ ihn einfach weiter reden. In Panik stürzte sie aus dem Auto und rannte zur Verunfallten. Romy sprach sie an, ob sie noch lebe. Es war für sie der schrecklichste Moment, an den sie sich je erinnern konnte. Niemals würde sie mit dem Gefühl, vielleicht das Leben der jungen Frau auf dem Gewissen zu haben, wieder glücklich werden.

Zum Glück reagierte diese auf Romys Ansprache, auch wenn sie nicht aufstehen konnte.

Kurze Zeit später trafen Krankenwagen, Feuerwehr, Rettungswagen an der Unfallstelle ein.

Das Aufgebot an Rettungsfahrzeugen war enorm. Romy stand außerhalb ihres Fahrzeugs und war nur noch am Weinen. In diesen emotionalen Schock floss alles: der gesamte Stress der letzten Wochen, die Aggressionen, die Auseinandersetzungen, der Kampf gegen Windmühlen, die Müdigkeit, da sie nur sehr wenig schlief sondern wie ein Tier garbeitet hatte. Obwohl ihre Entscheidungsvorlagen sowieso ins Nirwana verliefen, konnte sie ihr Verhalten nicht ändern. Kontinuierlich arbeitete sie die ihr übertragenen Aufgaben ab, auch wenn die Hoffnung auf einen Erfolg immer geringer wurden.

Als die Motorradfahrerin versorgt war und sie auf den Weg zum Krankenhaus gebracht wurde, wandten sich die Sanitäter nun auch Romy zu. Sie musste so unter Schock gestanden haben, dass die anwesenden Ärzte und die Polizei heftig diskutierten, ob eigentlich auch Romy ins Krankenhaus gehörte. Da die Aufnahme der Daten relativ lange dauerte, reichte die

Zeit, dass Romy sich wieder beruhigte und klarer wurde. Immerhin hatte sie noch eine Fahrt von über eine Stunde nach Hause vor sich, was sich mit zittrigen Beinen und heulend hinter dem Steuer nicht gut bewältigen ließ.

Romy tauschte sich auch im Nachhinein mit der Verletzten aus, die sich in umgekehrter Weise rührend immer wieder auch nach ihrem Wohlbefinden erkundigte. Romy war so glücklich, dass sich die Frau keinen bleibenden Schaden sondern nur einige Prellungen zugezogen hatte.

Letztendlich bekam Romy nur eine Ordnungsstrafe, worüber sie auch mehr als erleichtert war, denn sie war auf ihren Führerschein, ihre Mobilität und damit auf ihr Auto angewiesen.

Als Romy zum Fahrzeug zurückkam fiel ihr Levin ein.

Sie wusste nicht, ob er den Hörer „hingeschmissen" hatte, ob er mitbekommen hatte, was passiert war, ob die Verbindung unterbrochen  worden war. Allerdings verspürte Romy nach dieser emotionalen Aufregung wenig Lust und auch keine Kraft, weiter mit ihm über dieses Projekt zu diskutieren. Sie war sich sicher, ohne den Stress in der Arbeit, die Aufregung und Ablenkung durch das Telefonat wäre dieser Unfall nie passiert.

Das musste sich ändern.

Sie musste wieder ruhiger werden.

Für Romy war klar, sie würde sich für ein so idiotisches Unterfangen nicht mehr hergeben.

Karriere hin oder her.  Geld hin oder her.

*****

**Katharina:** *„Ein wirklich komplexes Feld. Aber was ist zusammengefasst nun deine zentrale Hypothese?"*

**Romy:** „Wenn ich mir die historischen Zusammenhänge, die technologischen Entwicklungen, auch die Evolution anschaue, dann gehe ich davon aus, dass diese Vernetzungen, über die wir hier diskutieren, noch viel weiter gehen.

In jedem Fall handelt es sich um ein gesellschaftspolitisches Spiel, bei dem es weder allein um Religionskämpfe geht, noch um Nationalitäten oder Grenzen. Es geht meines Erachtens vor allem um wirtschafts- und geopolitische Interessen. Es geht um die zukünftige Macht eines Systems.

Und dafür haben sich einige eben ein Politmärchen ausgedacht. Dabei geht es aus meiner Sicht darum zu verhindern, dass sich ein neues Gesellschaftsmodell durchsetzt. Ein klassenloses. Eine gerechtere Gesellschaft für die Massen. Für die Weltbevölkerung. Die Konflikte sind vor allem nur inszeniert, inklusive eine Pauschalwut, in diesem Fall vielleicht auf die Israelis. Aber das ist absurd.

Es geht um eine bevorstehende Gesellschaftsreform, die vielen einfach Angst macht und die sie mit aller Macht verhindern wollen. Und innerhalb der nächsten Wochen und Monate wird sich entscheiden, ob sich der Fortschritt weiter vorwärts dreht und im positiven Sinne für das Gemeinwohl aller, oder ob es einen Rückschritt geben wird und wir wieder in Abhängigkeiten zurückfallen, die heute niemand mehr wollen dürfte.

Und vielleicht hat es sogar noch eine ganz andere Dimensionen, wenn Politiker wie Schäuble, Spahn aber auch Scholz, die eigentlich nicht der selben Partei angehören und die Interessen des Volkes vertreten sollten, sich bei den Bilderberger Konferenzen „weiterbilden" lassen und dann konform, ganz im Sinne eines großen Spiels, als böser Cop und guter Cop agieren und dabei auf Realität und Fakten sch...." .

Romy biss sich auf die Zunge. So weit wollte sie sich dann doch nicht gehen lassen. Aber Katharina verstand sie auch so.

„Ich weiß zwar nicht, wann sie die Bevölkerung über das Ziel oder den Grund aufklären wollen, aber nicht umsonst habe ich meine Ausführungen immer im Kontext mit Fragen an das Universum gestellt. Aber das war ja heute nicht das Thema.“

*Katharina: „Setzen wir unsere Gespräche dann schnell fort?“*

**Romy:** „In jedem Fall. Denn es gibt noch so viel Ungereimtheiten in diesem realen „Thriller“. Und es ist wirklich ein spannendes Feld, in dem wir nun beide forschen. Investigativ, wie man so schön sagt. Hoffentlich erfreuen wir uns beide noch lange bester Gesundheit, um auch das Ende unserer Recherchen zu erleben und nicht wie viele Journalisten zum Opfer heimtückischer Mordanschläge zu werden, ob aus taktischen Erwägungen, als Intrige, aus Notwehr des Systems oder krimineller Netze, egal. Ich frage mich nur, ob man die Verantwortlichen und zentralen Strippenzieher für ihre letztendlich wirtschaftskriminellen und mörderischen Strategien irgendwann zur Kasse bittet.“

*Katharina: „Wer weiß. Wir bewegen uns in einem gefährlichen Umfeld, Romy. Und das wissen wir. Aber könnten wir so weiterleben, ohne zu agieren, wie wir es jetzt tun? Wir sind Teil dieses Spiels, wenn ich deiner Hypothese folge. Und demzufolge haben wir doch gar keine andere Wahl, oder?“*

**Romy:** „Nein, ich glaube nicht.“